Voyages D'un Naturaliste, Et Ses Observations Faites Sur Les Trois Regnes De La Nature, Dans Plusieurs Ports De Mer Fran#ais, En Espagne, Au Continent De L'amerique Septentrionale, # Saint-yago De Cuba, Etc, Volume 3

Michel Etienne Descourtilz

VOYAGES

D'UN

NATURALISTE,

ET SES OBSERVATIONS

FAITES sur les trois règnes de la Nature, dans plusieurs ports de mer français, en Espagne, au continent de l'Amérique septentrionale, à Saint-Yago de Cuba, et à St.-Domingue, où l'Auteur devenu le prisonnier de 40,000 Noirs révoltés, et par suite mis en liberté par une colonne de l'armée française, donne les détails circonstanciés sur l'expédition du général Leclerc;

DÉDIÉS à S. Ex. Mgr. le Comte DE LACÉPÈDE, Grand Chancelier de la Légion d'Honneur, membre du Sénat, de l'Institut, etc.

PAR M. E. DESCOURTILZ,

Ex-Médecin Naturaliste du Gouvernement, et Fondateur du Lycée Colonial à St.-Domingue.

Multa latent in majestate Naturæ.
PLINE, Hist. nat. Præm.

TOME TROISIÈME.

PARIS.

DUFART, PÈRE, LIBRAIRE-ÉDITEUR.

1809.

AVANT-PROPOS.

C'est autant pour servir l'Histoire naturelle, que pour charmer la monotonie de ma triste existence, l'ennui périodique de jours trop longs écoulés lentement au milieu d'hommes sauvages, ignorans et jaloux; que je me suis décidé à mettre à contribution mes foibles moyens pour rassembler divers faits historiques, dont j'étois le témoin oculaire dans des parties d'amusemens que des amis imaginoient pour m'égayer.

Enivré du désir d'être utile, les premiers pas faits avec un certain avantage, m'ont porté à diriger plus noblement ma course dans une carrière, étendue à la vérité, mais piquante pour ma curiosité assidue.

Peiné des débats existans sur un point obscur de l'Histoire naturelle, je me suis hasardé de travailler à l'éclaircir; et c'est pour y parvenir que j'ai souvent risqué ma vie, et concentré encore davantage ma solitude pour parfaire mes ébauches déjà souriantes à mon activité.

J'ai scruté, sondé, étudié les ruses, les mœurs et la nature du Crocodile de St.-Domingue, qui y est appelé *Caïman*, et c'est le récit didactique de mes études souvent rappelées sur le même objet, que je dénomme sous le titre qu'on voit à la tête de cet Ouvrage. De là, partant d'une presque certitude, je me suis occupé de la division des chapitres, et du soin des détails qui ne peuvent qu'intéresser un ami de l'étude et un contemplateur zélé.

DIVISION DE L'OUVRAGE (1).

Dans *le premier Chapitre*, j'ai cru devoir démontrer l'utilité pour l'Histoire naturelle, de donner une idée juste des

---

(1) J'achevai à St.-Domingue l'anatomie comparée du Caïman de cette île, en 1800; mais des événemens malheureux ne me permirent de l'offrir à la classe des Sciences physiques et mathématiques de l'Institut, qu'en mai 1807. Je communiquai à cette époque mon

différences qui se trouvent exister entre plusieurs espèces de Crocodiles trop souvent confondus, et enrichir cette classe, de la description d'un individu qui n'a pas encore été décrit, ainsi qu'on en peut juger par le tableau comparatif.

Le second comprend sa physiologie raisonnée, que m'a fourni un examen sévère. Il est terminé par la récapitulation de ses proportions métriques.

Dans *le troisième* j'ai placé son ostéologie raisonnée, où je donne à admirer la structure intéressante du reptile amphibie : il est également suivi de la proportion des mesures du sujet.

Le quatrième fait mention des particularités qui existent dans la myologie de ce reptile. Ce n'est qu'un rapport

---

travail à M. Geoffroi Saint-Hilaire, occupé alors à la confection de son Mémoire sur la détermination des pièces qui composent le crâne des Crocodiles (*voyez* les Annales du Muséum d'Histoire naturelle, tome x, pl. 249); et je fus assez heureux pour m'être rapporté en grande partie avec la nomenclature de ce savant observateur, qui m'accueillit avec l'affabilité et l'indulgence du vrai talent.

succinct, ne prétendant point faire un traité complet d'anatomie.

Le cinquième renferme la connoissance de sa splanchnologie, véritablement bien disparate de celle des autres animaux.

Le sixième expose au curieux observateur l'examen intéressant des parties de la génération dans le mâle et la femelle.

Dans *le septième* je donne connoissance des préludes de son amour, des détails sur son accouplement, et de l'âge auquel il peut produire : assertions appuyées d'un tableau tracé par l'expérience.

On voit dans *le huitième* quels sont les soins du mâle et de la femelle avant et après la ponte.

Dans *le neuvième* on arrive successivement à la naissance du petit, et à sa position dans l'œuf.

Dans *le dixième* je rends compte de ses mœurs, des ruses qu'il emploie, et de la finesse de son odorat.

Je décris dans *le onzième*, la chasse qu'on lui fait aux lagons et au bord de l'eau; la manière de découvrir les nichées au frais de la femelle, le danger éminent de cette chasse, et la curiosité souvent punie.

La chasse au canot, purement récréative et nullement à craindre, fait le sujet du *douzième*.

Je termine dans *le treizième*, l'histoire des chasses par celle la plus à craindre, et pour laquelle il faut des précautions bien rigoureuses, je veux dire la chasse aux repaires.

J'assure aux Lecteurs la régularité des proportions dans les dessins attachés à cet Ouvrage; toutes ont été compassées, après avoir été soumises à une échelle de réduction.

J'enrichirai ce travail de plusieurs observations qu'ont bien voulu me communiquer Mrs Cuvier et Geoffroi Saint-Hilaire, depuis sa présentation à l'Institut national, mais ce n'est point à titre de plagiat. Il est doux pour ma reconnoissance, de concourir à la célébrité de ces savans observateurs. En citant leurs noms, c'est poser un fleuron de plus à la couronne brillante dont la Renommée les a déjà immortalisés.

Le désir de rendre l'histoire du *Caïman* intéressante pour tous mes Lecteurs, m'a également déterminé à réduire à cinq les trente-cinq planches de son anatomie comparée, dont je réserve la publication pour les Observateurs et les Etudians en ce genre. J'ai préféré flatter l'œil du Lecteur par des planches variées et plus récréatives, qui compléteront le nombre dont le volume est orné.

VOYAGES
D'UN NATURALISTE.

HISTOIRE NATURELLE
DU CROCODILE DE SAINT-DOMINGUE,
APPELÉ *CAÏMAN*;

Suivie de Notices sur ses mœurs, les diverses manières de le chasser, les ruses qu'il emploie, et l'utilité de le détruire.

CHAPITRE PREMIER.

Utilité, pour l'Histoire naturelle, de donner une idée juste du Crocodile de Saint-Domingue, afin d'éviter une confusion déjà trop grande dans les nomenclatures. Tableau comparatif. Parallèle du squelette avec celui du Crocodile du Nil. Il appartient plutôt au Crocodile qu'au Caïman, décrit dans la nouvelle Encyclopédie; mais c'est une espèce particulière, et qui n'atteint jamais la taille de celui du Nil (1).

Ce n'est sûrement pas le reptile appelé à Saint-Domingue, *caïman*, que M. l'abbé Bonnaterre a décrit dans la partie erpétologique

(1) L'étymologie du mot *crocodile*, dit M. Geoffroi

de l'Encyclopédie, par ordre de matières, dont il s'est chargé, où il eût été trompé par de fausses instructions, par des renseignemens imaginaires, par des figures idéales, en confiant au graveur l'exécution des planches, sans s'assurer de la

---

Saint-Hilaire (Annales du Muséum d'Histoire naturelle), vient, d'après Hérodote, liv. II, chap. 69, de κρόκος et δειλος, littéralement *safran* et *timide*, parce qu'on a prétendu que le lézard d'Ionie ne pouvoit supporter la vue, ni l'odeur du safran. *Voyez* Cic. *de naturâ Deorum;* et Plin., liv. VIII, chap. 28. Il est bien reconnu, continue M. Geoffroi Saint-Hilaire, qu'il y a en Egypte deux espèces de crocodiles; l'un d'un caractère farouche et indomptable, et l'autre appelé *suchos*, dont le caractère plus doux est susceptible d'être apprivoisé. C'est cette espèce qu'on employoit au service des autels. Le culte superstitieux des Egyptiens pour les crocodiles étoit si absurde et si contre nature, qu'on vit des pères se réjouir d'avoir vu ces dieux révérés dévorer leurs enfans!!! Il est appelé *alligator* sur les côtes d'Afrique. Les habitans de Thébes ont tant de vénération pour le crocodile, dit aussi Hérodote, qu'on le nourrit de la chair des victimes; et quand il meurt, on l'embaume, et on le dépose dans une caisse sacrée. M. Geoffroi Saint-Hilaire a rapporté d'Egypte plusieurs de ces momies qu'il trouva dans les catacombes, où l'on enterroit les habitans de la ville de Thébes. Ces têtes embaumées sont ornées de pendans d'oreilles d'or ou de pierres factices. La ville d'Arcinoë leur fut consacrée.

conformité des caractères de l'animal, par des personnes qui ont eu occasion d'en examiner avec attention.

A la première observation, je vis que le reptile meurtrier de Saint-Domingue n'avoit point encore été décrit, et qu'on ne devoit pas même le comparer au caïman de Bonnaterre, auquel il est fort éloigné de ressembler, et pour les formes et pour les caractères des nomenclateurs. Il appartiendroit plutôt au crocodile du Nil, mais c'est une espèce particulière qui ne parvient jamais à la taille du dernier, duquel il diffère encore, sous beaucoup de rapports. C'est donc avec l'intention pure d'éclairer l'Histoire naturelle, sur un point jusqu'à présent obscur, que j'ai projeté l'étude de ce reptile avec toute l'assiduité d'un amateur passionné.

Tout favorisoit mes intentions dans cette contemplation intéressante : voisin de deux rivières, l'Ester et l'Artibonite, qui en sont infestées, et dont les canaux arrosent nos jardins, j'étois bien à même de m'en procurer à volonté. Aussi sortois-je, avec la certitude du cuisinier qui va faire son choix dans une basse-cour bien peuplée.

Je dois rendre justice à l'autorité de l'agent du gouvernement français, M. Roume, qui, m'ayant pris sous ses ailes bienfaitrices, m'a facilité la confection de cet ouvrage compliqué ; puisque c'est à la faveur du titre de naturaliste, dans son autorisation de continuer mes recherches, que beaucoup d'individus, écartés du théâtre de mon travail, se sont avancés pour m'offrir leurs services.

Mais ce qui m'a rendu ce travail difficile, c'est l'impossibilité de trouver un aide intelligent pour les besoins mécaniques et manuels; car tous me fuyoient. On m'évitoit jusqu'à table, où on me servoit à boire et à manger, comme à un être impuissant de ses mains, tant l'odeur forte et désagréable étoit imprégnée sur mes vêtemens, malgré mes soins de macérer souvent entre mes doigts, la plante qu'on appelle ici, *herbe aux caïmans*, dont l'odeur aromatique neutralise celle puante des préparations anatomiques de cet animal. Il m'a fallu disséquer cinquante-sept sujets pour achever mon ouvrage, n'épargnant point mes peines, et voulant tirer de mes observations la vérité telle qu'elle doit paroître, et qu'on la promet au public (1). Mais,

(1) Ces cinquante-sept préparations tant ostéologiques que viscérales et musculaires, destinées aux divers cabinets impériaux, furent, hélas! la proie des flammes, ainsi que toute ma fortune, et deux mille cent de mes planches manuscrites qui avoient été mises au net, et étoient l'ouvrage de six ans d'une étude assidue et d'un travail opiniâtre.

reprenons l'étude du reptile carnassier de Saint-Domingue.

Je vais faire entrer en parallèle, dans un tableau comparatif, cinq de ces animaux de la même famille, que l'on confond, faute de les examiner attentivement. Je veux parler du crocodile du Nil, chef de cette famille redoutable; de celui de Saint-Domingue, auquel je conserverai le nom de *caïman*, qu'il a dans le pays; du fouette-queue, du gavial, et du caïman de Bonnaterre (1).

---

(1) Le célèbre Cuvier, dans son savant mémoire sur les différentes espèces de crocodiles vivans, et sur leurs caractères distinctifs, duquel il a daigné me faire le don, et où il annonce avec obligeance mon travail sur celui de Saint-Domingue, compte douze espèces parfaitement distinctes, savoir :

Classis. Amphibia.
Ordo. Sauri.
Genus. Crocodilus.

Dentes conici, serie simplici. Lingua carnosa, lata, ori affixa. Cauda compressa, supernè carinata serrata. Plantæ palmatæ aut semi-palmatæ. Squamæ dorsi, ventris, et caudæ, latæ sub-quadratæ.

* *Alligatores.*

Dente infero utrinque quarto, in fossam maxillæ superioris recipiendo, plantis semi-palmatis.

1. Crocodilus lucius.

Rostro depresso parabolico, scutis nuchæ quatuor habitat in Americâ septentrionali.

Voyez ci-joint le tableau comparatif, et successivement celui du parallèle des squelettes, qui achève la détermination.

---

2. Crocodilus sclerops.

Porca transversa inter orbitas, nucha fasciis osseis quatuor cataphracta. (Seb. 1, tab. 104, f. 10.) Habitat in Guyanâ et Brasiliâ.

3. Crocodilus palpebrosus.

Palpebris osseis, nucha fasciis osseis quatuor cataphracta. Habitat......

4. Crocodilus trigonatus.

Palpebris osseis, scutis nuchæ irregularibus carinis elevatis trigonis. (Seb. 1, pl. 105, f. 3.) Num variet. præcedet.? Habitat.......

** *Crocodili.*

Dente infero utrinque quarto, per scissuram maxillæ superioris transeunte, plantis palmatis, rostro oblongo.

5. Crocodilus vulgaris.

Rostro æquali, scutis nuchæ 6, squamis dorsi quadratis, sex fariam positis. (Ann. mus. Paris, x, tab. 3.) Habitat in Africâ.

6. Crocodilus biporcatus.

Rostro porcis 2 sub parallelis, scutis nuchæ 6, squamis dorsi ovalibus, octo fariam positis. Habitat in insulis maris indici.

7. Crocodilus rhombifer.

Rostro convexiore, porcis 2 convergentibus, scutis nuchæ

te du Table

IMAN DE

LE CROCODILE DU N[...]uà lunettes. (

Le corps armé de segmens couverts d'recouvert d'éc

iiles calleuses.

Les rangées de tubercules sont plus élevés la même.

es bords au dessus des flancs que dans l

Le ventre grumelleux. s raboteuses.

Quatre doigts derrière palmés, dont tro doigts derr

l'ongles

assez détermin l'apparence de narines.

ıais écartés l'un ux très-saillans, et comme placés sur la des orbitaires.

et au dessous eilles placées derrière les yeux.

ıbanées.

ies proéminente garni de quatre tubérosités circulaires.

né depuis mon retour de Saint-Domingue, dans ne éloignée de la Capitale, je n'ai pu me procurer, plication de cet Ouvrage, l'excellente dissertation er, lue à l'Institut, et publiée en 1801 dans les Zoologie et de Zootomie de Wiedmann, et celle ence des Crocodiles. Ces objets de comparaison servi à refondre ce tableau comparatif que je n'ai Saint-Domingue, loin de toutes bibliothèques, descriptions souvent infidelles. Je renvoie donc, us grand éclaircissement, à l'anatomie comparée er.

rnis d'ongles	Cinq doigts devant onglés, et une peti… brane entre le second et le troisième.
aux pattes de	Mêmes caractères bien visiblement d…
leux rangs de …urbée.	Sa queue semblable à celle du Caï… Saint-Domingue.
…r de le faire …t-Domingue, …s la queue.	La queue aussi longue que le corps, …roissant conforme aux proportions de ce Caïmau de Saint-Domingue.
…fran foncé et	Point de renseignemens sur sa couleur.
	J'ignore aussi le période de son ac… sement.

…'est véritablement pas la même.

ïman de Saint-Domingue,
dile proprement dit.

pour parfaire la comparaison.

SQUELETTES.

CROCODILE DE SAINT-DOMINGUE.

Les lombaires donnant naissance à de fausses côtes crochues; la cage ne paroissant composée que de sept vraies, à la suite desquelles se trouvent cinq fausses grêles.

Le bassin ne paroissant composé que de deux seules, clavicules inférieures.

LA QUEUE.

Les vertèbres caudales ne ressemblant en aucune manière à celles du Caïman de Saint-Domingue.

CROCODILE ; SAINT-DOMINGUE.

LE CORP CORPS.

Les cervicales réunies et parois
seul corps, ce qui, joint à la cons
du tronc, rendroit plausible l'asse
rateurs au sujet de la difficulté d
côté.

Les clavicules uniformes paroi
cage; celle-ci nullement compara
du Caïmau de Saint-Domingue.

Le premier segment composé
cylindrique; le second segment
cartilagineux, et le troisième u
largement arrondie à son dépa
courbure, cependant marquée pa

Les côtes lâches et non réunies

Aucune apparence d'omoplat
construction particulière.

Les dorsales et autres vertèbr
que ce rapprochement rend imp
volutions de l'animal.

stinctes et mobiles par des axes
se les vertèbres du tronc qui se
elles-mêmes, étant placées en
on peut le voir planche III,
ne beaucoup de souplesse aux
il.

ment jointes à l'omoplate par
et adaptées à la losange du

, et ramenés vers le sternum,
mes. L'abdomen est en outre
de côtes grêles en chevron
fiées par des muscles inter-

la cage et s'avançant sous les
vicales, il est prolongé par le
ert à la réunion des côtes.
vicules réunies conjointement
ne différant point de celui des

roite entre les vertèbres aux-
veuses et tendineuses donnent
les sens, excepté pourtant le
, qui n'est point non plus une

nuchæ 6, squamis dorsi quadratis sex fariam positis; membrorum squamis crassis, carinatis. Habitat....

8. Crocodilus galeatus.

Crista elevata bidentata in vertice, scutis nuchæ 6. (Hist. anim. Paris; t. 64.) Habitat in Indiâ, ultra Gangem.

9. Crocodilus biscutatus.

Squamis dorsi intermediis quadratis, exterioribus irregularibus subsparsis, scutis nuchæ 2. Habitat....

10. Crocodilus acutus.

Squamis dorsi intermediis quadratis, exterioribus irregularibus subsparsis, scutis nuchæ 6, rostro productiore ad basim converso. (Geoffr. an. mus. Paris, II, tab. 37.) Habitat in magnis Antilis.

*** *Longirostres.*

Rostro cylindrico, elongato, plantis palmatis.

11. Crocodilus gangeticus.

Vertice et orbitis transversis, nucha scutulis 2. (Faujas, Hist. mont. S. Petri, tab. 46.) Habitat in Gange fluvio.

12. Crocodilus tenui rostris.

Vertice et orbitis angustioribus, nuchæs cutilis 4. (Faujas, loc. cit. tab. 48.) Habitat......

CHAPITRE DEUXIÈME.

Physiologie raisonnée du Caïman de Saint-Domingue. Proportions du sujet décrit, ayant quatre pieds huit pouces.

Le caïman, lézard-crocodile, animal amphibie, si redoutable dans ses affûts, où il garde le silence le plus profond; la terreur de tout être vivant, au caractère farouche et indomptable, est tantôt d'une couleur obscure, qui le fait souvent confondre avec des vieux troncs d'arbres abattus; tantôt d'un vert sale, marbré de taches noires, brunes, olives ou grisâtres (1).

Je ne sais pourquoi M. l'abbé Bonnaterre refuse le titre d'amphibies aux crocodiles, qui le sont cependant réellement. L'eau est plutôt leur élément que la terre, où ils languissent, et meurent même bientôt desséchés par l'ardeur

(1) La couleur noirâtre au lieu de verte, dont la robe de certains caïmans est empreinte, ne désigne pourtant point une autre espèce. Ceux de l'Ester et de la rivière de l'Artibonite sont nués de couleurs vives et brillantes, tandis que ceux des lagons saumâtres ont les tons plus rembrunis.

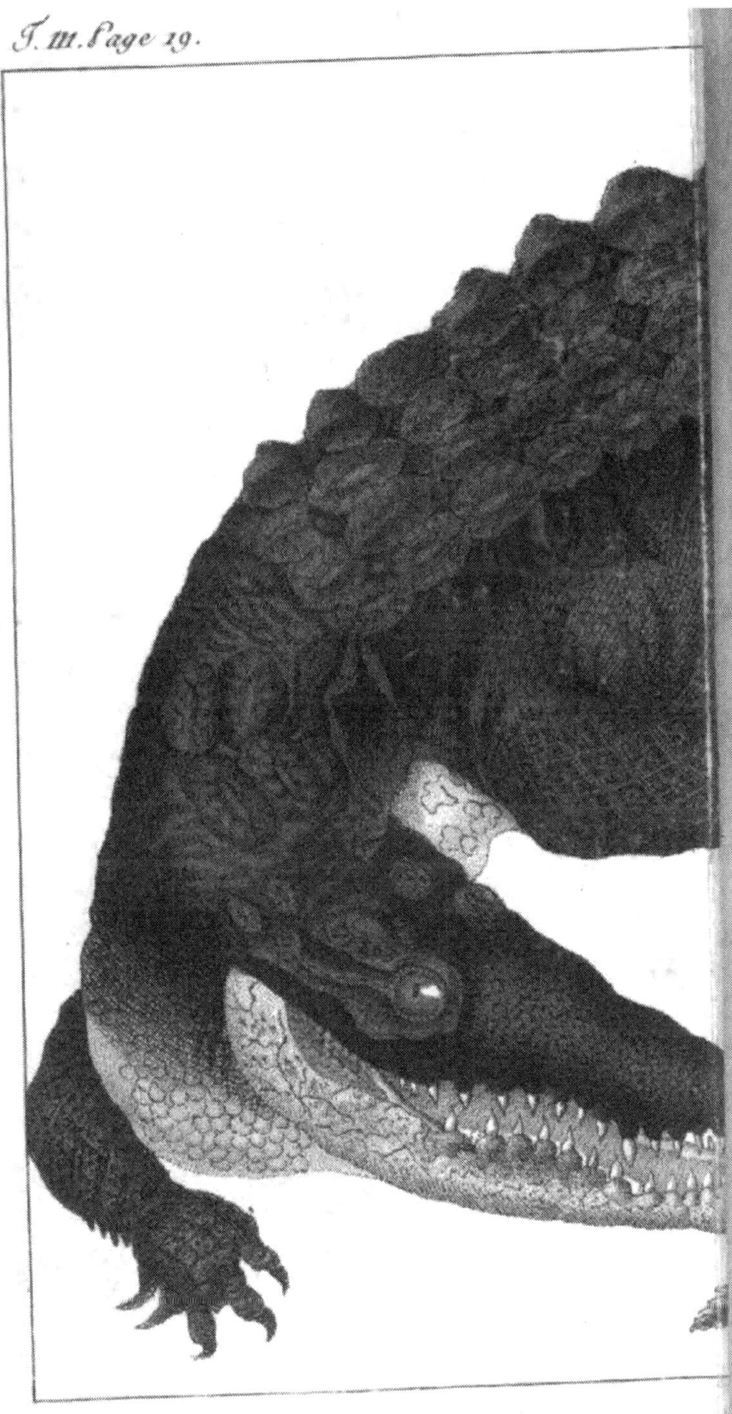

du soleil qui leur est très-funeste. Aussi, quoiqu'ils se plaisent souvent à recevoir sur leur corps l'influence de çet astre, ils sont forcés néanmoins de regagner bientôt la plage liquide pour faire reprendre à leur peau cette souplesse, cette élasticité qu'elle perd par la dessication. Sur vingt-quatre heures, le caïman reste à peine six heures sur terre, encore la majeure partie est-ce pendant la nuit. Je m'étendrai davantage sur ses mœurs, dans divers traits véridiques que je citerai à la fin de son histoire, et dans les chasses qu'on a imaginées pour le détruire.

La disposition naturelle du climat à putréfier promptement tout corps corruptible privé de la vie, m'a forcé de faire mes observations, tantôt sur des jeunes, tantôt sur des vieux; ce qui m'a confirmé que les proportions ne sont pas les mêmes, et les caractères aussi parfaits dans les jeunes que dans les adultes : mais venons à sa description.

Le sujet avoit, de l'extrémité du museau à celle de la queue, quatre pieds huit pouces; ayant choisi cette taille pour pouvoir dessiner les figures de grandeur naturelle. Tout son corps étoit recouvert d'une peau coriace, cornée et écailleuse, armée aux parties supérieures et latérales de tubérosités calleuses, qui rendent à la taille de dix pieds, ces parties élastiques résistibles aux coups de feu. La queue prise au milieu du bassin est aussi longue que le reste du corps.

La tête longue et conique, est raccourcie dans les mâles, et plus effilée dans les femelles.

Le museau d'abord renflé, s'abaissant après la proéminence antérieure spatuleuse, remonte aussitôt pour aller former la voûte du cerveau, au devant de laquelle sont placés verticalement deux yeux très-saillans, séparés seulement par une cavité de quelques lignes, laquelle, en formant une surface plane, recouvre le dessus de la tête d'une double armure qui se termine un peu au dessus des vertèbres cervicales par une ligne arquée légérement au milieu, mais plus sensiblement aux deux extrémités qui reprenant de chaque côté, en se repliant, une direction parallèle, vont se joindre au coin postérieur de l'œil. Le bout du museau dans sa partie renflée, est surmonté d'un disque cartilagineux et saillant, perforé de deux trous arqués qui servent de conduit nasal et d'organe olfactif. (*Voyez* ma monographie du caïman.)

La mâchoire supérieure (1), festonnée et

---

(1) Le caïman est le seul des animaux dont la mâchoire supérieure soit mobile sur l'inférieure. Cette découverte est due à Hérodote. La tête du squelette

Caymai

armée de trente-huit dents canines et inégales, dépasse un peu l'inférieure : au devant de cette dernière se trouvent deux dents qui, lors de la réunion hermétique, s'emboîtent dans deux tuyaux qui, leur servant de gaîne, sont placés à la mâchoire supérieure dont ils dépassent la convexité. Ces deux tuyaux se trouvent devant le disque cartilagineux, canal de sa respiration.

Chaque dent est cannelée de bas en haut, jusqu'à l'âge où les stries se perdent par le développement ou l'usé de cette arme terrible.

(pl. II, fig. 11.) a la mâchoire ouverte, pour faire voir de quelle manière le crocodile élève la mâchoire supérieure sur l'inférieure. A l'égard de l'état de mobilité de la mâchoire supérieure vers l'inférieure, M. Geoffroi Saint-Hilaire observe avec raison, 1°. que la mâchoire inférieure est d'un sixième plus longue que la mâchoire supérieure et le crâne; 2°. que cette même mâchoire inférieure présente une cavité à double facette, où s'articulent par ginglyme les cornes de l'os temporal; 3°. que le condyle occipital est sur la même ligne que les quatre condyles des os temporaux, en sorte que la tête est réellement retenue vers ses points d'articulation, comme le couvercle d'une boîte l'est par une charnière; et 4°. que les deux mâchoires n'ayant qu'un mouvement simple de haut en bas, ne peuvent se porter séparément à droite ou à gauche, pour faire subir aux alimens une sorte de trituration.

Elles sont également creuses à l'intérieur, s'emboîtant l'une dans l'autre pour leur renouvellement. (*Voyez* ma monographie du caïman.)

La mâchoire inférieure, qui forme une ligne droite, est seule mobile et armée de trente dents canines, ainsi qu'il suit : *quinze* de chaque côté ; le vide qui se trouve entre les deux crochets antérieurs du bas, est rempli par deux autres provenant de la mâchoire supérieure. C'est un emboîtement serré et parfait, au travers duquel rien de l'intérieur ne transpire. Je compare la jonction des deux rateliers à celle du coquillage bivalve, appelé *la griffite*. Les dents n'étant que canines à cause de leur disposition, l'animal n'a pas besoin de molaires; aussi ne fait-il que déchirer et avaler. On voit au reste (dans ma monographie du caïman de Saint-Domingue, pl. XIII, fig. 1ère d'ostéologie) que ses mâchoires ne peuvent se mouvoir que verticalement.

Les dixièmes dents de la mâchoire supérieure qui sont plus grosses que leurs voisines, et qui servent à faire des hochets aux enfans, se trouvent, de chaque côté, dans une alvéole renforcée. Celles de l'inférieure, destinées au même usage, et qui se trouvent à la chute de la partie renflée du museau, sont, de chaque côté, emboîtées dans la quatrième alvéole. Ces monticules, sans lèvres, ni gencives, sont calleuses, saillantes, et point retenues sous un même tissu charnu comme dans les autres animaux. Les dents sont séparées l'une de l'autre par un espace destiné à en recevoir une de la partie opposée, et enchâssées dans leur alvéole respective, trouvant à loger leur pointe dans un trou pratiqué à cet effet dans le milieu de l'os maxillaire qui lui fait face. La chute de ces premières dents à la suite de quelque combat, est réparée par l'apparition de nouvelles qui se trouvent au fond des alvéoles.

La ligne longitudinale de l'ouverture de la mâchoire n'est point droite; elle est composée de quatre festons. La commissure de la base de la mâchoire est renflée dans la peau d'une bourse ou condylome, qui se déride pour favoriser la dilatation de la gueule: c'est au dessus que se trouvent les oreilles.

Les oreilles sont apparentes seulement sous la forme d'une tunique en feston horizontal. On est obligé d'écarter la lèvre, ou plutôt la membrane qui leur sert de tégument, en forme de basque à un battant, pour en examiner l'intérieur qui se perd autour du cerveau. Cette peau (*voyez* ma monographie du caïman de Saint-Domingue; physiologie, pl. VIII, fig. VI et VII.) étroite d'abord et adhérente à une ligne droite, sa base diverge en s'élargissant vers le bout arrondi. Elle est attachée du côté supérieur, par des ligamens, sous le couronnement qui se trouve au dessus de l'occiput : elle est soulevée à volonté, et fermée dans l'eau par l'animal (1).

Glandes musquées. Sous la mâchoire inférieure, au niveau perpendiculaire de l'œil, la peau dans ses rides cache, de chaque côté, une légère ouverture conduisant à une glande renfermant du musc, laquelle varie de grosseur suivant les âges, comme on peut le voir dans les figures VIII, IX, X, XI de la planche VIII, de physiologie de ma monographie. C'est de cette partie et de l'ouverture sexuelle que s'exhale une odeur de musc insupportable, lorsque le caïman s'étend par terre pour se reposer au soleil, la gueule ouverte, et dans l'état de nonchalance qui lui est familier.

Ses yeux sont d'un jaune verdâtre tacheté.

---

(1) Certains voyageurs, dit M. le comte de Lacépède, auront apparemment pensé que cette peau, relevée en forme de paupières, recouvroit des yeux; et voilà pourquoi l'on a écrit que l'on avoit tué des crocodiles à quatre yeux. *Voyez* Brwn. Hist. nat. de la Jamaïque, page 461. Hérodote dit que les habitans de Memphis attachoient des espèces de pendans d'oreilles à des crocodiles privés qu'ils nourrissoient, et embaumoient après leur mort.

La rétine qui est susceptible de se resserrer comme dans le chat, est une ligne courte, noire et perpendiculaire, lorsqu'il est en repos, et lenticulaire lorsque quelque chose l'offusque. Elle est entourée d'une raie d'un jaune pâle, qui s'arrondit d'après les mouvemens de la rétine qui chatoie à volonté. L'iris est une ligne noire étroite, entourant la pupille d'un jaune sale. Au moindre étonnement, l'animal recouvre le globe de l'œil, d'une paupière inférieure cristalline, ou membrane nictitante (1), se fermant de l'angle antérieur, et allant joindre le postérieur. Ce tégument est recouvert lui-même d'une paupière extérieure, ridée et écailleuse. J'ai remarqué l'usage de cette membrane clignotante, en faisant nager un caïman de cinq pieds que je retenois depuis huit jours dans une chambre, sans aller à l'eau. Ce séjour aquatique, quoique court, rappela sa férocité. Comme il a besoin de voir dans l'eau pour ne pas manquer sa proie, sa cornée étant trop sensible, la Nature l'a pourvu de cette paupière transparente qu'il garde étendue, tandis que

---

(1) M. Geoffroi Saint-Hilaire réfute avec raison l'article par lequel Hérodote prétend que le crocodile ne voit pas dans l'eau. Ses paupières vitrées prouvent au contraire que la Nature l'y a destiné.

l'opaque est retirée. (Physiologie, planche VIII, fig. IV; ouvrage déjà cité.)

Sa langue, qu'un proverbe créole dit être mangée par le chien, dont il est pour cela l'ennemi juré, n'est point saillante : elle est toujours enduite d'une humeur visqueuse (1), cachée sous une membrane pelliculaire très-mince, et composée de plis pour favoriser tous ses mouvemens. (Physiologie, pl. V et VI; ouvrage déjà cité.) Quoique cette masse charnue soit retenue sous une membrane, elle ne s'en contracte pas moins lorsque l'animal veut conduire ses alimens à l'œsophage. Alors elle se ramasse, et est portée en arrière à l'aide des muscles tiroïdiens.

Sa gueule, ce gouffre si avide, est tapissée d'une peau ridée d'un jaune clair piqueté de points sanguinolens; elle se ferme avec tant de force, que souvent ses dents volent par éclats,

---

(1) Hérodote dit avec vérité que lorsque le caïman, étendu sur les berges, y dort la gueule ouverte, elle est tapissée de maringoins souvent retenus par un mucus qui l'enduit en tout tems; c'est le todier qui va le délivrer de ces hôtes incommodes et nuisibles, et dont cet oiseau fait sa nourriture. Aussi le caïman même à son réveil, par une reconnoissance légitime, ne cherche point à inquiéter un si officieux protecteur.

surtout si l'objet qu'on lui présente est dur. Ses mâchoires éprouvent un claquement sec, lorsqu'il cherche à mordre; ce qui a lieu lorsqu'on se plaît à l'agacer : à ce bruit, tout son corps est dans un état convulsif. (Physiologie, pl. V et VI; ouvrage déjà cité.)

Son gosier, au premier abord de sa capacité, paroît très-peu vaste ; mais dès qu'on vient à l'examiner, et à éprouver sa dilatation, on reconnoît qu'il est très-élastique, semblable en cela à celui des serpens. Son entrée est entièrement cachée par une luette à deux pans, recouverte d'une large membrane mobile et pendante, qui cède aux impulsions de l'expiration et de l'inspiration, aussi bien qu'à la nourriture dont la pesanteur et le volume franchissent sans peine le léger obstacle. (Physiologie, planche V; ouvrage déjà cité.) La soupape élastique de la base de la langue a la forme d'un cuilleron; elle est intérieurement cartilagineuse, flanquée par deux os yoïdes (*voy*. pl. IV de ce volume), et placée au fond de sa gueule meurtrière, entre les angles de la mâchoire. C'est à l'aide de cette admirable organisation que le caïman, lors du relèvement de la soupape, peut rester dans l'eau la gueule ouverte, sans craindre l'introduction du liquide environnant.

La luette membraneuse à deux pans, reçue

dans la cavité de l'épiglotte, dont l'avancement concave relève vers le milieu de la partie charnue, sert de double soupape contre l'introduction de l'eau qui ne peut avoir lieu à cause du happement continu, et de l'adhésion de cohésion de ces parties l'une vers l'autre. L'ouverture du gosier étant, dans cet état, imperméable à l'eau, à plus forte raison la trachée-artère en est-elle délivrée : alors le caïman respire par les deux évents du cartilage nasal : mais, comme cet air ne lui suffit pas, il reparoît sur l'eau, et ouvre sa gueule de tems à autre, pour en laisser passer un plus grand volume.

Le caïman a deux sons différens pour manifester sa colère : le premier, triste effet du période de sa fureur, navre d'un saisissement involontaire ; c'est un rugissement rauque, bas, grave et comme étouffé, un peu à la manière d'une lice défendant ses petits : l'autre, qui n'est pas moins effrayant, est produit par un effort intérieur spontané, qui lui fait chasser l'air contenu dans ses poumons, lequel obligé d'écarter les deux lèvres serrées et pendantes du palais, puis les caroncules qui ferment le vide de cette partie, de concert avec la soupape décrite, sort avec le bruissement d'un soufflet d'orgues fortement comprimé. (*Voyez* l'intérieur du gosier, physiologie, pl. IV de ce volume.)

Je ne puis m'étendre ici sur la structure interne de ces parties, puisque leur analyse anatomique appartient à la description intérieure.

Le cou. Il y a quatre tubercules séparés et aigus longitudinalement, posés sur une ligne éliptique qui sert à garantir l'occiput. Chacune de ces tubérosités renferme, sous la partie extérieure cutanée, une base osseuse de même configuration.

La seconde armure qui défend les vertèbres du cou, est composée de six de ces cabochons ovalaires, comprimés sur leurs flancs, qui conservent leur forme à la base, et offrent une lame éliptique au sommet. Les deux du milieu, les plus larges, surpassent de moitié les deux latéraux moins grands en diamètre, qui eux-mêmes se terminent où reprennent les deux derniers, sur la même ligne des deux premiers.

Sa gorge grasse et tremblante par ses plis ondoyans, est avalée, et forme un goître à l'extérieur. Les rugosités du cou très-apparentes, et garnies, entre leurs sillons, d'écailles rondes, trapèzes, pentagones, hexagones ou quadrangulaires, suivant la position, sont dans d'autres, recouvertes de tubercules caronculeux.

Il marche très-souvent la tête levée, de manière à faire trouver son goître sur la même ligne, d'après la conformation des vertèbres, qui laissent à l'occiput un jeu aisé. Son mouvement est vermiculaire, en sorte qu'en rampant, le plus souvent son ventre et sa queue traînent à terre, d'où lui vient probablement le si parfait poli des plaques écailleuses dans cette partie.

Le corps. Il se trouve, pour le jeu des omoplates et la direction des mouvemens serpentins du reptile, un intervalle dénué de ces bosses lamelleuses, vis à vis les vertèbres dorsales, c'est à dire, sur la ligne de la jonction des humerus. C'est de là que sortent les pattes de devant, pentadactyles, moins longues et moins trapues que celles de derrière. Les pieds aussi, beaucoup plus petits, ont le pollex, l'index et le médium, armés de trois ongles noirs courbés. Les deux derniers doigts n'en ont point. Les éperons de l'avant-bras (Physiologie, pl. Ière; ouvrage cité.) de nature cornée, sont aux pattes de devant, au nombre de cinq; à celles de derrière, il y en a huit qui adhèrent à la peau, vis à vis le péroné.

Le dos est armé de tubérosités saillantes, également sous la forme semi-circulaire. Il se trouve dix-huit pouces depuis la naissance de cette troisième armure, qui continue jusqu'au niveau du fémur. Les bandes du dos séparées, pour sa souplesse, par des lignes sillonnées, cartilagineuses, et d'un tissu plus flexible, se terminent irrégulièrement, et vont aboutir sur les flancs. Chaque bande transversale est renflée au milieu par deux rangs de ces cabochons peu saillans et moins larges que ceux des troisième et quatrième rangs placés de chaque côté, et qui semblent protéger, par leur élévation supérieure, tout le long de l'épine dorsale. Il s'en trouve encore plusieurs rangs incorrects, et comme placés accidentellement. (*Voyez* pl. Ière et VI de l'ouvrage déjà cité.)

Les pattes de derrière sont tétradactyles, c'est à dire, ont quatre doigts, dont trois seulement pourvus d'ongles, lesquels doigts sont réunis par une membrane qui leur sert pour nager. Toute la partie postérieure de l'avant-bras est armée de huit éperons, comme je l'ai déjà dit (pl. IX de l'ouvrage cité).

Le ventre est d'un jaune blanchâtre, formé de larges bandes bien distinctes. Cette sorte de cuirasse écailleuse est par compartimens quadrangulaires, lesquels, à l'approche des aisselles, vis à vis le sternum, et au contour renflé et charnu du masseter, prennent la figure d'hexagones, de pentagones, lesquels diminuent de grandeur, plus ils s'approchent du cul-de-sac de la mâchoire inférieure. L'ouverture génitale, commune aux deux sexes, est ridée et sert d'anus, ainsi que de développement aux parties de la génération. (Physiologie, pl. II de l'ouvrage cité.)

Le corps, pris sous les aisselles, a trois pieds et demi de contour, et trois pieds dans sa partie la plus renflée. Nous tuâmes un mâle de dix pieds de longueur, dont le ventre avoit, dans cette partie, quatre pieds cinq pouces de circonférence.

La queue large et charnue, de trente-deux pouces de circonférence à sa naissance, de trente-six à son milieu, et de six lignes à son extrémité, est composée, dans sa partie double, de seize bandes complètes et circulaires, ou tronçons surmontés d'éperons lamelleux en carène; ils sont très-flexibles, et vont en croissant vers l'extrémité jusqu'à la jonction de la crête simple. Chaque éperon a un pouce de hauteur, la base en est large de dix lignes.

Ces bandes doublées sur les côtés, de bosses écailleuses et incisives, donnent à ce terrible instrument sa dureté, et le rendent redoutable. Le reste de la queue, c'est à dire, la crête simple est composée de dix-neuf bandes allant en décroissant de hauteur et de largeur, jusqu'à l'extrémité.

La forme de la queue est donc telle que, depuis

sa naissance au carrefour des crêtes à double rang, elle s'amoindrit et s'effile, quant à la partie circulaire des bandes; de manière que chacune est marquée d'une ligne qui rétrécit de plus en plus la partie charnue, doublant, par ce moyen, la hauteur des cartilages natatoires, pour leur donner plus de souplesse dans l'usage auquel la Nature les a destinés.

Nota. La peau n'étant qu'un entrelassement de fibres nerveuses, tendineuses, ligamenteuses, membraneuses, cornées et écailleuses, fait corps avec les muscles de la queue et de la région dorsale. Elle est cependant perméable, puisque c'est à cette faveur qu'on voit le suintement de la graisse, lors de la colère que l'animal éprouve, ou de son repos au soleil. L'épiderme enlevé aux jeunes caïmans, laisse entrevoir les figures des tubercules, et leurs couleurs alors bleues et violettes.

Récapitulation des mesures du sujet physiologique.

	pi.	pouc.	lig.
Longueur du corps entier mesuré en ligne droite depuis le bout du museau jusqu'à celui de la queue.	4	8	»
Longueur de la tête depuis le museau jusqu'à l'occiput.	»	9	»
Circonférence du museau vis à vis le canal nasal.	»	4	4

	pi.	pouc.	lig.
Circonférence du museau prise au dessus des yeux	»	9	»
Circonférence de l'ouverture de la bouche	»	11	»
Distance entre les deux narines	»	»	1
Diamètre de la proéminence	»	»	7
Distance entre le bout du museau et l'angle antérieur de l'œil	»	5	10
Distance entre l'angle postérieur et l'ouverture de la soupape auriculaire	»	»	2
Longueur de l'œil, d'un angle à l'autre	»	»	13
Ouverture de l'œil	»	»	6
Circonférence de la tête, prise entre les yeux et les oreilles	»	10	4
Longueur de la soupape auriculaire	»	1	11
Largeur du grand feston	»	»	6
Distance entre les deux oreilles	»	2	2
Distance entre les orbites et l'ouverture des narines	»	4	3
Largeur des orbites	»	1	5
Hauteur des orbites	»	»	11
Longueur de la mâchoire de dessous, depuis le bout du museau jusqu'au bord postérieur de l'apophyse condyloïde	»	9	5
Epaisseur de la partie antérieure de la fosse nasale	»	1	5
Hauteur de la mâchoire supérieure, dans son 1er renflement	»	1	6
dans son 2ème	»	2	1
dans son 3ème	»	3	3
Longueur du cou	»	5	6
Circonférence du cou à sa partie renflée	1	2	6
Circonférence du corps, prise derrière les jambes de devant	1	2	6

	pi.	pouc.	lig.
Circonférence à l'endroit le plus gros . .	1	6	6
Circonférence devant les jambes de derrière	1	1	6
Longueur de la queue	2	4	»
Circonférence à l'origine.	1	1	»
Idem partie moyenne, mais renflée. . .	1	2	»
Idem à l'extrémité.	»	2	»
Longueur de l'avant-bras, depuis le coude jusqu'au poignet.	»	5	5
Longueur de l'humerus.	»	3	8
Circonférence du poignet.	»	3	5
Longueur depuis le poignet jusqu'au bout des ongles	»	3	4
Longueur de la cuisse hors du corps. . .	»	4	»
Circonférence de la partie la plus grosse.	»	7	3
Longueur de la jambe, depuis le genou jusqu'au talon.	»	3	10
Longueur depuis le talon jusqu'au bout des ongles.	»	5	5
Longueur du pied, la membrane intermédiaire écartée	»	5	3

CHAPITRE TROISIÈME.

Ostéologie du Caïman de Saint-Domingue, le sujet décrit ayant quatre pieds huit pouces.

CHAPITRE QUATRIÈME.

Examen comparé de Myologie et Névrographie.

Voyez, pour ces deux chapitres, ma monographie du caïman de Saint-Domingue.

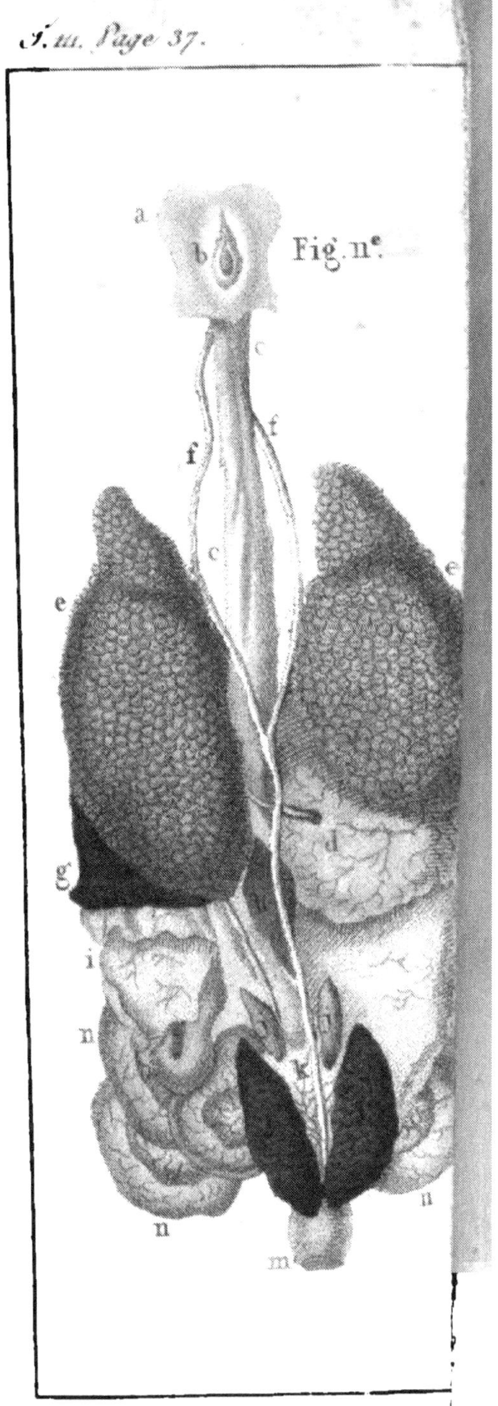

Viscères d

ne.

e

a

l.

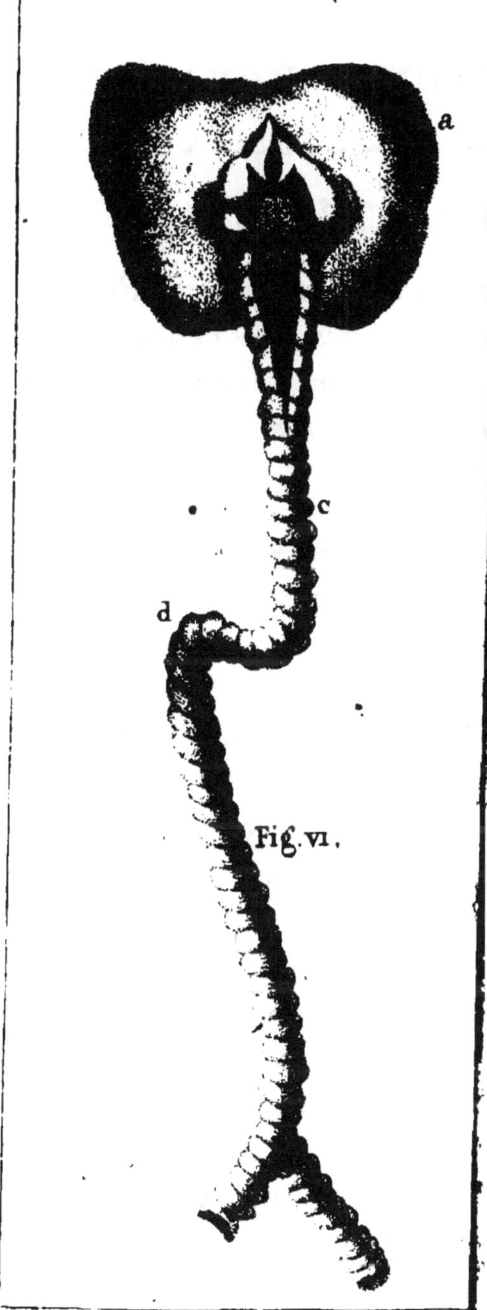

Fig. VI.

Anatomi

CHAPITRE CINQUIÈME.

Splanchnologie, ou Examen du larynx, de l'œsophage, des poumons, des lobes du foie, de la rate, du cœur, du pancréas, et autres viscères. (Planche III de ce volume.)

Je passe de merveilles en merveilles, et ne me lasse point d'admirer la sagesse ineffable de l'Auteur de la Nature. Il y a dix-sept heures que l'animal est privé de sa tête, et je vois encore les muscles se contracter, se dilater, et offrir à mes yeux *étonnés* les derniers efforts des esprits vitaux. Que dis-je? je m'aperçois que les vaisseaux sanguins ne communiquent point entr'eux.

Sa langue (planche IV de ce volume) qu'un proverbe créole dit être mangée par les chiens, est apparente cependant, mais couverte d'une membrane pelliculaire jaune, parsemée de taches grisâtres, au milieu desquelles se trouvent des points noirs. La surface est garnie et plissée de rugosités bien apparentes.

Le caïman n'a pas de langue, dit-on; on remarque à la place une simple membrane. Cette assertion vient certainement de quelqu'un qui n'en a jamais disséqué, ou qui l'a examiné superficiellement. Je crois donner, dans le cours de mon ouvrage, assez de preuves de son existence pour en parler briévement ici. Qui dit membrane, dit une peau plus ou moins dure, qui enveloppe les chairs. C'est donc sous la première membrane jaune, striée par ses plis, que se trouve un corps charnu, à la base duquel sont situés deux os sous la forme de léviers, qui sont les os yoïdes, appartenant en propre à la racine de la langue.

Les muscles linguaux se réunissent sous la langue vers le milieu, en fer de flèche : des vaisseaux en arrosent le dessous, jusqu'au cul-de-sac du boutoir inférieur, où les artères se perdent en ramifications insensibles.

A la base de la langue se trouve cette soupape destinée à fermer hermétiquement l'entrée de l'œsophage et de la trachée-artère, lorsque le caïman est dans l'eau : c'est le cartilage tiroïde cavé, lamelleux, et cintré à son sommet, pour bien prendre le creux du palais. Il se baisse et se relève à volonté par le jeu du muscle lingual, et par suite des deux os yoïdes qui, servant de lévier, lui font prendre diverses positions plus ou moins inclinées.

Au centre de la cavité de ce cartilage (pl. IV de ce volume) se trouve un corps charnu bombé et oblong, garni de lèvres vermeilles, et d'une fente antérieure ouverte, et fermée par les muscles de cette partie. C'est cette ouverture qui donne entrée et issue à l'air affluant et expiré des poumons, conduit par la trachée-artère qui, à six pouces du larynx, se replie pour le ralentissement de l'air effluant. C'est aussi le siége du larynx, comme on le voit dans les détails de cette partie (pl. IV de ce volume). Cette ouverture plus large dans les mâles, est par cela plus tremblotante au passage de l'air poussé avec force; ce qui donne aux vibrations isochrones de l'animal, un ton rauque qui n'est point soutenu chez les femelles.

Derrière la partie décrite, au dessus de la trachée-artère, se trouve l'œsophage gaufré, et susceptible d'une dilatation extraordinaire. Il adhère aux muscles vertébraux et cervicaux internes, et est placé dans la rigole qui les sépare. Si, dans la déglutition, sa proie ne va pas toute entière dans l'estomac, pour cause d'incapacité, au moins elle reste dans le gosier qui est très-élastique. L'action des sucs salivaires, aidée de celle des fibres de l'estomac, concourt à la digestion de ses alimens : l'animal vit long-tems sans manger, par le peu de déperdition, et le tissu serré de sa peau. J'en ai conservé dix-sept jours, bien emmuselés, sans boire ni manger, et toujours assoupis.

La trachée-artère fléchie se bifurquoit à un pied dans le sujet de quatre pieds huit pouces, pour se rendre, par deux branches de même nature et de deux pouces six lignes de longueur, aux deux lobes des poumons oblongs composés de vésicules, et arrosés de vaisseaux sanguins : ils sont placés debout derrière les lobes du foie, en sorte que pleins d'air, ils s'élèvent plus de moitié au dessus de leur grandeur, sans être contrariés dans leur graduelle extension (1).

Les cellules pulmonaires, ainsi que dans les cétacées, communiquent entr'elles, de manière que si l'on vient à souffler la trachée-artère, tous les poumons s'emplissent d'air. D'après l'inclinaison en arrière du diaphragme, les poumons non gênés dans leur loge cave, peuvent s'étendre sur l'épine du dos, et s'y adosser; ils sont séparés par le muscle *trapèze* interne. (Myologie, pl. IV; ouvrage cité.) Suivant que le caïman contracte ou dilate ses poumons, par l'expiration ou l'inspiration, il baisse ou s'élève dans l'eau.

---

(1) La courbure de la figure VI, planche IV, comprime l'air, et rendant sa circulation difficile, occasionne ce son tremblant produit par la vibration du larynx.

Au dessous de la bifurcation du canal aérien, qui se rend de droite et de gauche, aux deux lobes des poumons, on voit la réunion artérielle de l'aorte, et la veine cave ascendante, formant un couronnement au dessus de l'enveloppe péricardine bleuâtre, placée au milieu des deux lobes du foie.

Le cœur, organe musculeux, compressible et dilatable, d'où sortent les artères, et où aboutissent les veines, est très-petit, et son péricarde contient une grande quantité d'eau : il n'a qu'un ventricule. (Pl. XXVIII de l'ouvrage cité.) L'oreillette droite est plus large, en ce qu'elle est destinée à recevoir le sang du tronc principal de la veine cave ascendante, des jugulaires et axillaires. Ce mouvement merveilleux angiostatique est mu par systole et dyastole, c'est à dire par compression et dilatation. Le petit tronc de la veine cave ascendante va aboutir dans l'oreillette gauche.

Voici donc la différence qui existe entre les reptiles et les quadrupèdes.

Circulation du sang dans les quadrupèdes.

Dans les quadrupèdes terrestres et non rampans, le sang poussé du ventricule droit, par la systole des muscles du cœur, est transporté dans les poumons par l'artère pulmonaire; d'où se rendant à l'oreillette gauche, et dans ce ventricule par la dyastole, il est ensuite rejeté par la compression de ce même ventricule dans l'aorte, qui le partage dans les ramifications du reste du corps, d'où il revient au cœur, sa source, par l'intermède de la veine cave.

Circulation du sang dans les reptiles (1).

Dans les quadrupèdes rampans au contraire, c'est par l'ouverture de ce seul ventricule placé entre les deux oreillettes, qu'au lieu de passer par les poumons, le sang sort pour refluer de l'artère pulmonaire en l'aorte.

Les lobes du foie sont inégaux, longs et triangulaires, séparés derrière et devant par des membranes intermédiaires. C'est dessous le lobe droit que se trouve la vésicule du fiel, qui le dépasse par le bas de la moitié de la longueur: elle avoit dans ce sujet deux pouces de long sur huit lignes de largeur; de la forme d'une poire un peu alongée, et attenante à la naissance du duodénum.

L'estomac arrondi, se trouvant plus à gauche qu'à droite, est aminci vers le milieu dans son enveloppe. Je trouvai dedans des débris de gros mil, patates, des scarabés, des arêtes, des vers,

(1) La froideur du sang tranquille des reptiles les rend peureux.

et des restes de volaille. Les pierres qu'on y rencontre servent à entretenir la dilatation de l'estomac, et lors d'un jeûne un peu long, empêchent la contraction des fibres nerveuses.

Le diaphragme membraneux et nerveux, s'arquant sous les lobes du foie vers le milieu de l'estomac, est très-mince.

Les instestins n'étant point divisés d'une manière assez sensible pour y distinguer les espèces différentes, ce n'est qu'à l'aperçu des circonvolutions qu'on peut tabler à peu près pour l'intelligence de la description. A proprement parler, on ne reconnoît que les intestins grêles, et les gros; les premiers placés dessus, à l'inverse de céux de *l'homme*.

Le tube intestinal a, depuis la naissance de l'œsophage jusqu'au coude supérieur de l'estomac, huit pouces; et depuis le départ du duodénum jusqu'au petit pancréas, un pied, y compris les circonvolutions : depuis ces replis jusqu'à la distinction des intestins grêles, trente-deux pouces; et depuis cet endroit jusqu'au rectum, trente pouces. Le rectum est long de cinq pouces.

Le sphincter, qui se trouve au centre du rectum, dans le milieu de sa longueur, a un bourrelet bien sensible.

De la rate, un canal se rend au duodénum. Elle est située (pl. XXVIII, fig. 1ère; ouvrage cité) à la droite du cul-de-sac inférieur de l'estomac, au dessous du lobe droit pulmonaire, et appuyée entre les deux prostates.

A la droite du départ de la circonvolution des intestins, se trouve placé un corps solide rosacé, abouché par un tube au jéjunum. C'est un second pancréas beaucoup plus sensible que celui adossé au coude intérieur des mêmes intestins. Ceux sous lesquels il se trouve, sont repliés en deux circonvolutions serrées. (Pl. III de ce volume.)

Le rectum très-gros, est appuyé sur les reins, qui se trouvent au bas du dos. Ce viscère passe au dessus d'une membrane pelliculaire, servant de vessie, et qui s'adapte au collet du rectum par des tubes appropriés, ou urétères. Les prostates rouges, entourés de graisse, se trouvent à chaque côté intérieur des reins oblongs. (Pl. III de ce volume.)

Les parties sexuelles, soit dans le mâle ou la femelle, sont renfermées dans le canal de l'anus.

Le cerveau, ou plutôt le ganglion, contenu dans sa cavité (pl. XXV de l'ouvrage cité), est très-petit, renfermé dans une boîte osseuse en losange, et composé de deux lobes antérieurs les plus gros, de deux médiaires petits, et du postérieur ou cervelet duquel s'échappe la moëlle spinale.

CHAPITRE SIXIÈME.

Examen des organes de la génération.

Voyez, pour ce chapitre, ma monographie du caïman de Saint-Domingue.

CHAPITRE SEPTIÈME.

Préludes de son amour; détails sur son accouplement; et indication de l'âge auquel il peut produire : assertions appuyées d'un tableau tracé par l'expérience.

Ce n'est point la contenance humble du doucereux tourtereau près de sa fidelle compagne que je vais décrire; ce ne sont plus ces roucoulemens mélancoliques et voluptueux, avant-coureurs de la jouissance et du plaisir; mais des mouvemens violens, une agitation turbulente, une poursuite acharnée, des mauvais traitemens pour les refus, et des hurlemens lors du contact sexuel. Voici de quelle manière nous avons surpris le caïman, et comment je l'ai observé dans les préludes de son amour.

Grossier dans ses manières, pourquoi chercheroit-il, à l'exemple des favoris de l'amour, des bosquets agréables, pour y reposer un corps dur et insensible? lui que l'aspect d'un être quel qu'il soit, fatigue et irrite, est-ce pour une brute de ce caractère que sont faits les beaux jours, la verdure émaillée des paisibles campagnes, le murmure agréable des petits ruisseaux? . . . . . Non! les abattis de bois épineux, les tiges vermoulues de cardasses desséchées, les sinuosités impraticables des halliers les plus hérissés, une eau fangeuse, lente et obstruée dans son cours, de plantes aquatiques entrelacées, ont pour lui plus de charmes, et sont les lieux choisis pour cacher à la Nature et sa laideur et sa férocité. Aussi, heureux lorsqu'il est tranquille, c'est un tyran puissant et farouche qui jette la terreur et l'épouvante dans toutes les classes créées d'animaux qui lui sont inférieurs. Le noir limon des rives bourbeuses sert de lit de repos à ce morne ennemi de la Nature aimable.

Tout annonce que le caïman est polygame, et je me vois appuyé dans mon dire, par la rareté des mâles, et la profusion des femelles; puisque, sur quantité de trous fouillés dans un canton barricadé aux deux extrémités de seines, nous avons trouvé un nombre prodigieux de femelles et peu de mâles.

Nous avons eu aussi plusieurs fois occasion de remarquer les combats des mâles; leur poursuite active dans l'eau (1), leur élément familier; leur fureur en cas de rencontre, les coups de dents terribles qu'ils se donnent en se redressant : l'eau bouillonne sous leur poids et sous leurs efforts; les oiseaux aquatiques effrayés, s'éloignent en criant, exprimant par là le trouble qui les agite; l'oiseau terrestre même; le silencieux cocot-zin (*colomba parvula*, *Linnæi*) craignant pour sa vie, cherche la cime des arbres, et cache, sous quelque touffe de feuillage, son petit corps tremblotant. Toute la Nature en un mot, sourit à leur absence, et gémit à leur aspect. Mais le combat cesse; et c'est au vainqueur qu'est réservée la jouissance des femelles. Il garde à cet effet une exacte surveillance.

Maître de son sérail, veut-il accorder ses faveurs? il fixe l'objet qu'il envie, annonce alors sa fierté par ses cris rauques et redoutables, déploie sur l'onde son extrême agilité, la coupe, en

---

(1) A l'époque intéressante du rapprochement des sexes, où tous les êtres semblent avoir reçu une ame nouvelle, les yeux du caïman n'en sont pas plus étincelans, et l'ardeur qui le tourmente n'est qu'un besoin à satisfaire, et non un désir produit par de douces émotions. Des rugissemens horribles, effrayans pour les hommes, mais que sa femelle sait comprendre et apprécier, sont plutôt le langage de la fureur que de l'amour.

rase la surface, sans même la rider; puis il s'avance, se place sur le côté, et d'un coup de queue, ordonne à la femelle de prendre la même position. Ils se réunissent en s'embrassant, ne se servant plus que de leur queue et de leurs pattes de derrière, pour se soutenir sur l'eau pendant l'intromission, qui dure vingt à vingt-cinq secondes. Le plaisir éprouvé, l'acte de propagation achevé, ils se séparent, et accompagnent cette retraite des cris et rugissemens affreux, qui président à l'acte du coït. Leur naturel étant féroce, l'expression de leur amour doit être brutale, et comporter les mêmes caractères.

Mais ce son de voix, qui ne nous semble composé que d'une modulation, sert pourtant à expliquer ses volontés. J'eus la satisfaction, en réfléchissant sur ce point, de voir mon hypothèse confirmée par le fait suivant. J'apercevois au dessus de ma tête, le mâle de la cresserelle du pays, tournoyer et planer, tenant en son bec un mulot qu'il destinoit à sa femelle, occupée à couver. Le pourvoyeur se perchant, fit un cri : aussitôt je vis sortir d'une vieille masure la femelle qui, dans la rapidité de son vol, lui enleva l'animal, sans s'arrêter, et alla le dépecer promptement, pour rentrer dans son nid. La différence des intonations, la durée des sons, leur qualité interprètent sûrement ce

langage

langage inconnu. C'est un dénouement auquel, je crois, l'observateur discret doit renoncer.

Divers examens anatomiques m'ont confirmé que le rapprochement des deux sexes, pour la copulation, n'a lieu dans les mâles, qu'à l'âge de dix ans, et dans les femelles, de huit à neuf. On peut en juger par le tableau de la progression des âges et de la taille, annexé à ce chapitre. On y verra que, dans ces animaux, la puberté est lente et tardive à se déployer, par les disproportions énormes des facultés progénitrices mâles, type le plus en faveur de ma combinaison.

La fécondité de ces animaux dangereux, nuisible par la quantité de germes destructeurs sortis de la terre, à chaque incubation, pour l'appauvrir dans ses créatures, ne dure que trois, quatre, et au plus cinq ans dans les femelles (1): le Créateur apaise donc cette vertu prolifique, en rendant, à un certain âge, impuissantes leurs facultés, et ne conservant que de quoi entretenir l'espèce.

D'après l'étendue des ovaires, la quantité des œufs, et l'emplacement qu'ils occupent jusqu'à leur perfection, je crois devoir répéter que les femelles ne pondent point avant l'âge de huit ans. Quelle dévastation s'il en étoit autrement, et

(1) *Voyez* le *post-scriptum* du chapitre X[e].

si la fécondité n'étoit point arrêtée! Une autre preuve est qu'à un certain âge, ces animaux femelles trouvées dans le tems de la ponte, si elles ont acquis la taille de onze à douze pieds, ont cessé d'engendrer. J'en ouvris quantité avec ces proportions, qui n'avoient point d'œufs, ni aucune apparence que leurs ovaires dussent être fécondés : leurs trompes au contraire, auparavant dilatables, étoient rétrécies et duriusculées.

… scrupuleuses,

…x dents inf. …ge nasal.	Longueur et largeur des plaques de son armure.
…artilage très-	Les deux principales du cou, ayant 4 lignes sur 3.
…ormés.	7 lignes sur 5.
	7 lignes sur 5 1/2.
…ommencée.	*Idem.*
…	7 lignes sur 6.
…nts dépassant	8 lignes sur 7.
…s par les deux	9 lignes sur 8.
…e 2 lignes 1/2.	
… de 3 lig. 1/2.	10 lignes sur 9.
… de 4 lignes.	11 lignes 1/2 sur 10.
	13 lignes sur 11.
	15 lignes 1/2 sur 13.
	16 lignes 3/4 sur 14 1/2.
	18 lignes 2/3 sur 16 lignes.
	21 lignes 1/3 sur 19 lignes.
…uses.	2 pouces 3 lignes sur 21 lignes.
	2 pouces 9 lignes sur 22 lignes.
	2 pouces 11 lignes sur 23 lignes.
	3 pouces sur 22 lignes.

CHAPITRE HUITIÈME.

Conduite du Mâle et de la Femelle avant et après la ponte.

POUSSÉS par une induction naturelle, ces animaux, sentant le besoin de propager leur espèce, éprouvent, dans la régénération printanière, les titillations irrésistibles de cette passion fougueuse, qui donne alors un plus haut ton à leur fureur brutale et jalouse. C'est au sein de la terre, hors des regards humains, que doit être confiée la progéniture qui doit un jour venger leurs outrages, épouser leur férocité, désoler la Nature, et renouveler leur emploi tyrannique. C'est sûrement dans cet espoir cruel, qu'ils quittent les froids momens de leur indifférence, pour céder aux impressions poignantes de leur bestialité. D'une torpeur engourdie, d'un repos glacial, on les voit rapidement passer à un période effrayant d'agitation convulsive et farouche.

Il est à croire que le mâle, oubliant son esprit de domination et d'égoïsme, aide la femelle dans la fouille du nid; je le suppose au moins, d'après les traces différentes qu'on aperçoit autour de la couvée. Ce que je puis assurer, c'est que la femelle se sert d'abord de ses pattes pour agrandir et creuser son trou circulaire; mais, quand leur longueur ne peut plus achever la profondeur nécessaire, elle fait usage du bout de son museau, comme d'une spatule, pour caver le creux, et en sortir la terre inutile.

On est étonné de voir régner une si parfaite régularité dans l'ouvrage d'un animal aussi inepte; mais la surprise est remplacée par une admiration due à la sagesse du Moteur de ces merveilles, qui éclaire la stupeur de ces machines animées, en accompagnant de quelques combinaisons idoines, le tems nécessaire à leur régénération. Ce même instinct est encore développé dans les poursuites et les vengeances de ce reptile carnassier.

Les œufs, au nombre de vingt-huit seulement, sont placés circulairement dans le couvoir, rang sur rang, de manière à ce qu'ils ne se touchent point. Pour prévoir cet inconvénient, la femelle a soin d'interposer une couche de terre, et non de la paille ou feuilles sèches, ainsi que quelques auteurs l'ont avancé. L'humeur visqueuse qui se trouve sur les œufs, amoncèle, agglutine, entre chaque cavité, les particules terreuses que la femelle a soin de répandre sur chaque rang, en sorte que le tout ne forme qu'une seule masse contiguë.

Les caïmans choisissent, pour placer leurs nids, un tertre un peu élevé; et, indépendamment de cette première précaution, ils joignent celle de taper le dôme du couvoir, de peur de la pénétration des pluies accidentelles. Aussi la Nature qui prévoit tout, ne les fait-elles pondre que dans les secs, dans les mêmes endroits qui sont submergés dans les pluies (1) !

La ponte est en mars, avril et mai pour les plus tardifs, c'est à dire une seule fois l'année. l'incubation est d'un mois, ainsi que nous l'avons éprouvé par des œufs enlevés, et enterrés au pied de notre case, après nous être assuré que le développement du germe n'étoit point encore commencé.

La femelle dépose à la fois tous les œufs parfaits, dont la coque est dure. J'en ai toujours

---

(1) Les reptiles ovipares sous le climat torride de Saint-Domingue, n'ont besoin de confier leur postérité qu'à la concentration de la terre, tandis qu'en Europe, où le sol n'est point aussi chaud, les couleuvres et certains autres reptiles choisissent des tas de fumier, plus propres à réverbérer la chaleur nécessaire aux progrès de l'incubation. Ainsi tels climats, telles habitudes, et par-tout des preuves non équivoques de l'influence du Génie créateur.

trouvé vingt-huit humectés d'une humeur visqueuse. La coque crétacée, tapissée intérieurement d'une tunique épaisse, produit un son clair, en raison, je crois, des petits trous dont elle est parsemée, et qui traversent jusque dans l'intérieur. Ces porosités rendent l'incubation moins lente et plus facile.

A voir les traces de ces animaux près leurs nids, on croiroit que l'un ou l'autre vient reposer dessus pendant la nuit pour entretenir une chaleur constante, et éviter aux œufs la fraîcheur du serein, retardant nécessairement les progrès de l'incubation; mais cette conjecture, quoique d'ailleurs vraisemblable, ne peut être citée en cette occasion; car, ayant découvert des nichées, j'ai garni l'emplacement, de cardasses, raquettes, et autres plantes épineuses : elles n'ont point été dérangées, et nous n'avons aperçu que les anciennes traces.

La femelle, après avoir donné tous les soins réservés à la maternité, abandonne, comme les tortues, à la concentration et au soleil l'espoir de sa postérité. Ce qui prouve que les œufs n'ont pas besoin d'une grande chaleur, c'est qu'ils sont enfoncés à dix pouces de la convexité, qui leur sert d'auvent, où la terre commence à être très-fraîche, ainsi que je l'ai remarqué en sondant des nichées.

Impatiente de se voir reproduite en ses petits, l'instinct porte la mère à venir, à l'approche du terme de l'incubation, visiter sa future génération. Elle tourne, retourne, s'agite, appelle, fait beaucoup de mouvemens sur la place, afin d'exciter ses petits à donner signe de vie. Par une admirable prévoyance de la Nature, lorsqu'ils sentent les mouvemens, ils aboient comme de jeunes chiens; alors la femelle gratte, déterre les coques, et voit avec joie le fruit de ses amours. C'est à la tête de ses petits qu'elle est plus que jamais féroce. Hargneuse et promptement irrascible, elle n'attend plus qu'on l'attaque ; elle fond sur celui dont la présence l'inquiète, et cherche, par cette démarche menaçante, à l'expulser de la vue de ses petits, qu'elle mène à l'eau en grondant, et tournoyant comme une poule à l'égard de ses poussins. Qui pourroit alors la heurter de front avec sang-froid? Les armes les plus sûres tremblent dans les mains vacillantes. Il y auroit de la témérité à l'attaquer seul en cette occurrence, où tout cède à la force de son boutoir.

S'il èst rare de voir le caïman debout sur ses pattes, on le voit communément en cette occasion, période de sa colère. Il affecte encore quelquefois la même marche, lorsqu'il est poursuivi par un ennemi qui lui est supérieur en force : il court alors comme un lézard.

Les petits, qui ne peuvent en naissant rester long-tems sous l'eau, ne font que plonger et reparoître. La mère les nourrit en dégorgeant sa pâture, et la ruminant, lorsque le sac alimentaire ombilical a épuisé tous ses sucs nourriciers.

Les sentimens d'amour pour les jeunes reptiles, sont encore moins long-tems soutenus dans le mâle que dans la femelle, qui veille à leur accroissement jusqu'à l'âge de trois mois environ. C'est pendant cette garde assidue, qu'elle a besoin de toute sa surveillance et de son courage pour préserver d'une incursion carnassière sa petite famille que le mâle cherche continuellement à éteindre; aussi fait-elle toujours bonne contenance, et l'attend-elle de pied ferme, pour détourner, par une prise de corps unanime, le coup prêt à frapper, et qui doit la priver de quelqu'un de ses petits.

En raison de leur inexpérience dans l'élément liquide, ils y sont moins en sûreté qu'à terre, où ils se rassemblent très-près des flancs de leur mère, qui les protége des mêmes armes que la Nature lui a départies (1). C'est pourquoi ils sont

(1) Cette mère, toujours inquiète, cherche de préférence les endroits des berges garnis de buissons

souvent la victime de cette confiance tranquille, surtout si le mâle vient à eux en silence, en cinglant entre deux eaux. Quatre, un jour, furent dévorés de suite à la vue de la mère, inconsolable de son défaut de prévoyance. Elle quitte bientôt ces soucis maternels, pour reprendre ses habitudes premières qui l'écartent impérieusement de toute société. Aussi, ces bonnes habitudes oubliées, porte-t-elle la guerre chez l'engeance animale qui la redoute, et succombe par sa foiblesse.

épais, ou de racines de mangliers, propres à recéler les jeunes caïmans, et où les gros ne peuvent pénétrer.

CHAPITRE NEUVIÈME.

Naissance du Petit, et ses diverses positions dans l'œuf.

Qu'il est beau pour l'observateur déïste de réfléchir sur la formation et le développement de la substance homogène du jaune de l'œuf, où se trouvent réunis, d'une manière imperceptible et cachée à la lentille la plus multipliante, les molécules matrices du musc, de la peau, des viscères, etc.! C'est se perdre dans la nuit des conjectures que de fonder des systêmes sur des secrets que la Nature discrète cachera toujours dans son sein. Le voile de la conception des êtres organisés, pour jamais impénétrable, ne pourra tout au plus être que demi-transparent aux yeux perçans du zélé contemplateur. Cependant glorieux du titre d'homme, de maître de la création soumise à mon espèce, je dois porter par-tout des regards avides; mais les baisser respectueusement sur les points que ne peut fixer ma foible raison; reconnoître alors la suprématie incontestable du grand Ouvrier de la Nature, qui a limité mes moyens moraux et physiques; leur a assigné un cercle circonscrit,

Œufs du C

et a ordonné au livre des secrets de la Nature, de se fermer à mon approche.

Il est malheureux, pour l'intérêt de l'ouvrage, que des circonstances impérieuses, des inimitiés mal fondées, m'aient empêché de mettre à exécution le projet que j'avois de suivre jour par jour, les progrès de l'incubation, et d'en dessiner graduellement les planches. J'étois bien disposé à observer dans une infinité de nichées que je connoissois, mais qu'on eut la méchanceté de me découvrir pour en casser les œufs, et ne me laisser à chaque visite que le regret d'y avoir pensé. Je ne puis donc exposer ici que les parties les plus évidentes du succès de l'incubation, ainsi qu'on peut en juger par les figures de la planche V.

Voici l'exposé de quelques observations victorieuses des mauvais tours qu'on a voulu me jouer. La mère, soit qu'elle exprime trop véhément sa joie, soit que lourde dans ses manières, elle ne puisse en mitiger la brutalité, écrase toujours plusieurs petits en les déterrant pour leur donner la lumière; elle paroît même insensible à la perte qu'elle vient de faire, d'une manière plus remarquable que si les petits eussent seulement vécu un jour; alors elle s'y attache.

Elle répond à leurs premiers aboiemens par

une vibration isochrone, rauque ou tremblante, qui glace d'effroi les auditeurs de l'engeance raisonnable.

Le petit, dont les yeux sont énormément saillans, est, dans l'œuf, roulé sur lui-même. (Planche V, fig. III.) La coque crétacée cède aux battemens réitérés de son boutoir : elle est sèche et cassante, garnie intérieurement d'une tunique ou pellicule assez épaisse, que le petit a d'abord percé de ses dents aiguës, avant sa naissance.

Je parle, au Chapitre dixième, de sa férocité innée; et j'ai eu moi-même occasion de réitérer plusieurs fois l'expérience, en ayant conservé huit dans une baignoire pendant quinze jours, lesquels refusèrent constamment toute nourriture, tant que le sac alimentaire ne fût pas dépensé. Ce sac alimentaire (planche V.) est une partie du jaune de l'œuf, entourée d'une membrane qui va se rendre, par un conduit vasculaire comparable au cordon ombilical d'un jeune enfant, aux vaisseaux chylifères de la courbure de l'estomac, à mesure qu'il est élaboré par la digestion. Le petit reptile né, ce sac rentre en la région hypogastrique, au dessous et devant les intestins grêles. Alors la suture ombilicale (planche V.) se fait longitudinalement au bout de quelques jours : elle a quatre lignes de longueur. J'ai conservé dans du tafia un de ces petits nouveaux nés, dix minutes sans mourir, et sans même qu'il ait donné le moindre signe de souffrance.

Ce sac alimentaire servant d'abord d'intestin au reptile qui n'a pas besoin, dans l'œuf, de déjections alvines, mais seulement d'une matière nutritive, est recouvert de vaisseaux sanguins ayant leurs troncs abouchés aux veines mésentériques. Il est très-volumineux, comme on le voit d'après nature, comparativement à la grosseur de l'animal qui n'avoit qu'un jour de vie, étant éclos le matin devant moi. C'est un crible d'où partent autant de ramifications pour entretenir petit à petit les vaisseaux chylifères. C'est donc aussi, si je puis le dire, un second estomac élaborant cette matière précieuse, et en faisant passer les sucs où besoin est par ses canaux appropriés. Le véritable estomac ne contenoit aucun aliment en digestion, et les intestins étoient vides.

CHAPITRE DIXIÈME.

De ses mœurs, des ruses qu'il emploie, et de la finesse de son odorat.

LA famille Rossignol-Desdunes est renommée à l'Artibonite par sa constante assiduité à purger la terre, depuis plus de trente ans, de ces monstres qui, à l'exemple de l'hydre de Lerne, reparoissent toujours, mais en quantité bien inférieure à celle de cette époque reculée.

Qu'on juge donc de la férocité naturelle et innée du caïman, par ce seul trait caractéristique. Un jour, M. Desdunes père, crut découvrir une nichée à une monticule de terre récemment remuée et piettée; il ne se trompoit pas. Il fit fouiller, et se disposant à éteindre cette postérité vorace, il écrasa un œuf. L'incubation étoit finie; car le petit animal, en se déroulant, donna des preuves de sa méchanceté en lui traversant de ses dents aiguës la semelle de son soulier.

Maintenant qu'il me soit permis de raconter un trait de la gloutonnerie impitoyable des adultes. La famille citée, recommandable par son humanité, ne négligeoit rien pour parvenir à ses fins.

Chaque jour plusieurs canots, bien approvisionnés de munitions de bouche et de chasse, voloient à la poursuite des amphibies. Il se tiroit quelquefois neuf cents balles par jour dans les parties projetées où se trouvoient le plus souvent ses huit fils. Un caïman de douze pieds fut harponné, et traîné à terre où il fut assommé. On l'ouvrit: quel fut l'étonnement de trouver dans son corps un pareil animal, de moyenne grosseur, à moitié digéré, et un chien qu'il venoit d'enlever! Ce qui prouve bien l'élasticité de son gosier, qu'au premier abord on juge trop étroit pour l'introduction de pareilles bouchées volumineuses. Il est à remarquer que le caïman ne se nourrit de ses semblables que lorsqu'il les rencontre sans vie.

Quoiqu'il ne soit guères prudent de chasser seul le caïman, cependant il est bon de recommander à celui dont on ne peut réprimer la passion, d'user de beaucoup de prudence, et de ne point regarder pour pusillanimité, ce qui n'est que sagesse et prévoyance. M. Desdunes le plus jeune se promenoit sur une berge de l'Ester; il aperçoit un gros caïman, il est plutôt rendu que le noir qui l'accompagnoit. Il avoit eu l'imprudence d'amarrer le bout de la corde autour de son bras; l'animal prêt à couler, il ne voulut pas laisser échapper un si gros but, sans y fixer le trait que devoit diriger son adresse : il lance, l'animal est atteint, et rougit de son sang l'onde agitée par ses mouvemens, et bouillonnante par son souffle. Le caïman fuit, il s'éloigne; la corde a déjà filé que le jeune homme, content de sa victoire, n'a point encore aperçu les pas qu'il faisoit vers la mort. Il reconnoît trop tard sa faute, et marche déjà involontairement dans l'eau, entraîné par l'amphibie furieux, lorsque son noir se jette à la nage, le devance, et coupe la corde. Il est sauvé; il frémit, en pensant à une représaille plus horrible de la part de l'agressé, qui l'entraînoit sous l'eau dans le repaire tortueux où, s'il n'est point trop affamé, il met pourrir toutes ses victimes avant de les manger.

Une des ruses qu'il emploie est de ne point remuer, jusqu'à ce que sa proie lui soit assurée; le fait suivant en est une preuve. M. Lachicote-Desdunes, allant ramasser du gibier qu'il venoit de tuer sur l'eau peu profonde d'un lagon, se trouva enfourcher un caïman de dix pieds et demi de longueur, qui subitement parut sur l'eau avec des intentions perfides, laissant apercevoir les deux dents blanches qui lui percent la mâchoire supérieure. Notre chasseur, dont le courage magnanime est pourtant à l'épreuve, puisqu'il passe quelquefois la prudence, fut intimidé, et ne voulut faire aucun mouvement;

car

car il y alloit de sa vie. Il fit signe à son domestique de l'approcher, lui fait tenir horizontalement la crosse de son fusil, dans lequel il mit deux balles, sans changer de position. Pendant ce tems, le caïman, agitant légérement sa queue, à l'exemple du poisson qui surnage, lui frottoit les cuisses ; puis, pointant à bout touchant son canon près de l'œil de l'animal, M. Desdunes-Lachicotte lui fit sauter la cervelle, et s'en délivra par ce moyen, le seul que la prudence pût lui suggérer en cet état critique.

M. Desdunes père, étoit si adroit, qu'un jour il sauva de cette manière la vie à son domestique. Ce dernier, très-imprudent, se jeta à l'eau, à la vue d'une tortue qu'il vouloit prendre. Il nageoit, malgré les sages remontrances de son maître, qui aperçut derrière lui un caïman affamé, ouvrant déjà la gueule pour le dévorer. Sans dire mot, il envoya une balle au caïman, qu'il tua roide. Le domestique finit malheureusement, à ce qu'on a lieu de conjecturer. Très-friand de tortues (1), il alloit les chercher jusque

(1) Par un instinct fort singulier, lorsque ces tortues ont suffisamment pris de nourriture, sans avoir été inquiétées par le caïman, qu'elles reconnoissent pour ennemi, elles vont affronter sa présence, et se cacher dans son trou, où le caïman ne peut leur faire aucun mal, parce qu'il ne peut manger dans l'eau. Elles s'y

dans les repaires des caïmans, où on en trouve quelquefois en abondance. Ses vêtemens et son chapeau, qu'on trouva sur terre, au dessus d'un de ces trous, font croire qu'y ayant rencontré l'animal, il a eu à soutenir un combat dans lequel il a succombé. Jamais on n'a entendu parler de lui depuis cette époque.

Dans la chasse au harpon, il arrive le plus souvent que l'animal n'est que blessé; alors il faut de grandes précautions pour l'emmuseler. Voici la manière qui nous a le mieux réussi. On profite du moment de sa tranquillité, et de l'étonnement que lui cause la vue d'êtres supérieurs à lui, en ruses et en adresse, pour lui jeter en travers, sur le cou, un pieu qu'à l'instant deux hommes saisissent à chaque bout, en l'appuyant vers la terre. L'animal veut bondir, mais on arrête ses mouvemens en usant du même moyen, par rapport à la queue. Il est si honteux de se voir vaincu, qu'il ne s'agite plus. Alors on lui lance à la tête un nœud coulant, lequel, se

---

tiennent en repos, la tête retirée, jusqu'à ce que le monstre sorte pour faire sa tournée. Elles épient alors ses mouvemens et la direction de son excursion, pour bientôt après sortir et nager vers l'endroit opposé, afin de gagner la terre; mais elles ont à craindre d'autres caïmans souvent en maraude.

fermant, ne peut pas glisser du museau, qui est spatuleux à sa partie antérieure, ainsi qu'on l'a vu dans les planches de physiologie.

Il ne faut pas se distraire sur les dangers qu'offre le voisinage d'un semblable animal; car quelquefois, au moment inattendu, il donne une secousse qui jette les hommes à terre. Cependant la Nature, toujours prévoyante, a restreint, jusqu'à un certain point, la voracité de l'amphibie. Ainsi il ne poursuit l'homme que quand il est pressé par la faim, ou lors de la ponte; il se cache même à sa vue, lorsqu'il a assez trouvé de scarabées, de poissons, et d'autres choses propres à rassasier son appétit. J'ai trouvé, dans l'estomac des petits caïmans, des chevrettes déjà rougies par la chaleur concentrée dans ce viscère, pour le travail de la digestion.

C'est un spectacle horrible que de voir le caïman au milieu d'un feu actif. Il réunit, dans cette conjecture, tout son courage, et menace avec fureur les assistans; en se roulant et repliant avec des contorsions affreuses, il découvre aussitôt son sexe : c'est alors qu'il est prêt à succomber à la douleur effroyable qu'il ressent.

Lorsqu'un gros caïman surprend une tortue, il s'en saisit, et levant tout à fait sa tête hors de l'eau, il broie l'écaille en deux ou trois coups de dents, ainsi que nous l'avons entendu plusieurs fois.

C'est en vain qu'on a tenté jusqu'ici de familiariser le caïman; d'ailleurs cet animal, n'offrant aucun but d'utilité dans sa conservation, c'est s'exposer que de faire de semblables essais. Un particulier du Port-au-Prince a gardé un de ces animaux plusieurs années, dans un bassin qu'il avoit fait construire pour le succès de cette expérience. Il le fit prendre bien au dessous de six mois, et fut obligé d'y renoncer, ne voyant point le caractère féroce de l'animal, disposé à s'adoucir.

Le période de la taille des caïmans paroît être à Saint-Domingue de seize pieds et demi, ainsi que l'a observé la famille Rossignol-Desdunes, qui en a fait une chasse journalière et constante pendant une trentaine d'années: le plus gros qu'ils aient vu et qu'ils ont pris, avoit cette taille. Privé de toutes ses dents, les alvéoles fermées par des cicatrices osseuses, l'œil morne, les écailles presqu'usées, annonçoient une parfaite caducité. Joignez à ces symptômes de caducité le peu d'agilité dans les mouvemens; il ne se nourrissoit plus que de poissons, ou d'autres petits animaux s'engouffrant dans sa large gueule, croyant s'y mettre à l'abri. Aussi l'avoit-il toujours ouverte, ne la fermant que lorsqu'il vouloit dégorger l'air retenu dans ses poumons, en l'expirant par le cartilage nasal. Il étoit très-maigre, en raison de sa taille. C'est ce caïman qui, tenu vivant à l'éperlin, ennuyé dans sa prison, se replia sur lui-même, croyant travailler à sa liberté, en sorte que, sans se dérouler, il atteignit à la hauteur de douze pieds la solive où étoit attaché le bout de la corde; ce qui prouve encore une parfaite tension de muscles.

Des amis du merveilleux ont cru apercevoir des arbustes implantés sur le dos de vieux caïmans, à la faveur de l'imperceptibilité de leurs mouvemens; mais, avec plus d'attention, ils n'ont aperçu que des conferves ou d'autres plantes aquatiques que ces animaux accrochent en passant près des rives, et qui restent sur leur corps quelques heures, ou moins, retenues aux apophyses, jusqu'à ce qu'une flaque d'eau les en détache.

Une femelle surprise près de ses œufs, s'élança sur M. Desdunes père, et lui déchira sa veste. Non contente de cette première vengeance, elle se redressa un peu, voulant l'attaquer au visage; mais il ne rapporta à la case que la marque des deux pieds de l'animal, déjà montés l'un sur la cuisse, et l'autre sur la poitrine. C'est près d'assouvir sa cruauté sur ce bon père de famille, que cette femelle eut peur de deux chasseurs qui vinrent à la défense de leur ami bien en danger. Cet événement fut raconté, et le chasseur intrépide de la maison voulut seul l'aller attaquer : il partit donc, sans mot dire; rendu au lieu indiqué, il aperçut un sentier très-étroit en apparence, parce que les herbes s'étoient rapprochées. Ne pensant déjà plus au caïman, il crut devoir l'attribuer au passage de gingeons qui fréquentoient ces endroits solitaires. Il s'avance au milieu de ces laîches très-fourrées; mais, à peine a-t-il fait quatre pas, que le caïman en embuscade s'élance sur sa cuisse, et le met sur-le-champ hors d'état de défense par la douleur excessive que lui cause la morsure : l'animal déchire cette cuisse en la secouant rudement; bientôt il la quitte pour prendre le bras qui ne pouvoit se lever pour l'immoler. Déjà en reculant, il cherchoit à se frayer un chemin dans les laîches pour y entraîner sa proie! Le malheureux, frémissant de l'horrible avenir que lui présageoient ces précautions sanguinaires, profita de ce que les touffes étoient mêlées, pour feindre un mouvement de fuite; l'animal ouvrit sa gueule, et lâcha prise pour mieux reprendre sa victime; mais l'homme fut assez prompt pour lui présenter la crosse de son fusil qu'heureusement le monstre serra fortement sans vouloir la quitter. Le chasseur trop heureux de cette méprise avantageuse, en profita pour hâter sa fuite, et se dérober aux regards de son redoutable ennemi. Il arriva à la case, meurtri, confus, et tout sanglant, dans un si mauvais état enfin, qu'il fût mort de ses blessures, sans les soins particuliers et généreux de M. Desdunes père, son compatissant bienfaiteur. On étoit à dîner; mais tous les convives quittèrent la table pour marcher sur l'animal féroce, dont la destruction étoit d'autant plus désirable, qu'à sa première attaque quelqu'un pouvoit succomber : on ne revint pas sans sa tête.

Comme le coq oublie son inimitié pour son rival, lorsqu'il s'agit de défendre son espèce de la poursuite des pintades, de même le caïman se dévoue pour ses semblables. C'est ainsi que nous promenant sur les rives de l'Ester, nous rencontrâmes un jeune caïman que nous fîmes crier; aussitôt nous en vîmes de tous les points fendre l'onde en silence, et, avec la vîtesse d'un trait, venir en troupe au cri de leur pareil. Ils tentèrent même de monter vers nous; mais la hauteur des digues en talus les en empêchèrent. Un, plus gros que les autres, parut en redoublant d'efforts : on lui lança le harpon, qui à plusieurs reprises rebroussa sur son dos, parce que, par la position, on étoit obligé de lui jeter à pic. La voie oblique est la plus sûre.

Si le caïman succombe quelquefois aux invasions soudaines et imprévues du requin son ennemi juré, ce n'est point qu'il lui soit inférieur en force, mais bien parce qu'il ne peut mordre dans l'eau, sans courir risque de se noyer. Aussi le vivipare a-t-il tout l'avantage sur lui dans cet élément, tandis qu'à terre il craindroit de l'attaquer. C'est dans l'Artibonite qu'on voit se livrer ces affreux combats dans lesquels le requin a tout l'avantage : aussi ne durent-ils que quelques momens, car le caïman, peu endurant et vindicatif, douloureusement tourmenté par les blessures de l'assaillant, veut ouvrir la gueule; et détachant de son palais la soupape cartilagineuse qui y happe, donne, par ce mouvement, accès à un courant d'eau qui le noye bientôt.

Post-Scriptum. Ayant eu, depuis la fin de ces mémoires, l'occasion de lire le voyage de Williams Bartram dans les parties du sud de l'Amérique septentrionale, et m'étant convaincu, par ma propre expérience, des erreurs dont la plupart des articles de Williams Bartram, concernant le crocodile, sont altérés, je crois, par intérêt pour la science, devoir réfuter des assertions qu'il seroit dangereux de laisser propager. Je ne prétends point être le critique détracteur de Williams Bartram, mais je dois les observations que me dictent la justice et l'impartialité.

Williams Bartram dit d'un crocodile qui nageoit : « L'eau sortoit à flots de sa gueule entr'ouverte, et ses » larges narines l'exhaloient en vapeurs ». On a vu, par les détails anatomiques qui précèdent, que la conformation des organes du reptile s'oppose à ces prétendus effets. Plus bas : « De nombreux crocodiles » hurlèrent pour applaudir au vainqueur ». Le crocodile est silencieux, taciturne et peu démonstratif.

« De nombreux crocodiles m'investirent, et firent » tout pour renverser ma barque ». Ceci n'arrive jamais, et les crocodiles au contraire, moins hardis dans l'eau que sur terre, où le danger provoque leur férocité, évitent les canots, ou s'ils les environnent, c'est pour plonger et reparoître alternativement au dessus de l'eau ; dans l'espoir qu'on leur jetera quelque proie.

« *Ils rugissoient d'une manière horrible en se re-* » *dressant vers moi*, et vomissoient sur moi des » torrens d'eau ». Cette assertion paroit d'autant plus invraisemblable que j'ai prouvé anatomiquement que le crocodile n'avale d'eau que ce qui est nécessaire à sa subsistance.

«Ayant quitté mon canot chargé de poissons, à mon » retour je vis un crocodile d'environ douze pieds, les » pattes appuyées sur le bord, et prêt à s'emparer de » ma pêche. Une autre fois, étant occupé à écailler » du poisson sur un rivage, un très-gros crocodile vint » à moi, et d'un coup de queue balaya dans l'eau une » partie de ce poisson, et il m'auroit entraîné moi- » même si je n'eusse fui ».

Bartram dit encore : « Je vis en un endroit tant de » crocodiles, qu'il n'eût pas été impossible de traverser » la rivière en marchant sur leurs têtes. Enfin, ces ani- » maux ayant surpris un banc de poissons, ils en firent

» un si grand carnage que des torrens de sang et d'eau » sortoient de leur gueule, et que leurs narines sem» bloient vomir des torrens de fumée !!!! »

Il paroît aussi que le même auteur a examiné avec des yeux multiplians et microscopiques les nids des crocodiles, puisqu'il les compare à des monticules de quatre pieds de hauteur, et prétend qu'ils contiennent chacun de cent à deux cents œufs. La progression par couvée en seroit rapide, et la multiplication désolante !

Il dit dans un autre endroit, avoir rencontré un crocodile mâle ou femelle, conduisant sa progéniture, au nombre de cent environ ; mais j'ai, je crois, suffisamment prouvé, par des expériences multipliées, que les ovaires ne peuvent contenir que vingt-huit œufs, pour que le lecteur puisse croire plus long-tems à cette assertion exagérée.

Il dit encore : « Leurs rugissemens ébranlent l'air » et l'eau, et font trembler la terre. Lorsque les cro» codiles rugissent par cent, et mille à la fois, on » seroit tenté de croire que quelque secousse violente » agite le Globe, et l'ébranle jusque dans ses fon» demens !!!! »

C'est trop s'éloigner de la vérité pour ne pas relever de semblables erreurs. Ainsi des voyageurs exagérés et peu véridiques dans leurs narrations, détruisent la confiance du public qui, je le sens, doit être tardive à se prononcer.

CHAPITRE ONZIÈME.

De la chasse qu'on fait au Caïman dans les lagons et au bord de l'eau; de la manière de découvrir les nichées au frai de la femelle, et du danger éminent de cette chasse.

On appelle à Saint-Domingue, *lagons*, ce qu'on devroit appeler lagunes. Ce sont de petits lacs ou flaques d'eau dans des lieux marécageux, qui ne sont entretenus que dans le tems des pluies, fertilisant ce sol et le recouvrant de laîches fourrées. C'est alors qu'on y rencontre du gibier en abondance : aussi les caïmans ont-ils soin de les fréquenter, et de fixer leurs repaires dans ces touffes si entrelacées, qu'on ne peut guères s'y faire un chemin qu'en y mettant le feu. Ces lacs bientôt évaporés par les rayons de l'astre du jour, perdant ensuite leur humidité par la sécheresse de la nouvelle saison, ne forment plus que des bourbiers que les caïmans n'abandonnent pourtant point encore, toujours dans l'espérance d'y trouver leur pâture. Le lagon *Harchein* qui se trouve après le pont de l'Ester, sur le chemin des Gonaïves, fut le rendez-vous indiqué pour tenter l'attaque d'un monstre qu'on y avoit aperçu.

L'eau avoit totalement disparu : il falloit donc se résoudre à mesurer son courage et sa promptitude avec la vélocité des caïmans, au milieu de cette vase épaisse et infecte, tantôt venant battre à la cuisse, tantôt à la ceinture. Il falloit s'étourdir sur les dangers éminens qu'on avoit à craindre, en rencontrant sous les pieds un de ces animaux affamés. La passion de la chasse anime et rend courageux ; nous nous mîmes en marche.

Quatre sondeurs munis d'épieux d'une main, et d'un coutelas de l'autre, étoient spécialement chargés de nous faire connoître si le chemin étoit libre. Venoient ensuite très-près des premiers, les deux harponneurs, sur la même ligne que M. Desdunes-Lachicotte et moi, armés chacun d'un bon fusil à deux coups. Nous défilions donc en bataille, et dans le plus grand silence, afin de nous assurer de la victoire du monstre qui, en raison de sa grosseur, étoit au dessus de la vase, et ne pouvoit couler.

Sur ces entrefaites, il s'en lève un de huit pieds, à qui la faim fournit de l'audace jusqu'à venir, en grondant et la gueule ouverte, droit sur notre bataillon. On le laisse approcher à dix pas. M. Desdunes, dont la dextérité est surprenante pour tout ce qui regarde les exercices du corps, lui décoche une balle qui va le frapper à l'œil, et le culbute. Les deux harpons sont aussitôt lancés pour le tirer dehors, auprès du boucan.

Au bruit de l'arme à feu, le monstre furieux nous fait face, et s'avançe en ouvrant sa gueule effroyable : il grondoit, de manière à intimider. Sa contenance étoit altière, et pourtant il devoit être vaincu. Il s'élance une première fois, dans l'impatience de nous joindre, mais il étoit encore trop éloigné. N'ayant point de tems à perdre, j'engageai, pour plus de sûreté, M. Lachicotte à lui lancer lui-même le premier harpon. Il l'atteignit : c'est alors que la vase, bouillonnant par les secousses de l'animal plein de rage, nous couvrit tous de cette boue puante. Ne voulant point le tirer avec le fusil, afin de conserver sa tête entière, on lui jeta le second harpon. Percé de cette manière, six hommes le traînèrent à terre, avec bien de la peine. On alluma du feu autour de lui, pour le mettre en fureur : il rugissoit d'une manière effroyable, et rompoit l'air de ses sifflemens. Comme un tyran de cette taille et de cette voracité étoit à craindre, je lui traversai le cœur d'une balle ; des flots de sang sortirent par l'ouverture.

Le monstre, privé d'alimens depuis long-tems, étoit extrêmement maigre. Sa taille étoit de douze pieds huit pouces, et l'ouverture antérieure de sa mâchoire effrayante, ainsi qu'on peut le voir par la figure de la planche V, où sa tête est de grosseur naturelle. Son cou y est dans la position longitudinale, un peu rétréci par la tension des muscles fléchisseurs de la tête, vue aux trois-quarts et en raccourci, afin de laisser remarquer la glotte et la forme des deux soupapes un peu écartées; ce qui donne jour à l'ouverture de l'œsophage et du canal aérien. La tête est remarquable par les bosses osseuses qui la surmontent. Ces festons supérieurs répondent aux inférieurs de la même partie. La tête, à l'ouverture de l'angle de la mâchoire inférieure, a vingt-sept pouces, de largeur quinze pouces.

Il est très-peu de dents dans leur position convenable, parce que la plupart ont été régénérées à la suite de combats, dans lesquels l'animal en brise plusieurs à la fois : beaucoup aussi ne sont pas parvenues à leur grosseur. Il est impossible de trouver à cet âge des râteliers parfaitement complets.

Ce sujet étoit mâle, ainsi que je l'ai reconnu d'abord par son collet plus garni, et sa tête arrondie dans ses formes. En préparant sa peau, j'ai eu occasion de remarquer qu'il étoit borgne, par la blessure d'une balle que j'y retrouvai dans l'orbitaire, laquelle avoit entièrement changé de forme.

Dans la dernière chasse que je fis le 12 août 1800, je promis bien de ne plus commettre à l'avenir de semblable imprudence; ayant eu trois fois face à face un caïman, ne pouvant me débarrasser de la boue, et ne devant mon salut qu'à ceux qui m'entouroient. Il est vrai que, prudent d'abord, je restai seul quelques momens dans le canot, laissant M. Lachicotte suivre le torrent de sa passion fougueuse pour cette chasse; mais je n'y pus plus tenir, lorsque j'entendis de suite deux coups de fusil, des cris de joie et de frayeur.

Un de nos noirs, voyant mon impatience, offrit de me porter sur ses épaules; mais il ne le put, à cause de la profondeur et de la ténacité de la vase: je m'y jetai, et le cœur agité, je me hâtai de rejoindre mon compagnon. Le chemin ne secondoit guères mon désir, puisqu'à tout moment j'enfonçois dans un trou plus ou moins profond, si bien que le noir, affligé des peines que j'avois à me débarrasser à chaque pas, marchant devant moi, sapoit, à coups de manchette, des gerbes de laîches, pour me servir de traîneau. Dès qu'on m'aperçut, on me fit signe qu'on alloit m'attendre pour tirer un caïman.

Dans un cul-de-sac presqu'impraticable à l'homme, par l'enlacement des mangles, le monstre, le museau seulement hors de l'eau, grondoit à l'aspect des chasseurs; enterré sous les joncs, je m'y fis un passage, et approchai assez près du reptile, pour l'écraser dans la boue. Je ne pus le tirer à la tête, parce qu'il plongea; mais son dos s'élevant un peu, en dépassant le niveau, je lui frappai ma balle entre les deux épaules, et lui fracassai quatre vertèbres; le même coup lui rompit la moëlle spinale, et perça le cœur : il resta sans mouvement.

En retournant au boucan, il s'en leva deux au milieu de nous, dans les endroits mêmes où nous avions passé. Nous les prîmes vivans, en les entourant d'une seine. Qu'on juge, d'après ces faits, du danger de chercher des nichées dans une vase où souvent il se lève des caïmans au moment où l'on s'y attend le moins; en ce jour même, un de nos hommes fut mordu.

CHAPITRE DOUZIÈME.

De la Chasse en canot.

PORTÉ par la nature brûlante du climat à chercher l'ombrage et la fraîcheur, on trouve, dans la chasse en canot, la plus récréative et la moins fatigante, à secouer ce sommeil assoupissant, à apaiser ce feu ardent qui dessèche le corps, à rendre la souplesse à ses mouvemens pénibles et paresseux, à respirer l'air pur et délassant qu'entretient la fraîcheur de l'onde, protégée elle-même par les cintres fourrés d'une verdure commune aux rives de l'Ester : aussi conseillai-je de préférence, à tous égards, les promenades sur cette plage solitaire, et presque toujours soustraite, dans ses sinuosités tortueuses, à l'influence torride de l'astre du jour; car, outre le couronnement enlacé des arbres de toute espèce qui bordent cette rivière agréable, outre les parfums suaves et odorans du citronnier, de l'oranger et de l'acacia, le parterre est émaillé lui-même d'une verdure toujours nouvelle que le jaune vif du câprier, ou le coloris brillant de la grenadille relève avec élégance.

Les bords de l'Artibonite au contraire, n'offrent à l'œil de l'admirateur, que des crevasses hideuses et desséchées où la végétation regretteroit de s'établir; un terrain sec où on ne voit çà et là que des arbres souvent languissans, ou dont la verdure étiolée rappelle l'écoulement passé et trop rapide de cette eau tourbillonnante, à qui le soleil actif ôte toute espèce de fraîcheur; mais elle est très-poissonneuse, fertilise les terres dans ses débordemens, et est excellente à boire lorsque le limon qui la trouble, s'est précipité par le repos : voilà son utilité.

Les courses sur l'Artibonite sont d'ailleurs plus pénibles, par la rapidité de son lit qui met sans cesse le canot en mouvement, et dérange la justesse du coup d'œil; moins sûres par l'agitation continuelle des caïmans qui ne peuvent y rester en repos, moins agréables enfin par la vase qui, toujours en action avec son eau, en trouble entièrement la transparence, et fait souvent confondre les caïmans, qui y sont en beaucoup plus petite quantité, avec des vieux troncs d'arbres que cette rivière charrie continuellement.

L'Ester au contraire, engageant par sa fraîcheur et son agrément à déterminer une marche lente ou vive, selon le besoin, offre une glace tranquille où sont réfléchies ces pommes dorées si délicieuses pour étancher la soif, ou au moins pour la satisfaire. La pureté de sa transparence cristalline permet à l'œil d'observer, d'étudier, dans leur état de vigueur, les plantes aquatiques dont son fond est parsemé, et qui y sont bercées mollement par l'écoulement insensible de cette rivière à peine frémissante. Aussi y surprend-on souvent les caïmans endormis, s'en approche-t-on facilement, sans effort et sans bruit; les voit-on filer entre deux eaux, lorsqu'ils veulent se soustraire aux poursuites, et tromper l'œil du chasseur en allant reparoître plus loin à un point inattendu. Au moins, le chasseur adroit voit-il, par le sang, les traces de sa victoire sur le caïman, qui souvent fuit encore une mort prochaine et inévitable. L'onde claire, rougie par le sang de l'animal, fournit au chasseur la preuve éclatante de son adresse et de sa précision; mais la teinte colorée disparoît bientôt pour se confondre à l'élément, une des causes de sa perte et de son effusion.

Il est certain tems de la journée où le reptile amphibie, désirant la chaleur, profite de quelqu'échappée du soleil, au travers d'un branchage légérement feuillé, pour en laisser réverbérer les rayons sur son corps froid et endurci. C'est alors que lent à quitter cet endroit propice, le caïman s'y laisse surprendre; on arrive face à face, de manière à ne point le manquer, soit au harpon, soit au fusil.

Une autre fois, jouissant d'un morne silence sous les voûtes sombres abandonnées des habitans de l'air, il attend près de son repaire le passage de quelque proie pour s'en saisir, et augmenter avec, la provision de son garde-manger, où il met pourrir ses victimes avant d'en goûter. Le chasseur, à l'aperçu de semblables réduits, doit s'y engager prudemment et en silence. Glacé d'effroi, à l'aspect d'un séjour ténébreux et si consternant, on frémit à la moindre convulsion de l'animal, se jouant lourdement sur l'eau qu'il frappe de sa queue, par l'étonnement qu'il éprouve au moindre bruit, et interrompant ainsi le repos de cette nature sauvage.

Le caïman fuit, plonge, disparoît, et élève bientôt son mufle au dessus de l'eau pour remplir ses poumons; c'est aussitôt qu'il faut le rejoindre et lui lancer le harpon. S'il est atteint dangereusement, il s'agite, il gronde, bat l'eau de sa queue, plonge, replonge, et fuit autant que le cordeau du harpon peut s'étendre : il faut le suivre, ou bien on le perdroit; mais marchant sur ses traces, ne lâchant point le cordeau, la douleur ou la rage lui ôtant l'instinct, il descend toujours au lieu de remonter, et s'avançant ainsi vers la mort, il la trouve bientôt parmi ces herbes où il immola tant de victimes; lui-même s'y noye, furieux d'être vaincu, et rend, par sa mort, le repos aux êtres organisés du canton dont il étoit le dévastateur.

Souvent il arrive qu'on le tire au fusil, et que, plongeant pour la dernière fois, il va mourir au fond de l'eau. On peut revenir au bout de vingt-quatre heures en toute sûreté, et on le trouvera au même endroit, flottant sur l'eau. Les plus gros caïmans, ainsi que je l'ai éprouvé, ne restent qu'une heure ou au plus une heure et demie sous l'eau sans se noyer. Avant de plonger, ils emplissent leurs poumons. La sortie de l'air, retardée par les cornets tendineux du milieu de la fosse nasale, s'effectue insensiblement par les deux petits tuyaux ; ce qui fait apercevoir à la surface, de tems à autre, quelques bulles d'air s'élevant du fond.

Le caïman maître chez lui, est plus furieux au sortir du trou, où il se croit aidé et fort par la retraite qu'il peut faire, qu'au milieu de l'eau, où, dès qu'il est fortement inquiété, il devient timide, et cherche son salut dans la fuite (1).

---

(1) Avant de terminer l'histoire du crocodile de Saint-Domingue, je dois parler d'un petit sputateur, aussi aimable par ses gentillesses que le monstre amphibie est grossier dans ses manières. Quoique cette digression soit étrangère à cette monographie, le lecteur me la pardonnera en faveur de l'objet dont

il s'agit. Je dois accorder un souvenir à l'ami paisible, au compagnon intéressant de ma solitude, au bon *zizi* (tome II, planc. XI), lézard sputateur qui intéressoit tous mes momens, savoit délasser, par ses moindres actions, l'application d'une étude trop longtems soutenue. Ce charmant animal s'étoit tellement familiarisé, que je le conservois près de moi, dans un gros étui dont il avoit fait sa retraite, et d'où il s'élançoit soudain au passage des mouches ou autres insectes dont il faisoit sa nourriture. Quelquefois il alloit se chauffer au soleil, puis revenoit auprès de moi, jouer sur mes dessins sans me causer la moindre importunité. Souvent, au son de mon violon, il sortoit de son étui, et rampoit doucement, avec l'attitude contrainte de quelqu'un qui écoute, et craint de perdre un son. Le pauvre *zizi* fut un jour la victime de l'étourderie d'un enfant qui, en sautant sur mes genoux pour m'embrasser, écrasa mon petit ami reposant sur mon sein. Je l'en retirai trop tard, il rendoit les derniers soupirs en se reployant, et donnant des preuves de ses regrets de quitter la vie; il se cramponna à ma main qui le nourrissoit, comme pour lui donner la dernière marque de sa reconnoissance, et mourut dans cette attitude.

CHAPITRE TREIZIEME.

De la Chasse aux repaires.

CETTE manière de chassèr le caïman, la plus intéressante et la plus curieuse pour un tireur adroit et intrépide, est sans contredit la plus dangereuse. Face à face avec le monstre furieux, si le coup d'arme ne fait que le blesser, à l'instant qu'il s'élance, il ne faut pas, comme on le dit, se décider à le laisser fondre vers soi, profitant brusquement de ce moment pour faire une feinte, et courir s'emparer de sa queue, où alors on est hors de danger; mais bien, fuir si on n'a pas de quoi lui faire résistance. Non seulement il n'est pas prudent de se fier à la queue du caïman, mais c'est qu'avec il ramène la proie vers sa gueule, qu'il dirige à l'instant de côté pour la recevoir. Les mouvemens du caïman sont si souples, que d'un moyen effort, son museau a atteint le gros de sa queue, sans presque être replié. Les narrateurs fabuleux attribuoient son impossibilité de se retourner avec agilité, à la position de ses côtes qu'ils disoient être placées horizontalement. Les mouvemens de rage qu'il exécute avec la tête ou la queue sont si véloces, qu'on ne peut les suivre des yeux.

Voici de quelle manière nous avons procédé à l'attaque d'une femelle en train de pondre. Sortant de déposer, à l'ombre de bois inabordables, une partie des œufs de sa couvée, elle entendit du bruit, et se jeta à l'Ester avec l'agilité qui lui est ordinaire en cas de surprise. Nous guettâmes ses mouvemens, et la vîmes filer entre deux eaux jusqu'à une certaine distance; mais elle échappa à nos regards actifs dans des herbes aquatiques dont l'Ester est recouverte, qu'on appelle vulgairement *salades ;* c'est *le pontéderia* des botanistes.

Un de nos surveillans vis à vis le contour d'une gorge assez profonde, remarquant à ses pieds de l'eau récemment salie, preuve certaine de la présence du caïman, nous appela aussitôt, de passer de l'autre bord, et de concerter sur les mesures à prendre pour la parfaite réussite de notre attaque.

Deux noirs, habiles plongeurs, sont chargés de barricader l'ouverture de la gorge avec des pieux très-serrés et amarrés de lianes pliantes; trois autres, de percer la voûte de l'antre, afin de s'assurer de sa forme. Déjà la peine et l'impatience avoient passé le plaisir, les ouvriers indolens demandoient relâche par la dureté du tuf entre-mêlé de racines, lorsqu'on entendit un bruit sourd : tous furent ranimés. Le pionnier armé de son lochet, M. Lachicotte et moi, de nos fusils; les uns de houes, d'autres de harpons ou mâchettes; chacun reprit son poste.

Le faîte bientôt s'écroula sous les coups redoublés des bécheurs revivifiés par l'espérance. On décida de sonder. Ayant introduit une perche de six pieds environ, l'animal irrité de cette agacerie, frémit de tout son corps, fit trembler le tertre qui nous portoit, poussa un rugissement épouvantable, et retint le bois qui se broya bientôt sous ses dents incisives. Une commune joie se fit ressentir: pour aiguillonner davantage le reptile, on se servit d'une gaule armée d'une pointe de fer très-aiguë. C'est alors que furieux et oubliant le danger qu'il alloit courir, il se prépara à sortir pour se venger de ses agresseurs. A peine aperçus-je le bout de son museau, que plein d'impatience, je n'en pus attendre davantage, je lâchai mon coup. La balle lui traversa de part en part les parties supérieure et inférieure de la mâchoire, d'où il jaillit à l'instant beaucoup de sang. Plein de rage et grondant d'une manière effrayante, il laissa sa tête à découvert. Mon second coup fut détendu; mais la pierre se brisant sur le bassinet, ne put mettre le feu à l'amorce. Le caïman se retira en se débattant.

Résolu de l'attendre en face, je me baissai,

prêt à lui faire bonne contenance, en cas d'une nouvelle sortie. Il ne tarda pas à reparoître; mon coup partit, la balle lui cassa la mâchoire inférieure gauche, et alla ressortir par une vertèbre cervicale. Son sang ruisseloit; mais il ne fut que plus irrité, il s'élance..... M. Lachicotte, qui m'avoit procuré cette chasse, tire; la balle, entrant par l'œsophage, lui traverse les intestins, et va sortir derrière et dessous l'anus. Dangereusement blessé, il se retire et garde un silence menaçant. Le croyant mort dans son trou, on fit descendre un homme pour le haler dehors. La vue d'un être qu'il croyoit son ennemi, ranime ses forces et sa colère; il court rapidement sur lui. Un cri unanime est poussé.......; mais une nouvelle balle lui enlevant le crâne, le laisse sans mouvement, et en délivre la victime innocente, sur laquelle il alloit assouvir sa cruauté féroce (1).

Nous examinâmes ses blessures; c'est alors que nous vîmes bien distinctement où les coups avoient porté. La Nature faisant en lui un dernier effort, lui fit encore rappeler sa juste vengeance; et c'est pour l'exercer, qu'il se servit de

(1) Les lingots de fer, proposés par M. Geoffroi Saint-Hilaire, dans ses observations sur les habitudes attribuées par Hérodote, aux crocodiles du Nil, seroient d'autant plus avantageux pour la chasse aux caïmans, que les balles de plomb s'aplatissent.

sa queue, son arme la plus terrible, et la fouetta avec encore assez de roideur contre un curieux qui heureusement l'esquiva, et se retira prudemment, remettant plus tard ses observations. Le caïman ne peut la faire mouvoir que dans le sens horizontal : c'est de cette manière que, nageant doucement entre deux eaux, il s'approche lentement et sans agitation, du rivage où il voit un animal se désaltérer; touchant la terre, il monte rapidement vers lui, et d'un coup de queue qu'il ramène vers sa tête, il lance à l'eau la bête imprudente, si elle n'excède pas la grosseur de la chèvre, chien ou cochon; mais, dans le cas contraire, lorsqu'il surprend un bœuf ou cheval, c'est par les narines qu'il l'entraîne à l'eau, le noye, et le conduit dans son trou où il le laisse pourrir, ainsi que me l'ont certifié d'intrépides plongeurs, qui ont eu très-souvent l'occasion de le remarquer, en cherchant des tortues.

L'animal étant trop mutilé pour le bien observer anatomiquement, je le fis néanmoins ouvrir pour diverses raisons. C'étoit une femelle de huit pieds de longueur, du bout du museau à celui de la queue. Je trouvai vingt-huit œufs parvenus à leur parfaite grosseur, quoique la coque encore molle, dans deux canaux placés de chaque côté sur les reins, et correspondans en haut à l'ovaire, et au bas à l'orifice de l'oviductus. Les œufs, dans leur état parfait, avoient trente-cinq lignes de longueur sur dix-neuf de largeur: ils n'ont point de forme ovoïde, ce sont deux lignes parallèles, simplement arrondies aux deux extrémités. (*Voy*. pl. V.)

Voulant contenter les spectateurs, qui prétendoient trouver l'époque de sa naissance au gref de son estomac, contenant, dit-on, autant de pierres que l'animal a d'années, je le fis ouvrir. On en trouva vingt-cinq, parmi lesquelles il s'en rencontra d'arénacées, et un grain de plomb à canard qui avoit changé de forme. C'est apparemment la dégustation vorace de quelque gibier mort, qui nous procura cette rencontre. Quant aux pierres qui se trouvent dans l'estomac, elles sont, je crois, destinées à triturer les alimens peu digestifs, tels que le bois et autres corps durs dont se nourrissent les caïmans, en disette d'une nourriture plus succulente, et à entretenir, en ce cas, la dilatation des intestins, et non point à marquer leur âge.

C'est en cherchant à prouver à mes entêtés cette vérité plausible et incontestable, qu'on vint nous avertir de la présence d'un jeune caïman dans les halliers de l'autre bord de l'Ester. Comme j'en désirois un de cette taille, afin de m'assurer, et de la conformité des âges et des sexes, je me fis piroguer; mais M. Lachicotte, qui m'avoit devancé, le joignit. Craignant, en raison de sa petitesse, de le massacrer, et de le mettre, par la mutilation, hors d'état de répondre à mes vues, il le tira assez près des narines, pour que la colonne d'air vivement rompue, refoulée et rentrée en elle-même, le renversât comme asphyxié. Il le saisit, et l'attacha avec une corde; peu après le caïman reprit ses sens : cependant, quoique sans blessures, il mourut au bout d'une heure. M. Lachicotte témoignoit pour cela son étonnement, puisque tant de fois il en conserva ainsi quinze jours sans manger. On ne peut donc attribuer sa mort qu'à l'expérience physique qui lui fut tout à fait défavorable.

Trois jours après, M. Lachicotte, toujours empressé de satisfaire mes désirs, traversoit à gué un bras de l'Ester qui sert à notre habitation, de canal d'arrosage. Il aperçoit, à fleur d'eau, un caïman qui, la gueule ouverte, se chauffoit au soleil. Pensant à la dissection que j'en avois projetée, sans craindre l'éminent danger qui le menaçoit, il se détermine à le prendre vivant, afin qu'aucun de ses os ne soient rompus, et que je puisse examiner à mon loisir ses moyens de défense en état de gêne, sa souplesse dans ses mouvemens tortueux, et la force de sa queue lorsqu'il est irrité, et qu'il veut se venger. Très-adroit à lancer l'éperlin, il le tenoit d'une main, détachant de l'autre un pistolet du ceinturon de son sabre. Il s'avance; l'animal terrible, lors de sa ponte, n'attend point qu'on l'attaque. En travers devant son agresseur, le caïman donne un violent coup de queue, et l'eau le conduit face à face : l'animal ouvre sa gueule meurtrière, et la referme trois fois avec bruit, à quatre pouces de la cuisse du chasseur... Grondant d'avoir manqué sa proie qui, d'abord retenue dans la boue, s'en débarrassa bientôt, et attendit de pied ferme le monstre pour lui décocher une balle qui lui fracassa l'omoplate.

L'amphibie, sensible à cette blessure, replongea doucement sous l'eau, et y resta pendant que le chasseur irrité appela à son secours de bons plongeurs qui lui étoient fidèles : brûlant de venger leur maître, ils étoient déjà dans l'eau avec leur seine, lorsque l'animal, voulant l'éviter, s'y trouva pris. C'est alors que, plein de rage, il tenta, avant de périr, de se venger à son tour. Se trouvant resserré, le caïman, de plusieurs coups de queue, rompit le filet, et finit par s'en délivrer avec ses dents terribles. Bientôt il s'élance vers l'un des plongeurs qui, en fuyant, tombe à genoux, mais aussitôt se relève et lui échappe. L'animal surpris de son peu d'agilité, en raison de sa soif de sang, alla une seconde fois cacher sa honte au fond des eaux, qui se troublèrent par sa vive agitation.

On lui fait une seconde attaque, dans laquelle il est vaincu, amarré tout vivant, et conduit prisonnier, confus de sa docilité. Je fus de suite averti, et me transportai sur les lieux. Je fis délier les pieds attachés sur son dos, afin d'examiner sa démarche.

La mâchoire muselée, deux fortes cordes le retenoient à un pisquet. On l'excita pour rallumer sa colère assoupie en apparence; d'un coup de queue il frappa si rudement la cuisse d'un des spectateurs, qu'on la crut cassée. Le même mouvement rompit les cordes, et il commençoit à se démuseler. Il devenoit redoutable; je voulus terminer de suite mes essais, et c'est pour sonder sa partie sensible que je lui piquai une balle derrière la mâchoire inférieure, qui, lui coupant la jugulaire et le canal aérien, ressortit de l'autre part, pour se ficher en terre. Etourdi du coup, et peu assuré sur ses pieds engourdis, il tomba sur le côté, rendant beaucoup de sang, et râlant sourdement, à cause de sa nouvelle blessure. Cependant, reprenant ses sens et sa fureur, il se replioit sur lui-même; mais j'avois déjà décidé où devoit porter le coup fatal : plus prompt que lui, ma balle l'atteint entre l'oreille et l'œil, et lui fait sauter la cervelle. Il se roidit, débat sa queue, couvre ses yeux, et expire sans plainte, en faisant un dernier bond.

Je le fis ouvrir : c'étoit une femelle de sept pieds, ayant beaucoup d'œufs, et dans l'estomac une seule pierre; ce qui confirme mon assertion, et détruit entièrement le conte absurde des anciens.

Le caïman ne s'amuse point à mordre, mais à déchirer et dépecer, en secouant brusquement la tête. La proie qu'il tient est bien tenue. Si c'est une jambe, par exemple, dilacérée sous la pression énergique de son râtelier cruel, il faut couper la chair, ou plutôt, par compassion, tuer l'animal sur la place; car il ne lâche jamais prise, malgré l'introduction de leviers, qui rebroussent toujours.

On m'en prit un dans une seine, qui resta cinq jours sans manger, et tout aussi cruel, sans que ses forces parussent s'affoiblir. Je le conservois dans une chambre, pour examiner ses mœurs, qui ne sont pas du tout douces ni sociales; car, quoique retenu par le train de derrière, il s'élançoit vers moi, et frappoit si rudement sa queue ou sa tête contre le banc sur lequel je m'étois réfugié, qu'à chaque coup, ou sa mâchoire saignoit abondamment par la force de la contusion, ou les dents étoient éclatées, ou bien encore sa queue étoit endommagée.

Ayant besoin de l'observer, et ne sachant comment le faire mourir sans détériorer le sujet, j'imaginai j'imaginai plusieurs moyens. Aucun ne me réussit mieux que celui de l'étranglement, par le moyen d'un tourniquet. C'est à l'approche des derniers instans du caïman, que sa peau devient perméable dans ses rugosités, à cette graisse en déliquium qui s'exhale sous la forme d'un fluide jaune rutilent. L'animal eut une longue agonie.

Quand il fut mort, je découvris que sous sa double paupière, la rétine qui n'étoit que d'une demi-ligne de largeur, avoit changé de forme pour prendre celle d'une circulaire de quatre lignes de diamètre. Je parle d'un sujet de quatre pieds dix pouces.

Je terminerai le récit de mes observations par dire, que ce qui rapproche moralement le caïman de Saint-Domingue du crocodile du Nil, c'est son goût pour les chiens; c'est pourquoi, quand on veut le faire mordre aux appâts qu'on lui a tendus, on fouette de ce côté des chiens, afin de les faire crier. Aussi est-il fort imprudent de se mettre à la nage avec un chien, que les caïmans éventent de fort loin.

EXTRAIT

Du Rapport fait à l'Institut de France, sur un Ouvrage manuscrit relatif au Crocodile de Saint-Domingue.

INSTITUT NATIONAL;

Classe des Sciences physiques et mathématiques.

Le Secrétaire perpétuel pour les Sciences naturelles, certifie que ce qui suit est extrait du procès-verbal de la séance du lundi 15 juin 1807.

Nous avons été chargés, Mrs Tenon, Lacépède et moi, d'examiner un ouvrage manuscrit de M. Descourtilz, sur le crocodile de Saint-Domingue. Pour en mieux faire sentir l'intérêt, il est bon de rappeler à la classe quel étoit, il y a encore peu d'années, l'état de la sience à l'égard de ces monstrueux reptiles.

Les voyageurs ne voyant des crocodiles qu'isolés, et ne pouvant les comparer entr'eux, n'en avoient point saisi les différences. Ils les considéroient tous comme semblables, et leurs descriptions ne portant point sur les caractères peu sensibles qui les distinguent, avoient fait croire aux plus habiles naturalistes, qu'il n'y a qu'une seule espèce de vrai crocodile dans les deux Continens.

C'est seulement depuis que les voyageurs ont mis plus de soin à rapporter les objets qu'ils rencontrent, et à les déposer dans les grandes collections publiques, qu'il a été possible d'observer à côté l'une de l'autre les espèces très-semblables non seulement dans ce genre, mais dans presque tous ceux des grands animaux, et de remarquer dans cet examen comparatif les différences peu frappantes qui échappoient, quand on les voyoit chacune séparément à de grandes distances, de tems et de lieux.

Ainsi, quoique les crocodiles des divers pays aient été décrits par d'habiles gens, celui d'Egypte par *Perrault* et *Duverney*, celui du Brésil par *Margrave*, celui de la Caroline par *Catesby*, etc.; leurs descriptions ne fournissoient aucun moyen de les distinguer.

Cependant toutes ces espèces sont différentes, et il y en a encore plusieurs autres. L'un de nous en décrira dix dans un mémoire qu'il se propose de lire incessamment à la classe, sans compter les crocodiles à longs becs, auxquels on a particulièrement réservé le nom de *gavials*.

Le crocodile de Saint-Domingue occupe dans ce nombre un rang distingué, parce qu'il est la seule, de toutes les espèces d'Amérique, qui se rapproche des formes communes aux espèces de l'ancien Monde. Sans lui, on auroit pu diviser le genre en deux sous-genres, qui auroient eu des caractères assez marqués, et dont chacun auroit été propre à l'un des deux Continens.

Sa ressemblance avec *le crocodile vulgaire* ou du *Nil*, est même si grande, qu'il a fallu beaucoup d'attention de la part de M. Geoffroy, pour en saisir les marques distinctives qui consistent seulement dans un plus grand alongement du museau, et dans une autre distribution des écailles du dos.

A la vérité, il existoit depuis long-tems d'excellentes figures de ce crocodile, et de son anatomie, dans les manuscrits de *Plumier*, déposés à la bibliothèque impériale; mais ces manuscrits étoient restés inconnus au public, et d'ailleurs *Plumier* n'ayant vu que ce seul crocodile, n'avoit pu insister sur ce qui doit véritablement le faire reconnoître.

C'est donc cette espèce particulière et intéressante dont M. Descourtilz vous a présenté l'histoire.

Il en a observé un très-grand nombre pendant son séjour à Saint-Domingue, et en a disséqué plus de cinquante.

Il en donne une description très-exacte, accompagnée de grandes figures coloriées, etc.

Il décrit et représente avec le plus grand soin l'ostéologie, la myologie et la splanchnologie de cet animal; et comme nous avons eu nous-mêmes l'occasion de disséquer un crocodile frais de Saint-Domingue, que le général Rochambeau avoit envoyé au Muséum d'Histoire naturelle; que d'ailleurs nous avons fait l'anatomie de diverses autres espèces conservées dans la liqueur, nous avons pu nous convaincre de l'exactitude de plusieurs articles de la description de M. Descourtilz. Ses figures nous ont aussi paru dessinées d'après nature, et avec des yeux d'observateur. Elles remplissent cinq planches. L'ostéologie y est traitée avec le plus grand détail. On y voit en général, un grand nombre de parties de l'animal qui n'avoient pas encore été représentées. Les objets que nous avons été à même de vérifier d'après nos observations précédentes, nous garantissent l'exactitude de ceux qui sont nouveaux pour nous.

La partie de son ouvrage la plus intéressante pour les naturalistes, parce que c'est celle qu'on ne pouvoit obtenir que dans sa position, consiste dans ses remarques sur le développement et les habitudes de ce dangereux animal; elles contiennent un très-grand nombre de faits nouveaux pour les naturalistes.

M. Descourtilz nous apprend que les femelles

sont beaucoup plus multipliées que les mâles; que cependant ces derniers se battent entr'eux par jalousie; que les deux sexes s'accouplent dans l'eau, en se tenant sur le côté; que l'intromission dure au plus vingt-cinq secondes; que les mâles deviennent prolifiques à dix ans, etc.

Il a dressé une table de l'accroissement du *crocodile*, depuis sa naissance où il n'a que neuf pouces et demi, jusqu'à l'âge de vingt-deux ans où il atteint seize pieds et plus.

La ponte se fait en mars, avril et mai. La femelle creuse, avec les pattes et le museau, un trou circulaire dans le sable, sur quelque tertre un peu élevé; elle y dépose à peu près vingt-huit œufs, enduits d'une humeur visqueuse, qu'elle dispose par lits, séparés par des lits de terre. Les petits éclosent au bout d'un mois. Vers ce tems, la femelle vient les appeler et gratter la terre autour d'eux, pour les aider à sortir; ensuite elle les conduit, les défend, surtout contre le mâle qui cherche à les dévorer, et les nourrit en dégorgeant sa pâture pendant environ trois mois.

Ce crocodile, comme tous les autres, ne peut mordre ni avaler dans l'eau, sans courir risque de se suffoquer, en laissant pénétrer ce liquide dans son larynx; mais il entraîne ses victimes dans des trous qu'il creuse sous l'eau, où il les noye, et les laisse pourrir : il les extrait alors pour les dévorer sur le rivage.

La roideur de ses vertèbres, n'est pas aussi forte qu'on le croit; il peut très-bien se courber de côté, au point de mordre sa queue.

Ces diverses observations toutes précises, et rapportées à une espèce bien constatée, fournissent une base solide à la véritable histoire naturelle des crocodiles.

En y comparant ce que M. Geoffroy a observé sur *l'espèce vulgaire du Nil*, ce que *les Américains* rapportent de celle du Mississipi et de la Caroline, ce que *Margrave*, *Dazzara* et *Laborde*, nous disent de celle du Brésil et de la Guyane; on découvre que chaque espèce a en propre de certaines habitudes, comme de certains caractères distinctifs, et qu'en même tems elles ont toutes en commun un nombre d'habitudes plus grand, comme elles se ressemblent aussi entr'elles par la presque totalité des points de leur conformation.

La science seroit heureuse, si chaque voyageur s'attachoit ainsi à approfondir quelqu'objet particulier, et à contribuer ainsi pour sa part à l'éclaircissement de quelque portion du système général.

Nous pensons donc que la classe doit témoigner à M. Descourtilz, la satisfaction qu'elle éprouve de l'heureux emploi qu'il a fait de ses loisirs, etc.

Fait au Palais Impérial des Beaux-Arts, le 15 juin 1807.

Signé, TENON, LACÉPÈDE,
et CUVIER, rapporteur.

Nota. M'étant proposé de suivre ponctuellement l'ordre du discours préliminaire du premier volume, je vais entretenir le lecteur de mes observations sur les mœurs et coutumes des Guinéens transportés à Saint-Domingue.

PLANCHE III.

Splanehnologie.

Dessins de demi-grandeur naturelle.

FIG. 1ère. (*a*) Cartilage tiroïde détaché à la naissance de la langue de la membrane pelliculaire, qui roule dessus dans tous les mouvemens de cet organe. (*b*) La trachée-artère. (*c*) Sa bifurcation pour se rendre au centre des poumons. (*d*) Œsophage, et sa direction vers l'estomac. (*e*) Veines cave, et aorte s'élevant du ventricule du cœur. (*f*) Le cœur sous son enveloppe péricardine. (*g*) Les poumons pleins d'air. (*hh*) Les deux lobes du foie. (*i*) La vésicule du fiel, reposant sa pointe sur la petite courbure de l'estomac. (*j*) L'estomac couvert des ramifications de ses vaisseaux gastriques. (*k*) Le duodenum sortant de la petite courbure de l'estomac. Les intestins sont écartés pour laisser voir les membranes qui tapissent les vaisseaux chylifères. (*lm*) Le colon hors de position. (*n*) Circonvolutions du jéjunum recouvert de l'épiploon. Le pancréas (*o*) placé dans la région hypogastrique, près du colon. (*p*) Le rectum. (*qq*) Les reins. (*r*) Epiploon très-mince. (*s*) Tissu graisseux du diaphragme.

Fig. II. Les mêmes viscères vus par derrière. (*a*) Le cartilage tiroïde. (*b*) La glotte. (*c*) L'œsophage. (*d*) L'estomac. (*e*) Poumons enflés d'air. (*f*) Veines. (*gg*) Portions aperçues des deux lobes du foie. (*h*) Vésicule du fiel. (*i*) Epiploon. (*jj*) Prostates. (*k*) Membrane urinaire, servant de vessie. (*ll*) Les deux reins adossés au rectum. (*m*) Le rectum. (*nnnn*) Circonvolutions des intestins.

PLANCHE IV.

Anatomie de la langue, du larynx et de la trachée-artère.

Dessins de demi-grandeur naturelle.

Fig. 1ère. La langue détachée des os maxillaires, auxquels elle adhère par la membrane qui la recouvre. (*a*) La langue. (*b*) Sommet de l'arc de la soupape tiroïde cartilagineuse et mobile, ou épiglotte. (*c*) Sa concavité. (*d*) Ouverture de la trachée-artère, fermée par deux lèvres renflées qui se rapprochent lorsqu'il en est besoin. C'est la glotte ou petite fente du larynx, par laquelle l'air que nous respirons descend et remonte, et qui sert à former la voix. (*e*) Larynx, voûte charnue et cartilagineuse, qui conduit à la trachée-artère. (*f*) Corps de la trachée-artère. (*g*) Œsophage. (*h*) Son entrée. (*ii*) Corps charnus, adhérens à ces parties. (*k*) Muscles œsophagiens.

Fig. II. (*a*) Suite de la trachée-artère. (*b*) Sa bifurcation pour se rendre aux poumons (*cc*) flasques, privés d'air, et hors de position. (*d*) Proéminences graisseuses, qui assurent l'imperméabilité de ces organes.

Fig. III. (*a*) Epiglotte, soupape cartilagineuse, privée de ses tégumens musculeux et cutanés. (*b*) Sa cavité. (*cc*) Ses bords se recourbant vers le centre. (*d*) Jonction et naissance de l'os yoïde au cartilage de la soupape. Ils sont rabattus, vers l'intérieur, pour la connoissance de leur forme; car, dans la position ordinaire, la saillie médiaire se trouve presqu'en dedans, de manière à servir de point d'appui, sur les chairs, au levier qui fait, par ce moyen, la bascule lorsque la partie postérieure se baisse, et qu'elle est retirée pour le happement de la soupape au palais. (*e*) Os yoïde, n'ayant qu'une seule corne. (*ff*) Ses échancrures cartilagineuses festonnées. (*g*) Cartilage cricoïde.

Fig. IV. Os yoïde, ou corne du cartilage tiroïde, vu de côté. (*a*) Tête du levier. (*b*) Coude servant de bascule. (*c*) Fin de la courbure du levier.

Fig. V. (*a*) Langue hors de position, recouverte de la soupape du cartilage tiroïde, (*b*) rabaissée vers elle. On voit distinctement la glotte (*c*), et le gaufré de l'œsophage. (*d*) La naissance du palais. (*e*) L'ouverture cordiforme nasale (*f*), qui procure l'air au caïman, même dans l'eau, pourvu qu'il ait le boutoir dehors au dessus du niveau, et que le cartilage cintré adhère au cintre, distingué par une couleur rosacée.

Fig. VI. (*a*) Cartilage tiroïde dépouillé de ses tégumens. (*b*) Larynx ouvert pour en connoître l'intérieur, qui n'a rien de particulier. (*c*) Canal aérien.

PLANCHE V.

Œufs du Caïman.

Réduction à moitié de grandeur naturelle.

Fig. 1ère. Œuf entier du caïman.

Fig. II. Les deux moitiés, et le jaune s'en écoulant avec le blanc.

Fig. III. Le caïman dans l'œuf, reployé sur lui-même, et dont on n'aperçoit point la tête.

Fig. IV. Le jeune caïman sortant de l'œuf, avec sa férocité innée.

Fig. V. Le jeune caïman dans l'œuf; autre position qui permet de distinguer sa tête.

Fig. VI. Tronc d'un jeune caïman où l'on remarque le sac alimentaire (*a*), et l'ouverture ombilicale (*b*).

Fig. VII. Sac alimentaire en correspondance avec l'estomac. (*a*) Le sac alimentaire; (*b*) l'estomac; (*c*) développement du tube intestinal. (*d*) Œsophage; (*e*) la langue; (*f*) tube de correspondance.

Fig. VIII. Tronc du même, après neuf jours de naissance, où l'ouverture ombilicale (*a*) est réunie par une suture qui disparoît avec l'âge.

Fig. IX. Crâne du même, scié, et son cerveau mis à découvert.

ESSAI

SUR

LES MŒURS ET COUTUMES

DES

HABITANS DE GUINÉE,

A SAINT-DOMINGUE;

Pour servir à l'Histoire générale de l'Afrique.

AVANT-PROPOS.

La Nature à Saint-Domingue, ne me laissant aucun repos, ses curiosités sans cesse renaissantes, réveillant à chaque instant mon activité, me donnèrent à connoître que j'étois loin d'avoir scruté ses réservoirs secrets. Que faire? mon tems étoit tout employé, la nuit me restoit; c'est dans son calme imposant que je fus inspiré, et que je méditai l'Histoire naturelle des diverses peuplades guinéennes, dont nos nombreux ateliers étoient composés. Cependant le souvenir de voyages en Guinée, de narrations d'hommes célèbres me décourageoïent, et sembloient déclarer nulle mon entreprise, lorsque réfléchissant qu'aux descriptions cosmographiques et topographiques, il faut savoir ajouter les nuances dans les mœurs de ces peuples non civilisés, leurs coutumes bizarres, leurs lois, leurs usages, et surtout le caractère propre aux sujets de chaque peuplade, je repris courage, en me persuadant qu'il y avoit encore beaucoup à désirer.

Entouré souvent dans mes courses vagabondes, de l'oiseau nocturne qui, dans son vol silencieux, sembloit ne pas reconnoître en moi un habitant de la nuit, je me faufilois près des groupes de nègres, sans être aperçu d'eux, et me repaissois avec avidité de leurs entretiens qui les reportent toujours dans leur pays regretté; ou bien, je questionnois les moins farouches et les plus naïfs, pour retirer d'eux, et confronter par comparaison, l'étincelle d'une vérité qui ne devroit jamais être trahie.

Ce sont donc ces observations réitérées qui m'ont fait connoître les mœurs des Africains. Plusieurs traits caractéristiques, que je cite à l'appui, intéresseront peut-être mes lecteurs. Puisse le but de cet Ouvrage historique, puissent mes bonnes intentions me mériter l'indulgence du public, et une confiance à laquelle la vérité de mes récits me permet d'oser prétendre!

ESSAI

ESSAI

SUR LES MŒURS ET COUTUMES DES HABITANS DE GUINÉE, A SAINT-DOMINGUE.

INTRODUCTION.

DANS une des soirées de la saison des pluies, fatigué de la chaleur du jour, ayant d'ailleurs employé la matinée à la chasse fatigante des lagons (1), je voulus jouir librement de la fraîcheur, et fuyant tout abri infesté par les maringoins (2) et la bigaille (3), je m'avancois derrière une colonnade de palmiers pour respirer l'air embaumé d'une haie de citronniers, lorsqu'à la lueur de la lune j'aperçus un groupe de négres rendant furtivement un hommage idolâtre à leur *wangua* ou fétiche que je ne pus

(1) Les lagons ou lagunes sont des marais à peu près desséchés, où il reste encore un peu d'eau.

(2) Les maringoins ou cousins sont de petits insectes volans, avides de sang, et fort incommodes.

(3) La bigaille ou moustiques : on appelle ainsi de petites mouches imperceptibles, avides aussi de sang.

d'abord distinguer, mais que je reconnus ensuite, à ses sifflemens, pour une énorme couleuvre, objet de l'adoration de ces êtres superstitieux, et en faveur duquel ils se privoient tour à tour de leur manger, et particulièrement de leur laitage dont le reptile déïfié est fort friand, ainsi qu'on pouvoit en juger par l'ivresse que cette fétiche éprouvoit, lorsqu'elle s'étoit gorgée de lait (1).

Loin de vouloir troubler ces cérémonies nocturnes, je me tins à l'écart, à la faveur des bananiers qui, ombrageant le sentier, me servirent de retraite, et d'où je pus à mon aise faire les remarques que je citerai en tems et lieu. Cependant la nuit s'avançoit; la constellation de *la Poussinière* rentrant vers l'horizon, *le lucide bayacou* ou *étoile du matin*, éclairant les montagnes et permettant de distinguer leurs contours, à la faveur de sa brillante réverbération, je laissai dans sa muette adoration la cohorte prosternée, pour aller me livrer au repos.

Le lendemain, mon premier soin fut de charger un nègre de la case, affidé et très-intelligent, de

---

(1) Cette couleuvre à tête de chien, est si peu dangereuse qu'elle tète les vaches et les négresses endormies sans qu'elles en soient incommodées.

m'amener, chaque soir et tour à tour, plusieurs nègres de nations différentes, sous le prétexte par lui de nationner (1) avec eux, en buvant le tafia et fumant la cigare, afin qu'à force de questions faites par lui, sans que je parusse y être présent, je pusse, à l'écart, apprendre de leur propre bouche les vérités et détails historiques qui font l'objet de cet Opuscule.

Voici le résultat de mes notes et de mes observations.

---

(1) Nationner, terme nègre ; ils appellent aussi *bâtiment* celui ou celle avec qui ils ont fait la traversée d'Afrique à Saint-Domingue.

CHAPITRE PREMIER.

Nègres Dunkos, et Aradas. Belle stature de ces peuples. Attachement prononcé des femmes pour les hommes. Leur corps est tatoué. Caractère physiologique propre aux femmes Aradas. Les nègres Aradas sont empoisonneurs. Négresse sage-femme devenue bourreau des enfans, et brûlée vive. Sa superstition. Pouvoirs du roi. Les Aradas sont idolâtres, et leurs femmes galantes. Gratitude d'une vieille négresse Arada infirme.

Le plus beau sang a formé ces peuples; il semble que, pour ces créatures, la Nature ait perfectionné tout particulièrement son mode générateur dans leurs formes nobles et gracieuses. Les hommes et les femmes y sont d'une stature belle et proportionnée : leur démarche n'est point celle de la contrainte, elle est noble, assurée, grave et enjouée tour à tour.

Les femmes de Dunkos, surtout, ont pour les hommes qui leur sont chers, des prévenances aimables dont la réciprocité devient le prix. Leurs paisibles amours n'ont rien de matériel, rien de turbulent; la délicatesse les anime, et les graces les accompagnant dans leurs rendez-vous nocturnes, c'est du sentiment que naît l'étincelle de leur véritable amour; amour durable, et assis sur des bases que la frivolité ne peut ébranler. Ils laissent aux matérialistes le soin abject et brut de passer d'une femme à une autre. Leur cœur n'a parlé qu'une fois, et c'est pour toute la vie; aussi sont-ils vraiment heureux dans leurs amours, de ne point connoître le partage. Le papillon incertain de la fleur sur laquelle il doit se fixer, est malheureux tant qu'il voltige; les instans s'écoulent, et il ne jouit point réellement : il récolte bien, mais il ne trouvera son vrai trésor qu'au sein de la rose entr'ouverte pour le recevoir, et qui doit lui prodiguer ses parfums et ses richesses. Qu'il y reste dans cette fleur; qu'il analyse, qu'il apprécie sa substance, et n'aille point mésallier le délicat pollen de son nectaire à celui du caustique et vénéneux tithymale ou du grossier chardon.

Les Dunkos et les Aradas sont tatoués, c'est à dire, marqués de coupures d'après lesquelles on distingue, par les dessins, les familles, et leur rang dans la société.

Tous les nègres, mais particulièrement les Aradas, employent assez communément le poison pour se venger de leurs ennemis. Un d'eux nommé *Samedi*, de l'habitation Rossignol-Desdunes, quartier de l'Artibonite, où j'ai écrit ces mémoires, avoit trouvé le moyen d'empoisonner deux enfans de son rival; les preuves en étoient presqu'acquises, mais n'étoient point suffisantes pour le faire condamner. Cependant on le livra, à Saint-Marc, entre les mains de la justice, et il fut interrogé à plusieurs reprises sans pouvoir le convaincre pourtant de l'énormité de son crime, dont son ton patelin rendoit le soupçon injuste et trop prématuré. Déjà les semi-preuves étoient regardées insuffisantes, déjà le juge et son défenseur se préparoient à proclamer son innocence, lorsqu'un gendarme qui l'accompagnoit aperçut, dans le crépu de ses cheveux, un papier roulé. Persuadé qu'on pourroit tirer de cette découverte, une induction irrécusable, le garde s'empresse d'en donner avis au juge, qui fit saisir l'accusé, et mettre de nouveau sur la sellette, après avoir fait arracher de ses cheveux, plusieurs petits cornets de papier contenant une poudre grisâtre que l'accusé avoua être du poison pareil à celui dont il s'étoit servi contre les enfans, et qu'il avoit réservé pour lui, afin d'éviter les tortures affreuses du supplice qui lui étoit préparé. Il montra de plus, par un aveu complet, les ongles de ses deux pouces qu'il laissoit croître depuis long-tems, et sous lesquels il avoit fixé du poison pour s'en servir au besoin. Le juge ayant acquis, par l'aveu du coupable, les preuves nécessaires, bien convaincu qu'il n'avoit pas à condamner un innocent, appliqua contre lui toute la rigueur d'une punition exemplaire due à son crime : le coupable empoisonneur fut brûlé vif.

Une négresse Arada, sage-femme de la même habitation, contre laquelle on avoit de pareils soupçons, fut aussi traduite au même tribunal, où elle avoua en riant qu'elle n'avoit pas de plus grand plaisir que de détruire l'espèce humaine, surtout celle qui étoit destinée à l'esclavage; qu'elle devenoit, par ce moyen, la libératrice des malheureux mercenaires à qui l'existence devoit être à charge. Atteinte et convaincue par son propre aveu, cette négresse fut condamnée au même supplice que le premier accusé. Comme elle s'avançoit vers le brasier qui devoit la consumer, elle paroissoit repentante, et marchoit lentement, la tête baissée, lorsque tout à coup, par un excès de rage et de désespoir, arrachant une ceinture qui retenoit sa chemise : « Voyez, dit-elle, si » j'ai bien mérité mon sort; les soixante-dix » nœuds dont cette ceinture est garnie, dési- » gnent la quantité d'enfans tués de mes propres » mains, soit par le poison, soit par une cou-

» tume exécrable qui me faisoit un devoir d'en-
» lever ces jeunes êtres à un honteux esclavage.
» Ma qualité de sage-femme me donnant les
» occasions de tenir en mes mains les nouveaux
» nés, dès que j'y pressois une de ces victimes,
» de peur qu'elle m'échappât, je plongeois à
» l'instant une épingle dans son cerveau, par
» la fontanelle : de là, le mal de mâchoire si
» meurtrier en cette colonie, et dont la cause
» vous est maintenant connue. Je meurs con-
» tente à présent que je n'ai plus rien à confesser,
» et vais rejoindre dans mon pays, tout ce que
» j'y ai quitté ». A ces mots, elle s'élance avec intrépidité vers le brasier dévorant où bientôt elle fut réduite en cendres, en poussant des hurlemens affreux.

Le roi, quoique très-puissant en Guinée, est lui-même assujetti à des lois de convenance qu'il ne peut enfreindre. Relégué dans l'intérieur de son palais, il n'en sort jamais; seulement une fois la semaine il présente sa tête à une grille pour donner certains ordres. Il prend ses repas en présence de toute sa cour; et comme il lui est défendu de boire du vin, si recherché dans ce pays, il se sert d'un verre à soupape, afin de ne point paroître en faute; et pour tromper toute surveillance, lorsqu'il se dispose à boire, un échanson favori frappe de la baguette; alors le peuple se prosternant, le roi lève la soupape, et boit le vin tout à son aise : après quoi l'échanson va remplir le vase mystérieux de semblable liqueur.

Le culte des nègres Aradas est varié : les uns adorent la lune, d'autres des bélemnites ; ceux-ci l'eau, ceux-là les serpens. Leurs prêtres ont beaucoup d'empire, et ont, pour marque distinctive, un anneau de fer au bras ; lequel anneau, une fois soudé, leur est laissé même après leur mort.

Les femmes très-lascives (1) trompent, avec beaucoup d'adresse, la vigilance de leur *wrou* ou mari. Elles sont très-caressantes, et sacrifient bien volontiers tous autres plaisirs aux doux jeux de l'amour. La danse même, cet exercice auquel elles se livrent avec une espèce de frénésie, n'a plus d'appas pour elles, dès que la bouche de leur amant a fait sonner l'heure du rendez-vous.

Lorsqu'un nègre Arada a été mésestimé de ses semblables pour cause d'égoïsme, s'il vient à mourir, ses héritiers, à leur calenda, font rôtir un chien dont l'odeur attire les autres qui viennent hurler autour de la case du défunt, en signe

(1) Et babillardes à l'excès.

de réprobation : sa mémoire dès ce moment est flétrie.

La nourrice de ma belle-mère existoit encore sur l'habitation : abandonnée pendant l'absence de sa bienfaitrice, et vivant des libéralités d'autrui, puisque les infirmeries étoient abolies par les lois révolutionnaires, cette femme menoit l'existence la plus douloureuse. Infirme, impotente, rongée du virus *siphilis*, appelé *les pians*, qui lui fit tomber les poignets et les pieds, elle se traînoit sur ses moignons gercés et douloureux, dès qu'elle vouloit se déplacer de sa case, pour se mettre au soleil. Nous arrivâmes à Saint-Domingue, et son premier soin fut de venir implorer notre pitié bienfaisante. Elle manquoit de tout : on sut pourvoir à ses besoins ; mais elle n'eut pas de plus grande joie qu'en recevant une mousticaire, ou pavillon sous lequel elle pouvoit se mettre à l'abri de la piqûre des innombrables maringoins (ou cousins), qui en faisoient une victime. Rien de plus incommode, rien de plus fatigant que d'être continuellement exposé à la voracité de ces insectes avides de sang ; et la bonne femme étoit dans ce cas, tant à cause de son infirmité qui lui empêchoit de chasser ces moucherons, en agitant un vieux linge autour d'elle, comme c'est l'usage parmi les nègres, que parce qu'elle n'avoit point de pavillon pour se mettre à l'abri pendant son sommeil. Elle fut si reconnoissante des libéralités qui lui furent faites, que pour mieux en témoigner sa gratitude, elle eut recours aux coutumes guinéennes; c'est pourquoi elle fit le simulacre de la danse (en raison de son infirmité), et parla *langage*, c'est à dire, nous fit entendre un long monologue, que nous ne comprîmes que par ses gestes de remercîmens (1).

---

(1) Les nègres aiment à gesticuler, et à exprimer dans le langage les sons imitatifs.

CHAPITRE DEUXIÈME.

Nègres de Fida. Les femmes y sont extraordinairement coquettes, mais tatouées.

Les femmes, toujours envieuses de plaire par des parures plus ou moins recherchées, conservent au moins en Europe les beautés naturelles dont elles sont douées; à Fida, c'est une coutume opposée : les négresses se font limer en festons leurs dents éblouissantes, et traverser la lèvre inférieure, d'un anneau lourd et grossier, qui détruit le charme du sourire, ce charme si puissant pour tous les cœurs consumés d'amour; ce qui fait disparoître les graces du principal asile de la volupté. Leur bouche, ridiculement contractée, éloigne et semble dispenser des préludes de l'amour.

Leur gorge n'est point naissante, qu'elle a déjà été mutilée par un tranchant cruel qui en a détruit la forme et le contour, et n'a laissé, au lieu d'une peau fine et lisse, que des grumeaux charnus et désagréables au tact, autant qu'ils sont ridicules à la vue. L'amant n'y va pas cueillir, y presser voluptueusement, sous sa bouche amoureuse, un bouton de rose; celui de leur sein, outre sa couleur noire et peu attrayante, est coloré de vermillon, contraste affreux à la vue, et bien peu fait pour agacer les passions d'un Européen qui a connu d'autres charmes.

CHAPITRE TROISIÈME.

Coutumes funéraires des nègres d'Essa.

Qu'on respecte la mémoire d'un homme qui s'est illustré, c'est le propre de tous les philosophes; mais qu'on crée une divinité d'un défunt dont les restes sont sans puissance, et qui, par sa décomposition, par son anéantissement, donne une preuve incontestable de sa frêle humanité, de son essence mortelle, voilà le comble de la superstition. Les nègres d'Essa sont dans cette hypothèse; ils adorent comme leur divinité le dernier de leurs rois. Dans une pagode ombragée par les plus beaux arbres riverains de la principale route de leur capitale, ils placent sur un trône enrichi d'ornemens précieux, le roi défunt qui doit être adoré jusqu'à la mort du roi régnant, qui indique le moment de sa sépulture. Le cadavre est embaumé et oint de l'huile d'un palmiste et d'une teinture d'un bois amaranthe, qui lui conservent très-long-tems sa fraîcheur, et s'opposent, par une vertu styptique et astringente, au relâchement du tissu cutané. Le défunt est somptueusement vêtu, et a, nuit et jour auprès de lui, un homme pour le garder. Quelquefois dans leur marche, les voyageurs entrant dans la pagode, s'adressent au mieux vêtu pour faire des questions; mais le gardien lui observant qu'il ne parle pas, et que c'est une divinité, alors l'idolâtre voyageur se prosterne et l'adore.

CHAPITRE QUATRIÈME.

Cruautés des nègres d'Urba; leur conduite arbitraire en cas d'un meurtre commis. Obsèques du corps assassiné. Idée des Makendals, que le roi consulte lorsqu'il se prépare au combat. Suites funestes de leur barbare oracle. Trait historique et conversion d'un de leur roi idolâtre.

Le peuple d'Urba est inhumain et féroce, arbitraire dans ses résolutions de vengeance. Si un assassinat est commis, les parens du défunt ne cherchent point à découvrir l'auteur du meurtre; mais, se réunissant autour du mort, ils se cachent, et attaquent le premier passant qu'ils éventrent impunément et sans crainte de punition judiciaire, regardant cette victime livrée par leur dieu *Brataoth*, et devant être immolée aux mânes de leur compagnon chéri. Alors on se prépare aux obsèques du parent, en laissant le corps de leur victime exposé aux injures de l'air, et à la voracité des bêtes féroces. On fouille à cet effet une très-grande fosse à l'endroit où le meurtre a été commis, afin que l'ame du défunt ne puisse errer dans d'autres lieux.

Le cadavre embaumé est exposé dans une cage de fer, de manière à ce que le corps ne communique point à la terre. Par ce moyen, il est également à l'abri des tigres et autres animaux carnassiers qui ne peuvent y porter aucune atteinte, au moyen des barreaux de fer et de la profondeur de la fosse. Le corps, indépendamment de ces premières précautions, est garanti par un ajoupa construit au dessus de lui, ce qui le rend inaccessible aux intempéries du tems.

Le roi d'Urba entretient à sa cour une réunion de magiciens qu'on appelle assez généralement en Guinée, *Makendals* (1). Leur devoir est de prévoir et d'annoncer le sort des batailles, d'en faire connoître l'issue, sous peine de châtimens très-rigoureux, que les pauvres devins savent esquiver, en désignant dans l'armée certains soldats, contraires au bonheur du roi,

---

(1) Nom d'un nègre empoisonneur qui commit à St.-Domingue des forfaits atroces; ennemi des blancs, il avoit juré d'en éteindre la race. Ce second Cartouche fascinoit les yeux des nègres, qui le regardoient comme un prodige; il fut pris plusieurs fois, et trompa la surveillance de ses gardiens, ainsi qu'il l'avoit prédit: enfin il fut brûlé vif, en annonçant qu'il s'échapperoit encore des flammes, sous la forme d'une mouche; ce que les nègres croyent encore aujourd'hui.

et

et cause de la défaite par leur conduite criminelle, lesquels, dans la plus parfaite innocence, subissent la punition provoquée par la dénonciation arbitraire des Makendals.

Lorsque le roi d'Urba a perdu beaucoup de monde à la guerre, il fait rassembler le conseil devinatoire, consulte les membres qui le composent, sur la manière de repeupler son royaume; alors il lui est recommandé par l'autorité diabolique, d'acheter, 1°. cent couis (vases naturels qu'on obtient du fruit du calebassier après qu'il a été vidé); 2°. cent canaris (grands vases de terre où l'on conserve l'eau dans sa fraîcheur); 3°. cent esclaves. Les Makendals font transporter le tout sur le grand chemin, et avec le sang-froid d'une ame vouée au crime, ordonnent l'ouverture des cent esclaves, dont ils font remplir le corps, d'huile rouge de palmiste, et de certains coquillages; puis on les enterre sur la place, par l'effet atroce d'une barbare superstition.

Un roi d'Urba, idolâtre comme son peuple, mais dont le cœur étoit disposé à recevoir les utiles semences de la vraie religion, tomba malade, et soit pour obéir aux usages de sa nation, soit par crainte du peuple, il consulta les magiciens de sa cour pour être délivré de son affreuse maladie; mais ce fut en vain; car que pouvoit cette horde hypocrite? Sur l'avis d'un missionnaire qui travailloit à sa conversion, il jura que dès ce moment il ne reconnoissoit que le Dieu du ciel et de la terre, et il fut incontinent guéri.

CHAPITRE CINQUIÈME.

Les nègres Aminas croient à la Métempsycose. Mère ayant sacrifié ses enfans à Saint-Domingue, pour les dérober à l'esclavage.

Les nègres Aminas et les Ibos croient à la métempsycose. « Pourquoi, me disoit l'un » d'eux, ne chercherions-nous pas à alléger la » pesanteur de nos chaînes, par l'espoir d'un » sort plus heureux? La perte de notre liberté » doit nécessairement entraîner celle de notre » chétive existence. Vous ne devez donc plus » blâmer autant en nous le suicide, puisqu'il » met fin à nos tourmens ». En effet, les Aminas et les Ibos, en arrivant à Saint-Domingue, ou dans toute autre île, où leur destin est d'y être esclaves et d'y arroser la terre de leur sueur, croyent échapper aux mauvais traitemens des maîtres, trop souvent injustes et cruels, en se donnant la mort. Ils se noyent par compagnie, ou se pendent à la file les uns des autres, bien persuadés qu'après leur mort, ils sont transportés dans leur pays, et y recouvrent le rang, la fortune, les parens et amis dont le sort de la guerre les avoit frustrés.

Nous eûmes sur l'habitation où je me trouvois, une négresse Amina qui fut vendue avec ses deux enfans. A peine débarquée, sans avoir éprouvé aucun mauvais traitement de Mrs Desdunes, qui agissoient envers leurs esclaves, comme de bons pères envers leurs enfans, on la voyoit errer, hors des travaux, vers les rives de l'Ester, s'arrêter à chaque instant pour mesurer de sa vue la profondeur de cette rivière limpide, et pousser quelques soupirs en élevant les yeux au ciel, et se frappant la poitrine. Cette malheureuse mère excita particulièrement l'intérêt de M. Desdunes père, qui la fit traiter avec beaucoup de ménagement, regardant l'émanation de ses regrets, comme dépendante de la nostalgie, ou maladie du pays. Il ne put cependant parvenir à lui faire oublier un sort dont la rigueur n'étoit pourtant qu'imaginaire. Cette femme fut trouvée un matin, noyée avec ses deux enfans qu'elle avoit attachés à sa ceinture, pour les soustraire, ainsi qu'elle, à l'esclavage. Les cris des enfans, repoussant les horreurs d'une mort prochaine, furent bien entendus de quelques nègres pêcheurs, mais qui ne sachant point à quoi en attribuer la cause, ne s'empressèrent point de donner du secours.

CHAPITRE SIXIÈME.

Les nègres Ibos sont fidèles dans leurs sermens d'amour. Regrets d'un prisonnier fait esclave, et arraché à sa patrie. Il retrouve sa tendre Evahim, vendue esclave à Saint-Domingue sur la même habitation que lui. Union d'Aza et d'Evahim, afin d'obéir aux coutumes de leur pays. Leur attachement réciproque. Chanson créole relative à leur absence.

Un jeune nègre Ibo, arraché en Guinée à de bons parens, à sa patrie, à celle qu'il aimoit, avoit été vendu à M. Pélerin, habitant des cayes Saint-Louis, à Saint-Domingue. Ce jeune Africain asservi à un double esclavage, traînoit ses pas tous les soirs, après son travail, vers le bord de la mer; alors fixant l'horizon d'un œil timide et baigné de pleurs : *O ma patrie! ô Evahim!* disoit-il; puis ses bras élevés retomboient soudain, et sa plainte s'exhaloit en soupirs!

Il revenoit à sa case, lorsque les ombres de la nuit ne lui permettoient plus de distinguer au loin les derniers flots de l'Océan, et que la fatigue, autant que la faim, l'obligeoient à aller prendre une nourriture frugale qu'il arrosoit de ses larmes. Les dimanches et fêtes, loin de partager la gaieté bruyante des chicas (1), il s'isoloit au loin, et bientôt sa pensée le reportoit en Guinée. Enfin, la vie de ce malheureux Ibo n'étoit qu'un soupir répété d'amour et de regrets, lorsqu'il apprit qu'un navire négrier venoit de mouiller dans la rade des Cayes, et qu'il y avoit à bord beaucoup de nègres de sa nation. L'espoir est le soutien du malheureux : que de conjectures ! que de doutes ! Evahim, prisonnière en même tems que lui, n'avoit pu entrer dans le parti de nègres vendus à son capitaine, parce qu'il étoit au complet. Le premier bâtiment pouvoit la transporter, mais où? De tous côtés on demandoit des bras africains. Il espéroit pourtant, mais sans oser se livrer au doux pressentiment de revoir sa tendre Evahim, lorsqu'il apprit que M. Pélerin, son

(1) Le chica, danse nègre, consiste à faire mouvoir les hanches et les lombes, en conservant néanmoins le reste du corps dans un aplomb qui ne doit pas même être contrarié par les gestes voluptueux que font les bras.

maître, venoit d'acheter un parti de nègres Ibos. Une joie involontaire s'empare soudain de l'ame de cet amant passionné; le calme reparoît en ses sens agités. Quelle est sa surprise, lorsqu'il reconnut Evahim et sa mère dans le groupe des nègres nouvellement débarqués! Le passage trop rapide de la douleur au plaisir, le rend d'abord insensible, il doute de son bonheur; mais revenu bientôt de cette incertitude léthargique, il s'élance dans les bras d'Evahim, qui le reçoit avec les mêmes transports, et tous deux versent alors de douces larmes. La mère rappelle au jeune homme les présens que sa fille a reçu de lui, coutume guinéenne qui exigeoit leur union. Celui-ci, pour toute réponse, enlève Evahim dans ses bras, et la transporte à la case qu'elle doit désormais partager avec lui.

Ces jeunes amans furent depuis un modèle de constance; leurs veilles étoient en partie consacrées à chanter leur doux rapprochement, et à le célébrer. La lune, souvent témoin de leurs sermens, le fut aussi de leurs voluptueuses étreintes. C'est à la lueur amoureuse de cet astre mélancolique qu'Aza et Evahim jouissoient, dans des délices inappréciables, du bonheur de s'être retrouvés; et c'est à la faveur du calme enchanteur de la nuit qu'Evahim, attentive aux leçons d'Aza, apprenoit de lui le parler créole. Aza lui prononçoit d'abord, en chantant et s'accompagnant de son *banza*, les mots chéris des amans ; puis les rassemblant, il en formoit des phrases auxquelles il appliquoit un chant naturel. Comme je trouvai les idées de ces jeunes amans mal secondées par les expressions, et que l'air m'en parut insignifiant, je crus devoir, par intérêt pour une constance aussi rare parmi ces peuples grossiers, et en faveur de la délicatesse de leurs sentimens, concourir à les faire plaindre, et estimer des cœurs sensibles. C'est à cette considération que je rectifiai le mieux possible les paroles de leur entretien auquel j'adaptai un nouvel air de ma composition.

Dialogue créole.

EVAHIM.

Aza! guetté com' z'ami toüé,
Visag' li fondi semblé cire!
Temps là! toué tant loigné de moüé!
Jourdi là, guetté moüé sourire!

Z'orange astor li douce au cœur,
Evahim plus gagné tristesse.
Toüé fais goûté n'ioun grand bonheur
A z'ami toüé gros de tendresse.

AZA.

Quior à moüé ci lâlà crâsé!
Mon pas gagné quior à z'ouvrage;
A toüé nuit, jour mon té songé,
Çà fait li crâser davantage.

Traduction libre.

EVAHIM.

Aza! fixe les yeux sur moi,
Vois les effets de mon martyre!
J'étois tant éloigné de toi!
Aujourd'hui... tiens... vois moi sourire.

L'orange reprend sa douceur,
Evahim n'a plus de tristesse.
Ton retour est le seul bonheur
Que pouvoit goûter ta maîtresse.

AZA.

Aza gémissoit comme toi;
Il n'avoit plus cœur à l'ouvrage;
Nuit et jour occupé de toi,
Il souffroit encor davantage.

AZA.	**AZA.**
Mon pas capab' souffri z'encor, Mon té mouri loin de z'amie . . . ! Vla qu'Aza nien' place de la mort, Dans quior à toüé trouvé la vie.	Accablé par les coups du sort, J'allois mourir loin d'une amie . . . ! Mais au lieu de trouver la mort, Dans ton cœur je trouve la vie.
EVAHIM.	**EVAHIM.**
Bouche à toüé doux passé syrop !	Aza ! que tes baisers sont doux !
AZA.	**AZA.**
Baiser tieu doux passé banane.	Le tien l'est plus que la banane.
EVAHIM.	**EVAHIM.**
Dans mains z'ami i'ouquà de l'eau Li soucré passé souc à canne.	Des mains d'un ami, d'un époux L'eau pure vaut le jus de canne.
Aï z'ami! toujours tout pour toüé: Baï' main sur quior!... li ça qu'échose !	Je te donne à jamais mon cœur : Aza !... sens le... comme il s'agite !...
AZA.	**AZA.**
Li broulé semblé quior à moüé !	Le mien brûle de même ardeur.
Tous deux.	*Tous deux.*
Crois ben piq' c'est pour même cause.	L'amour le fait battre aussi vîte.

CHAPITRE SEPTIÈME.

Candeur des jeunes négresses de Beurnon. Considération des prétendues pour leurs époux futurs. Soumission des femmes envers leurs maris. Fiançailles célébrées dès le jeune âge. Propreté des femmes de Beurnon. Soin qu'elles ont de leur corps. Prostitution punie par l'esclavage. Leur mariage. Mode de leurs accouchemens. On tatoue les enfans au huitième jour après leur naissance. Vexation atroce d'un jeune prince africain envers une jeune négresse. Religion des nègres de Beurnon. Distribution des maisons dans ce pays. Coutumes du roi; justice rendue par lui. Le vol considéré diffamatoire. Adultère royal puni de mort.

O pudeur! digne sœur de l'innocence, tu règnes à Beurnon, parée de tous tes charmes. Modestes et timides, les jeunes filles viennent-elles à rencontrer un jeune homme? pour marquer la soumission parfaite qu'elles auront pour leur mari, elles se prosternent jusqu'à ce qu'il soit passé outre; autrement, si, respectant peu la coutume de cette bienséance, elles restent debout en cherchant à le fixer, elles sont vouées au mépris, et traitées d'effrontées.

Une prétendue rencontre-t-elle en public l'époux que ses parens lui destinent? elle s'incline respectueusement, et si elle est à portée d'avoir de la verdure, elle lui en compose à la hâte un bouquet qu'elle lui offre, en promesse des jours heureux qu'il aura à passer avec elle. Cette soumission des femmes pour leurs époux va plus loin; elle est tellement exagérée, et les hommes exercent envers elles un empire si absolu, qu'une épouse ne présente jamais rien à son mari, sans préalablement lui avoir fait une révérence très-respectueuse.

Si un jeune homme voit un bel enfant du sexe féminin, et qu'il lui fasse quelque présent, la fille, devenue nubile, est obligée de l'épouser. Cette coutume est également observée chez les Ibos.

Les femmes de Beurnon sont d'une propreté recherchée dans leur intérieur, très-soigneuses pour leurs ustensiles de ménage, et le lustre particulier de leur corps. Après leurs bains répétés trois fois par jour, elles sont dans l'usage de s'oindre le corps avec l'huile d'un palmiste qui en fournit de plusieurs espèces différentes. On obtient cette substance oléagineuse par la macération et l'expression de son écorce et de ses graines. Il est un autre moyen de parvenir au même but; c'est de mettre bouillir dans de l'eau ces parties concassées : il s'en dégage l'huile qui surnage bientôt à la superficie de l'eau, dont on la sépare par l'imbibition d'un coton en duvet, que l'on présente légérement à la surface.

Lorsqu'il s'agit à Beurnon de consommer le mariage, de vieilles femmes sont choisies pour l'examen de la nouvelle épouse, et elles la conduisent au lit nuptial au son des instrumens et des chants d'alégresse, si elle a été reconnue vierge. Dès ce moment la nouvelle mariée jouit de la plus haute considération. Dans le cas contraire, à la perte de la fleur qui devoit être réservée et cueillie par l'époux, sont attachés le mépris et l'indignation de ses nouveaux parens qui peuvent alors la répudier. Les lois de cette nation sur ce point sont très-sévères et irréfragables. La pudeur y trouve un asile sûr et respecté, tandis que la honteuse prostitution y rencontre la punition réservée à ce vice dégradant. Une négresse de Beurnon, reconnue livrée à une scandaleuse débauche, est enlevée par ordre du roi, condamnée sur-le-champ à l'esclavage, et vendue au premier bâtiment négrier (1).

(1) La traite des noirs date de l'an 1442. Un Portugais ayant fait deux Maures prisonniers, les vendit

Les femmes d'ailleurs fort lubriques et complaisantes, deviennent, lorsqu'elles sont mariées, d'une ridicule décence à l'époque de leurs couches. Il n'est permis à aucun homme d'en approcher; elles confient aveuglément et exclusivement à des sages-femmes souvent très-ignorantes, le soin de mettre au monde leurs enfans. Lorsque le cordon ombilical est coupé, on cache avec soin sous l'oreiller de l'enfant nouveau né, les ciseaux neufs qui ont servi à cette opération. On ne les emploie à l'avenir qu'à cet usage.

Par une pratique délirante et non moins absurde, si l'enfant a le hoquet, vîte on a recours à la sage-femme qui défile sa couche, et après en avoir mouillé un fil, elle l'applique sur le front de l'enfant qui, dit-on, est délivré à l'instant de cette incommodité.

Victimes d'une coutume barbare, ces jeunes enfans sont, huit jours après leur naissance, soumis au tranchant cruel qui doit dessiner, par des incisions plus ou moins profondes, le caractère de leur nation : c'est ce qu'on appelle *tatouer*. Telle secte indique les marques au

---

en Afrique, sur les bords de la rivière d'Ouro, et obtint en échange dix nègres, et une certaine quantité de poudre d'or.

visage, telle autre à la poitrine; celle-ci au bras, celle-là par tout le corps où l'on aperçoit, à un certain âge, des dessins symétriques du soleil pour ses adorateurs, de langues de feu pour les prosélites de ce culte idolâtre, d'animaux divers, de reptiles, enfin de contours d'architecture naturelle tracés en relief par des coutures saillantes recouvertes de l'épiderme de la peau.

Il n'est point de crime impuni, et tôt ou tard la Providence assure au forfait une peine quelconque. Un jeune prince africain, d'un naturel féroce, se promenoit, suivi d'une trentaine de ses gardes; il aperçoit un enfant de trois ans environ, assis sur le bord de la route, et occupé à jouer tandis que sa mère chauffoit un four. Ce prince appelle celle-ci pour la complimenter et la féliciter de la beauté de son enfant; puis l'ayant pris, et faisant parade, aux yeux de ses favoris, de la supériorité que lui donnoient et son rang et les forces qu'il avoit à ses ordres, il jette au feu cette jeune créature, qui fut consumée en peu de tems. La douleur de la mère ne produisit aucun effet sur son cœur farouche et sanguinaire. En vain elle porta des plaintes au roi; cette malheureuse ne fut écoutée que pour entendre à son tour une sévère réprimande qui fut donnée au jeune prince. Mais Dieu protégeoit l'innocence.

Le jeune prince ayant su qu'on devoit

donner une fête à une cour voisine de ses états, résolut d'y faire un voyage pour son amusement. La fille de ce roi étranger portoit le nom d'une bête féroce de la forêt, qu'on chasse en ce pays avec passion, et qu'on nomme *labani.* Comme l'idole à laquelle il sacrifioit demandoit des *labanis;* sans réfléchir que l'espèce humaine n'étoit point exigée pour le sacrifice, aussitôt qu'il entend ce mot, il court vers la princesse, et l'égorge comme hors de lui-même. Voilà une guerre terrible allumée entre les deux puissances; et le malheureux père offensé, ayant fait prendre le jeune prince, le fit brûler lui et sa suite, pour apaiser les manes de sa chère Evolra.

Dieu soutint la cause innocente de ce père malheureux, et lui fit remporter la victoire, quoiqu'à forces inégales avec son voisin. Une partie des prisonniers qu'il fit, furent massacrés, au moins ceux appartenant au jeune assassin, soit par les liens du sang, soit par ceux de l'amitié, ou bien encore de l'esclavage. Pour les prisonniers neutres, ils furent vendus et transportés en grande partie à Saint-Domingue, où il en existe encore plusieurs sur l'habitation Rossignol-Desdunes, où j'ai écrit ces faits.

La religion dominante des nègres de Beurnon a beaucoup de rapport avec celle des Phylanis.

L'ambition est un monstre à leurs yeux : ils ne cherchent qu'à protéger leurs semblables; c'est pourquoi ils ne font jamais la guerre. Sévères observateurs de l'hospitalité, si un étranger arrive au pays de Beurnon, le chef de cette peuplade unie, pour capter les bonnes graces de l'inconnu et le retenir dans ses états, lui donne des terres et une de ses filles en mariage. Il lui est de plus fourni des vivres jusqu'à la première récolte qu'il aura pu faire. Voilà, ce me semble, les premiers fondemens de la religion naturelle : « Faites aux autres ce que vous voudriez qu'on vous fît ».

Ils ne mangent de viande que celle sacrifiée et bénie par leur grand-prêtre, appelé *alpha*. L'usage de la viande de porc leur est interdit. Un homme qui fait pénitence à Beurnon, se tient sur les grands chemins, avec des canaris pleins d'eau, dont il offre, par charité, à tous les passans ou voyageurs fatigués.

Les siliques du mimosa olens de leur pays, bouillies avec du jus de citron, leur fournissant de l'encre, les plus instruits d'entr'eux se chargent de transmettre à leurs frères le code de leur loi divine. Une plume de bambou trace sur des planchettes, à défaut de papier qui y est très-cher, ou sur des taches de palmiste, les dogmes de leur religion. Un livre ainsi achevé, est envié de tous les acheteurs. Les coquilles, leur monnoie ordinaire, ne sauroient le payer, et on ne peut l'obtenir que par l'échange de douze gazelles (ou jeunes vaches) prêtes à mettre bas. Ainsi des peuples barbares ont le plus grand respect pour des simulacres que des nations civilisées se plaisent à ridiculiser.

Leur vénération est si grande pour un livre de prières, que lorsqu'ils l'ont touché, ils ne le quittent point qu'après l'avoir lu, ou chanté de mémoire. Il y a plus; sa possession leur est si précieuse, qu'ils préféreroient, dans le besoin, vendre tous leurs animaux, que de se démunir du recueil de leurs lois sacrées. On en a vu dans l'incendie imprévu de leur case, arriver du travail, pénétrer sous des solives embrasées, et chercher leur livre au milieu des décombres, par leur foi de ne point mourir en exerçant cette œuvre de piété.

Les habitans de Beurnon ont un code de lois pour la punition des crimes, qui doivent être attestés par trois témoins. Leur bonne foi est telle que, si les accusateurs dont ils ne doutent point de la sincérité, se lèvent, l'accusé est condamné à être pendu.

Chaque maison de Beurnon forme un îlot clos, au milieu duquel se trouve une cour. C'est là qu'à la chute du jour, chaque famille

se

se rassemble pour se soustraire à la voracité des bêtes féroces. Je me rappelle que dans ma jeunesse, me dit une nourrice de la grande case, étant allée avec ma tante à une peuplade voisine, pour vendre quelques provisions de bouche, j'oubliai mon tanga qui les contenoit; mais je n'osai avouer ma négligence, bien résolue de me lever au milieu de la nuit, pour retourner le chercher. Bientôt éveillée par la crainte, je me mis en route, commettant l'imprudence de laisser la porte ouverte, ayant oublié les trop fréquentes visites des bêtes sauvages.

La crainte d'être grondée par ma mère, me fit mettre la peur de côté, et je m'acheminai seule pendant la nuit. Je rencontrai deux jeunes hommes vêtus de manteaux blancs, qui me demandèrent où j'allois : je leur racontai mon aventure. Ils me dirent gravement à leur tour : « Vous êtes seule de fille, votre mère a six » enfans; ne continuez pas votre route ». Et en me parlant de la sorte, ils me reconduisoient. A peine arrivés devant ma porte, ils me dirent précipitamment : « Rentrez, rentrez vîte, et » fermez bien la porte, ou vous serez mangée par » les bêtes ». Cette sorte de prédiction me fit une grande impression; cependant je remerciai ces êtres généreux de l'intérêt qu'ils prenoient à moi. Il ne se passa pas trois minutes, que des léopards, des ours et des tigres, qui probablement m'avoient éventée, vinrent hurler à la porte.

Le roi de Beurnon ne sort jamais; et si quelqu'un, dans l'intérieur de son palais, vient à le rencontrer et qu'il ose le regarder fixement, son audace est punie de mort. Lorsque le roi doit rendre justice à des plaignans, assis sur son trône, sa figure est dérobée aux regards de la populace, par une draperie élégamment festonnée. S'il prononce une sentence, elle est portée au réclamant par sept hérauts disposés et placés en amphithéâtre sur sept degrés progressifs. Alors le sujet, pour marquer sa respectueuse soumission au jugement de son monarque, et lui témoigner son humble reconnoissance, se prosterne, et applaudit des mains, après s'être couvert la tête de cendres.

Le vol est abhorré, et tellement regardé contraire aux lois de la société, que les fautes ne sont pas réputées personnelles, mais qu'elles entraînent la perte de toute une famille. Par exemple, le roi, soit par l'austérité de sa morale, soit par une spéculation lucrative, fait semer dans les places publiques ou sur les grands chemins, des colliers, bracelets ou autres joyaux, pour éprouver la retenue de ses sujets; ses courtisans sont placés de manière à pouvoir examiner les fautifs, sans être aperçus. Si des enfans ramassent ces objets qui ne leur appartiennent pas, les courtisans s'en saisissent, et, dès qu'ils sont reconnus, ils sont vendus, eux et leur famille.

L'adultère royal est puni de mort. Une reine fut séduite par un de ses courtisans, et attachée aux branches vacillantes d'un arbre, au dessus d'une rivière, pour y mourir de faim; tandis que le père de l'enfant, résultat de leurs amours clandestines, fut empalé et exposé au marché, afin d'y servir d'exemple.

Il est permis aux habitans de Beurnon de chasser une fois l'année, à l'époque de la ponte des poules d'eau, canards et tortues. Pour cet effet, ils mettent le feu aux herbes des marais, afin d'expulser de leurs nids les oiseaux aquatiques, de s'emparer de la quantité innombrable de leurs œufs, et des tortues qu'ils rencontrent. Comme ce peuple ne se nourrit que de viande boucanée ou fumée, ces provisions durent d'une année à l'autre.

Simples dans leurs mœurs, il en mourut un sur l'habitation Robuste, pour avoir mangé, à son arrivée de la côte à Saint-Domingue, du manioc blanc amer, qu'il avoit pris pour du manioc rouge ou doux, la seule espèce existante dans son pays; ce manioc blanc est un poison subtil, si l'on n'en a exprimé le suc laiteux mortifère, pour obtenir de la fécule un aliment ; espèce de pain qu'on nomme *cassave*, et qui se dessèche sur des plaques de fer rougies au feu. Le contre-poison du manioc blanc ou amer est le suc exprimé du raucou, pourvu qu'on en fasse usage sur-le-champ.

CHAPITRE HUITIÈME.

Les Mozambiques professent la religion catholique, qui leur a été communiquée par les Portugais. Leur conduite louable et édifiante dans les églises. Secte de Vaudoux mozambiques, espèce de convulsionnaires. Certains se nourrissent de sang humain.

UNE partie des nègres mozambiques ont reçu la connoissance du vrai Dieu par les Portugais, qui sont souvent en relation avec eux ; ils sont zélateurs d'un culte dont ils éloignent les abus, et professent de cœur une religion qui leur est chère ; et bien éloignés de croire à une contrainte honteuse lorsqu'il s'agit de rendre des hommages à l'Auteur des êtres, leurs offrandes sont celles d'un cœur pur, généreux, et entièrement consacré au vœu qu'il a formé de remplir ses devoirs. Ainsi convaincus que les cérémonies pieuses doivent exciter ou la ferveur, ou la joie, ou la tristesse, ils se présentent à leur temple, pénétrés du sujet qui les y attire, et s'y comportent toujours d'une manière décente et relative au lieu saint où ils se trouvent.

Par exemple, ils dansent le jour de la messe de minuit, au milieu du sanctuaire, en réjouissance de la nativité du Sauveur, tandis que dans un autre tems, à l'époque de la semaine sainte, on les voit se rendre en foule au temple, la tête baissée, et observant le plus morne silence. Voilà les Mozambiques chrétiens, fidèles observateurs de la loi qu'ils ont juré de ne point enfreindre : maintenant examinons la secte de leurs vaudoux ou convulsionnaires, diagonalement opposée aux principes de bienfaisance et de charité des premiers (1).

Il en existoit une réunion sur l'habitation Pélerin, dite *Petite-Place-le-Mince*, située

(1) Quand les Néophites vont implorer leur vaudoux ou serpent, ils se prosternent devant lui, par rang d'âge. Les uns lui demandent à capter la bienveillance de leurs maîtres; d'autres à acquérir de l'argent, ceux-ci à se faire aimer de leurs maîtresses, ou de pouvoir triompher de nouveau d'un cœur devenu infidèle, et tant d'autres souhaits.

quartier des Cayes Saint-Louis, à Saint-Domingue; et c'est du propriétaire, témoin oculaire des faits que je vais publier, que je tiens les détails suivans : « Nous avons, me dit-il, sur » notre habitation plusieurs vaudoux mozambiques, qui se réunissent assez souvent pour » obéir à une coutume de leur funeste institution. La cérémonie a lieu sans le moindre » apprêt, soit que cachés par les cannes à sucre, » ils cherchent à se dérober aux regards des » curieux, soit qu'ils prennent cette précaution » avec l'intention d'être plus tranquilles. Dès » que l'endroit est choisi, ils commencent ainsi: » un jeune enfant, chargé probablement de leurs » fautes, est placé au milieu du cercle dont ils » l'environnent; puis deux à deux, et trois à » trois, ils s'avancent vers lui, le frappent légé» rement tour à tour sur l'épaule; on le voit » bientôt tomber en crise et se rouler. Huit » jours après cette cérémonie, je vis, dit » M. Pélerin, l'enfant dépérir à vue d'œil, et » avant la fin de l'année, une mort attendue » terminer les jours malheureux de cette inno» cente victime ».

M. Mirault, habitant de la Petite-Rivière, quartier de l'Artibonite, avoit plusieurs nègres mozambiques. L'un d'eux se trouvoit infirmier à l'époque d'une maladie que son maître fit, et dans laquelle la saignée fut ordonnée. Le chirurgien avoit recommandé de garder la palette, et il ne fut pas peu surpris lorsqu'il sut à son retour, que le nègre mozambique avoit fricassé le sang de la palette, et que semblable aventure lui arrivoit toutes les fois qu'il étoit à même de satisfaire son goût dominant pour le sang humain.

CHAPITRE NEUVIÈME.

Sépulture des rois de Dahomet. Leur barbarie envers leurs prisonniers. Habillemens de ces peuples. Leur parure. Les femmes oignent leur corps, et se musquent avec le produit de la civette. Usage du teklé. Continence des femmes enceintes. Leur confiance dans les amulettes. Les vêtemens des filles différens de ceux des femmes.

LES préparatifs des cérémonies funéraires des rois de Dahomet ressemblent plutôt aux dispositions d'une fête de réjouissance, qu'aux tristes apprêts d'un deuil qui devient par suite presqu'universel. Victimes d'une absurde superstition, si c'est aux premiers de la cour qu'est réservé le fatal privilége d'accompagner le roi dans sa tombe, on les prépare de manière à arriver au moment du sacrifice irréparable de la vie par des fêtes joyeuses et bruyantes, dans lesquelles ces infortunés s'étourdissent sur l'avenir qui leur est préparé.

Le roi étant mort, l'instant de sa sépulture étant arrivé, et les fêtes propitiatoires étant achevées, un hérault somme les femmes, les enfans et les esclaves du monarque d'avoir à se revêtir de leurs plus riches ajustemens, et après une danse victimale qui s'exécute entre ces êtres condamnés, on leur tranche la tête, et leurs cadavres, fumans encore, sont précipités dans la fosse destinée à recevoir le corps du monarque, qu'on pose très-respectueusement sur le monceau de ses victimes, de peur qu'il ne touche la terre, et ne vienne à se salir.

Le roi de Dahomet, loin d'user envers ses prisonniers, de la générosité digne de son rang, les maltraite et insulte à leurs malheurs, par des actes d'une cruauté inouie. C'est aux anniversaires des fêtes que ces infortunés sont exposés nus aux insultes de la populace, pour devenir ensuite des victimes expiatoires, du sang desquelles chacun s'abreuve, en le suçant à l'envi.

L'habillement des nègres de Dahomet consiste en un teklé et un mammale, morceaux de toile ou d'étoffe dont ils se drapent le buste, et dérobent aux yeux indiscrets la différence du sexe. Ils mettent beaucoup d'art et de prétention dans la coupe de leurs cheveux, et forment avec ceux épargnés par le rasoir, des dessins plus ou moins symétriques, que les plus riches traversent en outre de lames d'or, que les pauvres remplacent par des plumes éclatantes, ainsi que les Congos.

Leur cou est orné d'un collier à double rang, de corail ou d'ivoire, de cuivre ou de fer, tous ces objets étant confusément rangés à la suite l'un de l'autre. Leurs bracelets et leurs bagues de même nature, sont ordinairement matériels.

Les femmes très-propres se lavent sans cesse, puis se parfument avec une huile odoriférante qu'on obtient dans le pays, du palmier à chapelet. Elles se musquent aussi avec de la civette, ou des feuilles d'*asperuta odorata*. (Linné.) Elles fardent leur visage avec diverses couleurs, telles que le raucou, l'ocre, etc. Leurs trois rangs de collier en sautoir sont entre-mêlés de verroteries, de coquilles, d'agates, divisées en compartimens égaux, par des pièces de monnoie d'or. Leur calcaneum est orné d'un anneau d'argent.

Le teklé sert aux négresses de Dahomet, à soutenir accroupis derrière elles leurs enfans, même pendant leurs occupations. Ce doux fardeau ne les empêche en aucune manière de vaquer aux détails de leur ménage.

Les femmes enceintes, glorieuses du nouveau titre de mère qu'elles vont acquérir, sont très-réservées; elles cessent d'habiter avec leurs maris, et font tout en un mot pour que leur grossesse prospère. Leur parure est alors sans affectation, et propre à laisser libre la circulation du sang; c'est pourquoi elles quittent leurs lourds bracelets, pour revêtir leurs bras de manchettes d'écorce à brins pendans, dont chacun, par suite de cette superstition naturelle aux Guinéens, est réputé avoir une vertu pour l'enfant, ou pour l'accouchement. On teint ordinairement ces manchettes en rouge, couleur des fétiches. Les vêtemens des femmes, en général, ne sont pas ceux des filles. Les enfans des deux sexes sont nus jusqu'à l'âge de douze ans, usage conservé et perpétué par les nègres créoles des diverses colonies européennes policées. Les enfans sont chargés d'amulettes, dont les propriétés fictives sont en faveur de la santé.

CHAPITRE DIXIÈME.

Les Akréens, Crépéens et Assianthéens ont la peau et les cheveux diversement nuancés. Leur nourriture. Idée de ces peuples sur l'existence de Dieu. Ils sont idolâtres, et pourquoi. Ils consultent leurs fétiches dans les circonstances critiques. Le héron vénéré parmi eux. Description de leurs maisons. Ils conjurent les flots avant de combattre. Habillement des soldats. Leur précaution pour les prisonniers à faire. Manière dont ils se préparent au combat. Armes des généraux. Instrumens des musiciens. Ils tuent les blessés; enfouissent leur argent avant la bataille. But de leurs guerres. Ils sont tous pêcheurs, et ont une mémoire très-fidelle. Les Popéens sont très-cérémonieux envers leurs supérieurs. Ridicule de leur superstition. Empire des prêtres. Commerce de ces peuples.

CES peuplades, voisines l'une de l'autre, sont formées de nègres dont la peau noire est diversement nuancée. Leurs cheveux crépus sont noirs dans ceux-ci, rouges dans ceux-là, et blancs chez d'autres individus, dès leurs premiers ans. Leurs mains sont couvertes de taches blanches affreuses à voir, par leur contraste entièrement opposé à la couleur de leur corps.

Ils se nourrissent d'herbages, de sang épicé à peine cuit, de friture puante, de poisson gâté, préparé à l'huile de palmier.

Les Akréens Crêpéens et Assianthéens reconnoissent un Être suprême, principal et unique moteur des merveilles de la Nature; mais ne le croyant pas en rapport direct avec ses créatures, le supposant bien assez occupé de la surveillance des astres. Ils se créent des divinités subalternes ou fétiches, pour émettre auprès de lui leurs volontés. Ce qu'il y a de plus absurde c'est qu'ils choisissent à cet effet la plus vile des créatures. Ils adorent un serpent non venimeux, parce qu'il en dévora un mal-faisant qui étoit prêt à mordre un nègre.

On consulte ces fétiches pour la guérison des maladies; et on leur offre, pour implorer leur protection, des animaux vivans qu'on attache à des poteaux jusqu'à ce qu'ils soient dévorés ou par un oiseau de proie, ou par les chiens de buissons (1), espèce de loups si féroces et si hardis qu'ils viennent près des maisons y hurler

---

(1) Jackals.

et chercher des victimes. Le héron est aussi parmi eux en vénération, et il est défendu, sous des peines très-graves, de troubler les nichées de ces oiseaux. Les maisons des Akréens, Crêpéens et Assianthéens sont basses et toujours enfumées.

Ces peuples, avant de combattre, vont consulter la mer. Lorsque les flots sont en courroux, ils concluent que leurs armes seront victorieuses, et que la Nature demande vengeance. Les soldats, revêtus d'un seul mammale ou tanga, portent sur leurs dos une giberne de peau de tigre pour contenir les provisions de bouche, et les cordes destinées aux prisonniers qu'ils feront dans la bataille. Ils ont pour coiffure, sur leurs cheveux saupoudrés d'ocre rouge, un casque de peau de bête féroce, ou de vertèbres garnies de plumes, et d'une queue qu'ils laissent pendre derrière leur tête. Leur cou est garni d'amulettes qui doivent les protéger. Ils crient avant le combat, et se blanchissent la figure pour paroître plus hideux. Les généraux ont un bâton sculpté, et un sabre dont la poignée est revêtue de pointes ou aspérités bien peu commodes pour le maniement.

Les musiciens sont placés, pendant l'action, derrière les combattans. Les uns portent sur leur tête, des tambours formés d'arbres creusés, et sont immédiatement suivis dans leur marche, du nègre batteur, tenant les baguettes qui sont de la forme d'un crochet dont l'extrémité est en boule; les autres sonnent des cors de dents d'éléphant.

La guerre ne s'entreprend entre ces peuples et leurs voisins que pour égaliser les nations. Les soldats se défient avant l'action. Ils ne se servent point de flèches dans leurs combats, mais de grands couteaux ou mâchettes avec lesquels ils se battent, se défendent, et coupent la tête aux blessés qui ne peuvent plus marcher. Ces têtes, après la bataille, sont disséquées, et conservées en trophée par chaque vainqueur qui les abandonne à sa postérité. En tems de guerre, ils enfouissent leur argent dans de grands pots.

Les Akréens, Crêpéens, Assianthéens sont presque tous pêcheurs, et aiment passionnément le poisson qu'ils trouvent en abondance dans la rivière de Quitta, qui est très-poissonneuse. Ces Ichtyophages salent et font sécher au soleil les poissons avant de les manger.

Ils ont une prodigieuse mémoire, et citent des particularités d'époques très-éloignées, avec une exactitude surprenante.

Très-cérémonieux envers leurs supérieurs, les nègres popéens les saluent jusqu'en terre, en faisant craquer leurs doigts. Abrutis par des coutumes superstitieuses, si les prêtres, par un intérêt quelconque, leur défendent de voir la mer et leur prescrivent de rester dans leur intérieur, ils demeurent dès-lors sous le coup de la loi, et la moindre infraction en ce cas est punie de mort. Les prêtres se divinisant, il est également défendu au peuple, sous les mêmes peines, de contempler les processions, dans la crainte de perdre la vie; ces cérémonies étant trop augustes pour la vue d'un mortel. Les Popéens font un commerce d'ivoire et de bois de santal.

CHAPITRE ONZIÈME.

Mœurs des Phylanis. Ils mènent une vie errante. Lieux qu'ils choisissent pour y camper, eux et leurs troupeaux. Union intime des familles de cette peuplade. Punition infligée aux enfans. Respect de ces derniers pour les gens âgés qu'il ne leur est point permis d'interrompre au milieu de leur conversation. Leur religion semblable à celle des Juifs. Description de leur temple, et des cérémonies qui s'observent dans leurs fêtes. Instructions de l'Alpha ou grand-prêtre. Sacrifice du bélier au jour d'Audebiché. Pureté de la morale de ces Nomades. Peine infligée aux bouchers. Opinion des Phylanis, sur l'existence des esprits.

Simples dans leurs goûts, purs dans leurs mœurs, l'ambition n'est point connue des Phylanis; elle fuit cette peuplade innocente, et ne peut détruire sa frugalité. Une vie agreste et indépendante a pour eux plus d'attraits. Sans asile déterminé, sans chaumière précisément établie, un roc mousseux et verdoyant que baigne

baigne une cascade fraîche et tumultueuse, ou des rameaux de palmiers rassemblés à la hâte, pour la construction d'un ajoupa, servent à ces heureux pâtres et à leurs nombreux troupeaux qui voyagent avec eux, de retraite et d'abri contre les ondées du soir, ou les feux brûlans du midi.

Destinés à mener une vie errante comme les Juifs dont ils semblent professer la religion; se croyant descendans de Caïn, et marqués à cet effet d'une couleur étrangère aux autres hommes, les Phylanis font consister leur bonheur à s'épargner des besoins inutiles, et à se détacher des biens de la terre. La tranquillité de leur conscience leur prouve, par cet état inappréciable de quiétude, qu'en cessant de poursuivre le fantôme de l'ambition, ils ont trouvé dans la vraie et utile philosophie le secret d'être à jamais heureux.

C'est dans l'intention de perpétuer cet état de félicité, que chaque famille de Phylanis voyage dans l'intérieur de la Guinée, campe avec ses troupeaux au milieu des sites les plus rians, qui ne contribuent pas peu à flatter agréablement leurs sens. Leurs caravanes sont composées de bœufs, génisses, et de chiens, êtres utiles et fidèles amis; de chèvres et de moutons, animaux paisibles et productifs. Chaque famille jouit en paix des douceurs de la vie champêtre; les Phylanis s'éloignent avec soin des endroits habités, redoutant une contagion qui pourroit leur devenir funeste : leur franchise évite la dissimulation des nègres de bourgades prétendues policées, se contentant de leur fournir du laitage, en échange de vivres tirés du sein d'une terre que leur défaut de résidence ne leur permet pas de cultiver : ils communiquent à cet effet avec ces habitans inconnus, sans pourtant se familiariser avec des êtres que bientôt ils ne doivent plus revoir, les destins de leur existence les conduisant dans les divers cantons de Guinée qu'ils parcourent successivement.

Que de fois le jour, des tableaux intéressans de la vive Nature égayent et charment les momens de loisir de ces familles pacifiques! Ici, c'est un vieillard caduc qui retient à folâtrer sur ses genoux mal affermis un jeune enfant : voyez comme celui-ci se débat; et déjà victorieux des vains efforts de la débile vieillesse, comme il s'échappe, pour disputer une place à son frère accroupi au dessous d'une génisse qu'on va traire; mais le partage devient égal, et chacun d'eux pressant d'une main délicate les tetins qu'ils se sont choisis, voyez-les s'abreuver à longs traits d'un lait écumeux et éblouissant, dont l'abondance, au moindre mouvement de l'animal, vient se répandre sur le vermillon de leurs joues.

S'élève-t-il une dispute de friandise? la querelle éphémère est-elle allumée? qui va l'éteindre? leur mère commune : elle accourt en allaitant un jeune nourrisson content de sa portion, et qui, craignant déjà le partage de sa bouteille chérie, bondit, et cache, sous les caresses de ses mains gentilles, une provision qu'il veut avoir pour lui seul. Il se mettroit bientôt en colère, il pleureroit, il crieroit en agitant ses petits pieds, si, au mépris de sa précaution, quelqu'importun feignoit de vouloir lui ravir un trésor qu'il ne sait point appartenir qu'à lui seul. Telle est la vie privée des bons Phylanis, telles sont leurs récréations légitimes, lorsqu'ils ont satisfait aux légers devoirs que leur imposent les réglemens de leur association.

Une mère vendue à Saint-Domingue, sur l'habitation que j'occupois, avoit conservé les usages de son pays, et punissoit un de ses négrillons pour une faute assez grave. Je vis cet enfant en pleurs placé près la porte de la case, à la vue de ses camarades qui le mortifioient, ayant une pierre fort lourde sur sa tête, et tenant de ses mains ses deux oreilles, obligé de se baisser, puis se relever successivement jusqu'à ce que ses genoux vinrent à fléchir de lassitude, instant où la pénitence fut remplie; il n'en étoit pas encore à ce point, que m'apercevant, il me cria du plus loin : *Pardon, maître!* Je me rendis à ses instances, et après une leçon sévère, je l'envoyai implorer celui de sa mère, qui lui fut accordé à ma considération.

Les enfans des Phylanis sont très-respectueux, et tellement habitués à la discrétion et à l'obéissance, que la moindre infraction à cet ordre sévère est punie très-rigoureusement de différentes peines proportionnées à la nature de la faute. Par exemple, lorsqu'un de leurs parens ou des étrangers plus âgés qu'eux engagent une conversation, il ne leur est permis que d'entendre, et la correction la plus rigide devient leur partage, s'ils ont osé rompre le silence.

C'est par une suite de cette coutume que les enfans ne mangent point avec les grandes personnes, pour laisser ces dernières plus libres dans leurs entretiens; aussi la moindre curiosité est-elle suivie d'une correction très-rigoureuse.

La religion des Phylanis paroît être celle des Juifs. Un nègre phylanis, strict observateur de la loi, est autant parfait qu'un homme peut l'être. Leur grand-prêtre appelé *alpha*, n'abuse point de l'autorité que leur confiance en lui a établie; il pratique la morale qu'il inspire, et le moindre différend est jugé par ce sacrificateur, qui voyage toujours à la tête de chaque peuplade. Austères imitateurs de leur père Abraham, ils sont voués comme lui au Dieu qu'ils implorent; et s'il s'agit de faire profession de leur foi, et de jurer qu'ils croient bien en Dieu, ils le témoignent en publiant hautement devant leurs semblables, « qu'ils donneroient volontiers leurs enfans, si » ce sacrifice étoit exigé du Dieu qui leur donna » l'être ».

Allah, veut dire *Dieu* en leur langage; et le mot *amen* signifie, *nous vous remercions du boire et du manger*. Le temple qu'ils construisent à la hâte, lorsqu'il s'agit d'un sacrifice propitiatoire, s'appelle *guine-grine*, dans l'intérieur duquel ils ne pénètrent jamais sans préalablement s'être purifiés, à l'exemple des Juifs, par un bain de pieds et de mains.

Bien convaincus que dans un édifice superbe, ou dans un local simple, la magnificence du grand Dieu créateur est la même, et qu'aucune tentative des hommes ne peut en relever l'éclat, ou l'affoiblir, parce qu'elle est une et naturelle, ils suppléent à leur défaut de résidence pour l'édification stable de leurs temples, par le choix des endroits propres à rapprocher la créature de son Créateur. La vue d'un bois touffu, dont la verdure active témoigne en faveur de l'Auteur de la Nature, attire d'abord leur attention; ils inspectent l'endroit, et cherchent à réunir, sous son cintre, toutes les qualités requises. De hautes futaies dont la cime seulement est balancée par le vent, un foible jour que produit leur ombrage touffu, des nappes d'un verdoyant gazon, des arbres fruitiers, pour en offrir les prémices et en dessiner le contour; des rochers frémissans sous le bruit de cascades choisies pour la purification et l'entretien de la fraîcheur du lieu; un respectueux et imposant silence qui convient au rapport direct de l'homme avec Dieu, seulement interrompu par des oiseaux créés pour chanter ses louanges, voilà le lieu choisi au sein des campagnes, pour l'édification de leur temple. Leur principale fête qui se renouvelle tous les ans, au solstice du printems, s'appelle *Audebiché*. Les Phylanis observent, avant son époque, un jeûne privatif de trente jours, et la dernière semaine, ils ne font un repas que le soir de chaque journée.

La veille du grand jour d'Audebiché, cette fête la plus solennelle, ils se réunissent, et conduits par l'alpha, ils cheminent vers le lieu appelé *Bambé*, choisi pour l'établissement du sacrifice. Chacun des assistans dépose un petit fagot au centre de la place qu'ils investissent; puis, après la prière, l'alpha met le feu au bûcher, et étant secondé par chacun des Phylanis mâles armés d'un tison, comme en Europe au jour du feu de Saint-Jean, ce grand-prêtre dit hautement dans son langage, en parlant de la flamme de ce foyer: « Peuple, mes frères, » voici encore un des bienfaits de notre grand » Dieu ».

Le soleil couchant termine ordinairement cette pieuse cérémonie; chacun se retire en paix, et se livre au sommeil, toujours doux par la pureté de leurs actions. Ils ne peuvent cependant pas le goûter long-tems; l'alpha veille, et sa grande ferveur exige des sacrifices : un de ses acolytes est chargé par lui, vers l'heure de minuit, de sonner de la trompe pour réveiller tous ceux des Phylanis qui ont jeûné, et ce bruit grave leur annonce qu'ils doivent prier. Bientôt réunis à l'alpha dont ils respectent les ordres sacrés, ils lui témoignent, par une inclination profonde, leur confiance et leur soumission; après quoi l'alpha répond : « Nous dormons au » lieu de prier! et Dieu pourtant veille sur nous » le jour et la nuit ». Un signe de tête devient une réponse approbative. La nuit se passe en prières.

Le lendemain, dès que l'étoile du matin annonce un nouveau jour, lorsque les vapeurs de la nuit, combinées encore avec les parfums de la Nature, font circuler leur suave odeur; lorsque les oiseaux éveillés dégagent leur tête de dessous leur aile pour annoncer les premiers les merveilles de leur existence, les Phylanis ne veulent point avoir à rougir d'être prévenus dans leur adoration par des créatures qui leur sont inférieures, et soumises à l'autorité de l'homme; ils portent à l'envi leurs pas dans les campagnes encore humides de rosée, cherchent des fleurs pour en ceindre leur tête, et les cueillent doublement enrichies d'un frais coloris, d'une odeur suave et douce, et du brillant des perles vacillantes que le serein a développées. Les voilà qui se rencontrent, et autant pour obéir à la sympathie de leur caractère, que pour honorer le Seigneur par une union intime parmi eux, ils se prennent les mains en se disant bonjour, et, se souhaitant toute prospérité, ils se caressent comme un frère et une sœur.

Cependant l'instant approche où le sacrifice va être annoncé, et tous les Phylanis réunis près de l'alpha, l'engagent à commencer la cérémonie. Voilà le cortége à son départ. Douze trompettes ouvrent la marche; ils sont suivis de deux colonnes de Phylanis, hommes et femmes, couronnés et séparés les uns des autres; après eux, s'avancent à pas plus petits et plus précipités, douze enfans mâles ayant également la tête ceinte de fleurs diversement nuancées, retenant au milieu d'eux, par des guirlandes de roses blanches, une jeune victime, un treizième enfant couronné de fleurs de la même couleur. Enfin l'alpha dont la vieillesse ralentit la marche, suit avec peine, et termine ce simple cortége.

Arrivés au lieu destiné à la consommation du sacrifice, ils y trouvent un bûcher préparé, le fatal couteau posé au bas, et le vase destiné à purifier le grand-prêtre avant d'exercer les fonctions de son ministère. Le peuple se divise et se range circulairement, et l'alpha arrive au pied du bûcher, toujours précédé du groupe des enfans. Celui que l'on a choisi pour victime est dépouillé de ses fleurs, et présenté au peuple, tandis qu'il appelle à grands cris les auteurs de ses jours. Ceux-ci, glorieux d'avoir été choisis pour immoler leur postérité au grand Dieu, rejoignent pour la dernière fois leur enfant chéri, leur seule espérance, se livrent à une muette douleur dans leurs derniers embrassemens, et, pour donner une preuve plus authentique de leur entier dévouement à la cause du grand Dieu, ils embrassent pour la dernière fois leur enfant, qui lui-même donne signe de son approbation en indiquant de son foible doigt la route du ciel; ses plus proches parens le posent sur le bûcher. C'est alors que le sacrificateur, après avoir invoqué l'Eternel, dessille les yeux des assistans, et leur annonce que Dieu n'a point créé l'homme pour lui être offert en holocauste, que ce sacrifice ne lui est point agréable; qu'il commande à la création, et doit remplacer l'anéantissement de son être par celui d'un animal soumis à sa volonté. Aussitôt l'enfant est enlevé du bûcher, élevé au plus haut par les bras d'un groupe d'hommes nerveux, offert au peuple qui dès ce moment le considère, et il est remplacé par un mouton que l'alpha égorge à l'instant. C'est, comme on le voit, le simulacre du sacrifice d'Abraham.

L'holocauste étant consumé par le feu, l'alpha et le peuple se prosternent en actions de graces; ils baisent humblement la terre, et se redressant les bras en croix sur la poitrine, l'alpha leur développe les dogmes sacrés de leur institution en ces termes : « Si vous voyez, leur dit-il, votre » père et votre mère infirmes exposés à l'ardeur » du soleil, portez-les à couvert, ou déracinez un » jeune bananier, et plantez-le derrière eux, afin » qu'ils soient protégés par son ombrage ».

L'alpha dit encore : « Si vous n'avez pas soin » des pauvres, si vous tuez ou volez; si l'esclave » se révolte, si vous n'assistez point les malades, » tremblez! Dieu vous punira. Jeunes gens, » honorez les vieillards pour être, à votre tour, » honorés comme eux dans un âge plus avancé.

» Respectez leur foiblesse; souvenez-vous qu'ils » ont travaillé pour vous, et suppléez à la débilité » de leurs membres impuissans et infirmes, par » le travail de vos bras vigoureux qui doivent » les faire exister.

» Enfans! dès que vos forces vous le per- » mettent, ne laissez jamais votre père piler un » grain qu'il a récolté à la sueur de son front; il » partage avec vous les bienfaits de cette pro- » duction nutritive, partagez avec lui son labeur » d'après vos facultés ». L'alpha dit aussi : « Si » vous priez, et que vous ne donniez pas aux » pauvres, vos prières sont perdues ».

La plus grande propreté est exigée des bouchers des Phylanis, et une amende considérable leur est infligée lorsque le couteau qui est pendu à leur côté est taché d'une goutte de sang, ou quand leurs hardes en sont imbibées.

Je partois un jour de grand matin pour donner la chasse aux caïmans qui désoloient nos rives, et nous enlevoient beaucoup d'animaux qui vont y boire; accompagné de quatre harponneurs portant aussi des filets, nous suivions en silence un des bras de l'Ester, lorsqu'un de mes nègres aperçut en maraude et crut reconnoître un *nation* phylanis (*nation* veut dire *compatriote*) qui cherchoit, en s'enfonçant dans des champs de maïs, à se dérober à mes regards, de peur de punition; mais, comme personne de notre groupe n'avoit encore parlé, l'un d'eux nommé *Fleuri*, lui crie d'une voix sépulcrale : *haucou!* qui veut dire *bonjour*. Le malheureux maraudeur fut saisi d'une frayeur si grande qu'il tomba à la renverse, croyant avoir affaire à un zomby (ou revenant); ce qu'il nous avoua lorsqu'on alla le relever.

CHAPITRE DOUZIÈME.

Les nègres de Diabon sacrifient les étrangers à leurs dieux. Empire des prêtres de Bodé; leur criminelle autorité. Les étrangers immolés, et l'assassinat toléré. Religion des nègres d'Ufé, bien opposée à celle de Diabon et de Bodé.

ATLAS, notre nègre charpentier, vint à son tour donner des détails sur les mœurs des nègres de Diabon, ses compatriotes. Il avoit tout récemment reçu le baptême, aussi ne craignit-il point de décrier les abus de l'idolâtrie de ses frères. « Nos dieux sont méchans, disoit-il, » impitoyables pour les étrangers qui sont surpris » sur notre territoire; ils paient de leur tête » leur audacieuse erreur, et sont sacrifiés pour

» apaiser le courroux de nos déïtés inhospi-» talières ».

Les prêtres de Bodé usent avec latitude de leurs prérogatives sur les idolâtres qu'ils enseignent : leur règne est celui de la terreur la plus tyrannique. Veulent-il se procurer des marchandises sans débourser aucun argent ? ils annoncent que leur dieu est irrité, et qu'il demande du sang. La malheureuse victime est choisie par eux-mêmes dans le peuple, s'il n'y a point d'étrangers; nouveau moyen criminel d'exercer leur vengeance envers leurs ennemis. L'innocence est sacrifiée, et le cadavre démembré pour le distribuer aux sacrificateurs. Tant que ces prêtres féroces et impies possèdent la portion ensanglantée de leur victime, ils l'exposent alternativement dans le marché sur ce qui leur fait plaisir, et le marchand est obligé de leur livrer l'objet de leur choix, sans demander aucune rétribution.

Leurs lois absurdes, immorales et contraires à l'ordre social, autorisent le crime, loin de le réprimer. Par exemple, si un assassin se présente comme tel à Bodé, il est reçu honorablement, et toutes les jeunes filles vont, à l'envi l'une de l'autre, s'offrir à lui pour épouse; tandis que si un voyageur étranger est rencontré demandant l'hospitalité, il est pris, malgré ses protestations de soumission envers les lois du pays, et égorgé à l'instant.

Les nègres d'Ufé n'adressent point leurs hommages à des simulacres faits par la main des hommes; ils choisissent, pour exciter leur componction, les preuves matérielles de l'anéantissement humain, preuves incontestables de l'existence d'un Être suprême qu'on croiroit bien loin de la pensée de ces idolâtres, mais qui paroît pourtant en être rapproché par leurs coutumes philosophiques, servant d'argument irrésistible en faveur de ces peuples, d'ailleurs bons et hospitaliers.

Dans un lieu sombre et sauvage, au milieu d'une nature primitive, dans des crevasses souterraines de rochers escarpés, au centre d'un imposant ombrage, cette peuplade pénètre en silence, la tête baissée, et d'un pas grave et respectueux. Aucune fétiche ne se présente à leurs yeux, ils n'ont point de prêtres, puisqu'ils n'ont point de mystères. Le vaste et ténébreux édifice consacré à exciter leur componction, à émouvoir leurs facultés intellectuelles, à provoquer un retour au bien dans les cœurs criminels; cet édifice, dis-je, est tapissé d'ossemens humains que la mort a réunis depuis des siècles. C'est là que pensant à la fragilité de leur existence, au sort prochain qui les attend, ils sont frappés d'une bienfaisante terreur qui les éloigne du mal, et les rend bons et bienfaisans. Ils sont déjà loin du temple, qu'ils observent encore un silence qui n'est interrompu que par une belle action envers les plus malheureux de leurs semblables, ou par quelqu'exhortation consolante d'un père à son enfant, d'un ami à son ami... Que pensera-t-on de cette secte sauvage ?....

CHAPITRE TREIZIÈME.

Caractère des Congos. Ils n'ont aucune considération pour les vieillards. Parure des Congos. Ils aiment passionnément le tafia, et recherchent la chair musquée du crocodile.

On peut consulter, pour la description topographique du royaume de Congo, les auteurs qui en ont déjà parlé, mon but n'étant que de faire connoître au lecteur le caractère essentiel et les mœurs de chaque peuplade en particulier. Les Congos en général sont voleurs, et tellement effrontés que l'un d'eux surpris en flagrant délit, ne voulut jamais convenir du vol qu'il tenoit à la main ; c'étoit une poule : « Pourquoi, lui

» disois-je, rentres-tu à ta case avec une poule » qui ne t'appartient pas ? Moi, pas connoi' » maîtr', répondit-il, mais maman poule ci làlà » drôle oui! li vini astor jetté en haut mains » moi. Ton dessein, répartis-je, étoit de la » plumer et de la faire cuire? Aï! maîtr' à » moi! s'écrie astucieusement le Congo, bon Dieu » puni moi, si moi, capab' faire bagage ci làlà : » moi vlé seulement chauffé li en haut case à » moi, guetté comme plumes à li mouillé, » pauvr' bête »! En disant cela, il lui prenoit le cou, le caressoit et l'embrassoit. Il n'étoit point étonnant que la poule eût les plumes mouillées, puisque, pour se dérober aux poursuites acharnées du nègre voleur, elle s'étoit jetée dans un canal où il avoit su l'atteindre; c'est ce que j'appris, et ce dont il ne voulut jamais convenir, quoique lui ayant provisoirement fait rendre la poule à celui à qui elle appartenoit.

Les Congos, loin de respecter les vieillards comme les Phylanis, n'ont aucun égard pour leurs parens âgés ou infirmes, et ils les forcent à piler le maïs qu'ils destinent à leur unique nourriture.

Les Congos portent leurs cheveux crépus entre-mêlés de plumes de diverses couleurs, piquées à l'aventure et dans tous les sens. Ainsi que les Ibos et les Nagos, ils ont les dents de

devant

devant sciées en plusieurs festons, et ils ont le plus grand soin d'en entretenir la blancheur et la propreté; c'est pourquoi ils se servent, ainsi que les nègres des autres nations et tous les habitans des colonies, de racines fibreuses qu'ils tiennent toujours à la bouche pour les nettoyer (1).

---

(1) Il y eut à Saint-Domingue, dans les premiers momens de l'insurrection des noirs, une horde de ces révoltés, appelés *Congos tous nus*, parce qu'en effet ils ne faisoient pas même usage du tanga. Ils avoient pour chef un mulâtre makendal. Tous ces brigands, réunis pour faire honte au genre humain et le désoler, avoient la tête surmontée d'un casque formé d'un crâne humain accompagné de sa chevelure. Leurs joues, leur menton et leurs seins étoient colorés d'un rouge assez vif pour imiter le sang. Le chef de cette troupe infernale, hideux de figure, avoit des formes disproportionnées, et portoit au cou et à toutes les articulations, des paquets de têtes de crapauds, couleuvres, et autres semblables talismans. Par-tout la mort annonçoit son passage, et ses satellites cruels égorgeoient tout ce qui se présentoit à leurs yeux; chiens, chats, cochons, rien n'étoit épargné, et tout être animé devenoit la victime de leur furie désastreuse et vagabonde. L'amour du sang les enivroit au point qu'ils en laissèrent par-tout des traces sur l'habitation de l'Etable, où ils vinrent s'installer pendant quinze jours, pour exercer leurs dégoûtans mystères. Lorsque leur chef redoutable vouloit rassembler sa troupe, il siffloit, et dans la position la plus indécente, introduisant le

Les Congos sont très-friands de tafia ; un jour que j'avois oublié de donner la ration à un d'eux qui me servoit d'harponneur pour la chasse du caïman, il me dit d'un ton naïf et tout contrit : « Maître! Congo pas encore gagné dent, » et vous sévréz li »! Ce qui veut dire, non littéralement, mais dans le sens parabolique : « Maître, je suis encore à jeun, et n'ai point de » dents pour manger, ne me sevrez donc pas de » ce tafia qui va me mettre en état de prendre » mon repas ». Je vis un jour ce même harponneur emporter furtivement les membres ensanglantés d'un caïman sur lequel je venois d'observer la circulation du sang. Je ne savois à quel propos il m'avoit dit pendant mon expérience : « Maître, n'a pas faire li souffrir comme ça » donc ! caïman li y'oun' boun' bagage, et pis » vous va malheureux, quand vous va mouri ». Je reconnus bientôt que la chair d'un caïman mort dans des tortures semblables, ne lui étoit plus agréable à manger, et que pour m'engager à lui donner à l'avenir sans être entamé par

---

doigt dans son anus, il restoit en cette posture révoltante pendant que ses acolytes, accourus de toutes parts, dansoient autour de lui en poussant des hurlemens affreux. Ces brigands, par un génie imitateur, furent à Saint-Domingue, ce que les jacobins furent en France.

le fatal scalpel, il m'annonçoit, par une conjecture de métempsycose, qu'ayant fait autant souffrir les caïmans, je serois moi-même, après ma mort, en butte aux cruautés du premier chasseur. Toutefois il m'assura que dans son pays on est très-friand de la chair de ces animaux, dont le goût musqué est cependant insupportable, mais que les Congos aiment beaucoup.

CHAPITRE QUATORZIÈME.

Idée des Vaudoux (1). Définition du mot. Leurs opérations ridicules et emphatiques. Maladies qu'ils donnèrent à un habitant de la Petite-Rivière, plaine de l'Artibonite, et à des nègres dont ils étoient jaloux. Sortiléges prétendus. Prédiction faite à Toussaint-Louverture, *chef noir à Saint-Domingue. Tours facétieux que les vaudoux se plaisent à faire dans les calendas.*

Ayant beaucoup entendu parler d'une secte idolâtre appelée *vaudoux* à Saint-Domingue, et dont la réunion avoit lieu sur notre habitation, je fis venir une négresse affidée qui, après m'avoir détaillé des faits surnaturels, me rendit le témoin oculaire des frénétiques céré-

(1) Suivant les nègres Aradas, fidèles sectateurs du vaudoux, ce mot exprime un être tout-puissant et surnaturel, auquel les autres créatures doivent obéir; et ce prodige quel est-il? un hideux serpent qu'ils déifient, mais rendant ses oracles par la bouche de certains nègres adroits, qui deviennent son organe, et pour lesquels les nègres initiés ont la plus grande vénération.

monies de ces espèces de convulsionnaires. « Les vaudoux, me dit la véridique Finette (1), sont de nations différentes; ils tombent en crise par suite d'une sympathie inconcevable. Réunis sur le terrain qui doit être le théâtre de leurs grimaces convulsives, ils sourient en se rencontrant, se heurtent avec rudesse, et les voilà tous deux en crise; les pieds en l'air, hurlant comme des bêtes féroces, et écumant comme elles.

» Je passois un jour, poursuivit-elle, auprès de deux de ces espèces de convulsionnaires, et soit que leurs prosélytes aient eu l'intention d'accréditer leur système, soit que par ces preuves irrécusables, ils aient voulu profiter de mon jeune âge pour m'initier dans leurs mystères, on m'introduisit dans le cercle, et il fut ordonné à l'un d'eux, par le chef de la horde, de prendre dans ses mains du charbon allumé qui lui fut présenté, et sembla ne point le brûler; à l'autre de se laisser enlever des lanières de chair avec des ongles de fer, ce qui fut ponctuellement exécuté, sans que je remarquasse le moindre signe de sensibilité.

» *Dompète* (c'est le nom du chef tout-puissant de la horde fanatique) a, disent-ils, le

---

(1) Négresse affidée et intelligente, dont j'ai déjà fait l'éloge, et qui a été éduquée en France.

pouvoir de découvrir de ses yeux, et malgré tout obstacle matériel, tout ce qui se passe, n'importe à quelle distance; propriété fictive bien faite pour en imposer aux crédules, et tyranniser les incertains dont le défaut de confiance est puni par le poison qui leur est familier, et, dans les mains du *Dompète,* d'un usage journalier et impuni.

» Les acolytes de cette secte ont aussi entre eux des moyens magiques d'exercer leur vengeance. Un homme a-t-il essuyé les rigueurs d'une amante, ou l'infidélité d'une maîtresse habituée? un piquant de raie jeté dans l'urine de la coupable, le venge de son outrage, en frappant soudain l'infidelle d'une maladie de langueur, que le vaudoux fait cesser à volonté par une préparation différente.

» C'est par un semblable motif de jalousie, qu'une négresse nommée *Jeanne Claire,* d'une habitation de la plaine l'Artibonite, ayant excité l'envie de la femme d'un vaudoux, fit mettre en opération son mari qui par un sortilége rendit cette rivale (ou matelote) muette et difforme aux yeux fascinés de son amant qui la répudia, et ne la vit depuis qu'avec horreur, malgré les témoignages d'attachement de cette femme qui, pour opérer une réconciliation si désirée, lui offrit tout ce qu'elle possédoit

L'amant d'abord courroucé, se radoucit pourtant à la proposition de ces offres généreuses. Jeanne Claire se disposoit à lui remettre la cassette contenant ses bijoux et ses effets les plus précieux : quelle fut sa surprise lorsqu'au lieu de la trouver à sa place, elle n'y rencontra plus qu'un amas de terre et d'ossemens humains ! O désolation ! mais l'effet du philtre n'étoit point éternel, l'amant creusa et fouilla le tertre dépositaire de l'opération magique, et ce fut à l'instant où la cassette reparut, que la femme doublement enchantée recouvra et sa voix et son trésor.

» Une des preuves encore que les sortiléges n'ont qu'une durée limitée, c'est, continua l'historienne, la maladie singulière qu'éprouva, par ces effets magiques, M. Dériboux, habitant de la Petite-Rivière des Gonaïves. Il eut un différend avec un vaudoux, et sans menaces de la part de son ennemi il fut atteint dès le lendemain d'un vomissement dans lequel il rendoit de gros morceaux de chair crue. Ce n'est qu'après six mois de souffrances que le maléfice cessa.

» Un autre vaudoux, par suite de la jalousie d'un confrère, opéra ce phénomène : son rival, homme robuste et bien fait, devint hideux et couvert de lèpres qu'il conserva jusqu'à ce qu'il eut renoncé à la femme qui lui causoit cette infirmité. Sur la menace du vaudoux, le lépreux quitta le quartier, et recouvra bientôt une parfaite santé.

» Un fait non moins extraordinaire mérite d'être cité. La femme d'un vaudoux venoit de perdre son mari, qui en mourant lui avoit laissé le secret de dérober son argent à la recherche des voleurs, en leur fascinant les yeux. Joyeuse de posséder ce secret merveilleux, elle faisoit étalage de sa fortune, et l'élevoit de beaucoup au dessus de sa valeur, ayant en vue par ce stratagême d'augmenter le nombre de ses adorateurs. Adonis, nègre cuisinier de M. Desfontaines, habitant des Gonaïves, rusé et envieux de mordre à la grappe, résolut de chercher à lui plaire, espérant, après un tems d'assiduités et de caresses, devenir le semi-possesseur du riche butin annoncé.

» Dans ses fréquentes visites, il cherchoit à flatter la friandise de Claire, en lui apportant des mets délicats, soustraits à la table de son maître. Un jour que par l'abondance des gâteaux, autres provisions, et surtout une bouteille de marasquin, il avoit tenté de la rendre déraisonnable au point d'obtenir son secret, il fut déçu de son espérance, et apprit seulement d'elle, que le tonneau qui se trouvoit dans le coin de la case, derrière son hamac, renfermoit le trésor en question, mais qu'il étoit défendu à tout autre qu'elle de pénétrer jusque-là; et, pour preuve de son privilége exclusif, elle engagea Adonis à tout tenter pour enlever cet argent du baril où il étoit. Celui-ci souriant, voulut en vain y plonger le bras à deux reprises, étant repoussé chaque fois par une force invisible; cependant, ne perdant pas courage, il fit une troisième tentative, mais quelle fut sa surprise lorsqu'en introduisant son bras, il crut sentir une couleuvre qui, par la détorsion de ses replis tortueux, sembloit vouloir s'élancer sur lui! Adonis plus prudent que courageux, renonça soudain à l'expérience, mais conserva le désir d'approfondir l'intensité de ce mystère. Pour satisfaire sa curiosité, il alla donc trouver un vaudoux son ami, et moyennant une bouteille de tafia, il obtint de lui le moyen de rompre ou plutôt de détruire le charme de ce prestige d'illusion. Il reçut du vaudoux un peu de terre de cimetière, qu'il lui fut ordonné d'aller déposer derrière le lit de Claire à son insçu, destinée, lui dit-il, à l'endormir, et avec elle son secret. Toute cause surnaturelle étant détruite, Adonis se présenta chez sa maîtresse qui s'endormit bientôt dans ses bras, après qu'il eut préalablement achevé son opération; d'où il résulta succès complet, au moyen duquel il fit la loi à sa maîtresse, et ne consentit à lui remettre à son tour son trésor que s'ils s'appartenoient l'un à l'autre. Celle-ci y consentit sans peine, aimant Adonis plus que tout autre de ses courtisans.

» On sait, me dit l'historienne, que Toussaint-Louverture, à l'arrivée de l'expédition française commandée par le général Leclerc, se fit dire sa bonne aventure par un de ces vaudoux famé dans l'art devinatoire, et qu'il lui fut annoncé au fort de la Crête-à-Pierrot, qu'il seroit trahi et livré aux Français par son premier chef, celui en qui il avoit plus de confiance, le féroce Dessalines. L'événement réalisa la prédiction du vaudoux ».

Les vaudoux, par un esprit de contrariété qui leur est personnel, aiment à troubler les plaisirs qui ne sont pas les leurs; aussi les voit-on à la découverte des *calendas* (danses nocturnes) s'y faire des signaux, et, prévoyant leurs succès, rire entr'eux d'avance de l'embarras de leurs dupes. Un d'eux plus confiant que les autres, me prenant par le bras, me dit tout bas l'intention où il étoit, ainsi que ses camarades, de faire donner *le calenda* à tous les diables. Il n'eut point achevé ces paroles, que tous les danseurs se plaignirent de borborismes, qu'un bruit crépitant se fit entendre, et que la confusion se fit remarquer sur tous les visages étonnés; aussitôt de se fixer et de rire aux éclats, puis de se dépiter, comme contraints d'abandonner le poste où la gaieté les avoit placés. Vous voyez, me dit alors le vaudoux, combien tous nos danseurs sont interdits, et combien de vents chacun rend sans pouvoir en empêcher; eh bien! nous sommes les auteurs de cette espiéglerie qui consiste à répandre dans le milieu du bal une poudre composée de sucre imbu de la sueur d'un cheval harassé. Voilà continua-t-il, tout notre secret, mais n'en parlez à personne; car nous aurions sûrement lieu de nous repentir d'avoir troublé ce divertissement.

CHAPITRE QUINZIÈME.

Caractère des nègres créoles à St.-Domingue. Intérieur de leur ajoupa. Costume des hommes et des femmes. Parure burlesque d'un de nos conducteurs d'atelier. Indolence des hommes; prévenances des femmes pour eux. Passion qu'ils ont pour la danse. Anecdote à ce sujet. Procédés cruels des sages-femmes. Coutumes funéraires envers les enfans qui périssent entre leurs mains. Attachement des mères pour leurs enfans qu'ils élèvent mal. Punition de ces mêmes enfans. Indolence des jeunes nègres. Respect qu'on leur recommande envers les gens âgés. Amour propre des postillons. Adresse des nègres pour tous les ouvrages manuels, la chasse, la pêche et les exercices du corps. Inimitié des nègres pour les blancs. Ils croient à la prédestination. Superstition des idolâtres. Diverses anecdotes à l'appui de cette assertion. Coutumes bizarres. Remèdes ridicules des Caperlatas *ou charlatans. Proverbes créoles. Naïveté. Dénominations créoles. Impartialité des nègres pour leurs semblables, desquels ils sont toujours envieux. Leur perversité. Histoire d'un fils dénaturé. Cruauté de deux enfans. Lépreux chassé et abandonné. Religion avilie. Réflexion comique d'un nègre prêt à monter à la potence. Funérailles des nègres d'habitations.*

L'INDOLENCE naturelle aux nègres, les porte à Saint-Domingue, hors l'heure de leurs travaux, à s'accroupir au soleil, où ils restent en cet état plusieurs heures sans donner signe d'existence; et la pipe à la bouche, la main remplie de grains de maïs, ils comptent et recomptent ce qu'ils doivent, ou ce qui leur est dû. Je ne sais par quel contraste les femmes d'ailleurs très-propres, affectent une conduite contraire à l'égard de leurs enfans : elles seules prennent trois fois le jour les bains si nécessaires dans les climats chauds pour la santé, et abandonnent leurs négrillons qui se roulent nus dans la poussière, et se livrent à cet exercice jusqu'à un âge très-avancé. Les mères poussent plus loin et ce défaut de soin et leur mal-propreté. On en voit sur le midi, les unes occupées à chercher les poux de leurs enfans, pour les manger à mesure qu'elles en trouvent, tandis que leurs hommes à genoux auprès d'elles, s'occupent des mêmes soins; les autres sucer le nez de leurs enfans morveux.

S'il existe parmi cette classe d'hommes, des soins excessifs pour leurs enfans, il est des exceptions qui couvrent d'opprobre les auteurs de ces cruautés. Je vis sur notre habitation, des mères laisser à demi-mort un de leurs enfans, coupable souvent de la moindre faute; une autre, ô excès de barbarie! une marâtre bien digne de la peine du talion, qui impatientée de ce que son enfant lui demandoit sans cesse à manger pendant qu'elle faisoit cuire son *calalou*, se lever brusquement, et lui mettre dans la bouche un œuf bouillant qu'elle y retint en lui fermant de sa main.

Veut-on connoître un ajoupa? Qu'on se figure une chaumière meublée de *canaris*, de calebasses sciées transversalement par le milieu (en guise de plats), de *sicayes* ou cuillers faites d'une tranche du calebassier marron, de *coüis*, ou petites calebasses traversées par une baguette pour puiser dans *le canaris*, et qui servent de pots à l'eau; quelques peaux de bœufs, ou nattes de paille au lieu de lits : c'est au milieu que sont rassemblés quelques tisons sans conduit pour la fumée, et autour de l'âtre de cette case rembrunie, que se réunit toute la famille. Un groupe de nègres de tout âge et des deux sexes, fuyant le soir les maringoins qui investissent leur retraite, et qui se décèlent par leur bourdonnement, ou d'une manière plus sensible, par leurs piqûres, sont nus et accroupis, les uns conversant, les plus vieux parlant langage guinéen; ceux-ci fredonnant quelqu'air de *calenda*, tandis que les plus jeunes se vautrent sur le ventre, entretiennent dans le feu des bouses de vaches sèches, et dont l'épaisse fumée chasse les maringoins de l'intérieur.

La mère de famille veut-elle distribuer les bananes ou patates boucanées pour le repas, on allume le bois pin ou bois chandelle, dont la vive clarté absorbe bientôt celle du foyer toujours peu ardent. Souvent le père, en contemplant le cercle de ses enfans, se décide à piler le maïs, ou bien le petit mil pour *le moussa*; à tresser le jonc ou à faire des panneaux, quelquefois des chapeaux de paille, ou bien encore des filets, pour vendre tous ces ouvrages au marché de la ville voisine.

Passe-t-on près d'une case habitée par des jeunes gens nouvellement établis, bravant l'acharnement de l'essaim des maringoins, la femme, au son maigre et monotone du *banza*, que pince le nègre son compère, s'exerce à la danse *chica*, en brossant de son pied endurci la terre qu'elle réduit bientôt en poussière par un frottement prolongé.

Les hommes toujours choyés par les femmes qui se disputent leurs faveurs, qu'elles achètent quelquefois par des rixes sanglantes, ont pour le travail une mise simple et légère. Un mouchoir de Madras qu'ils ceignent cent fois le jour avec grace, ou un large chapeau de paille tressée, une chemise décoltée très-blanche et très-fine, souvent en lambeaux, car le raccommodage est parmi eux une sorte de déshonneur; un grand pantalon de zinga, guinguan ou nankin, les pieds nus; le cou des plus élégans, orné d'un gros collier de perles en or ou de verroterie ; voilà leur vêtement journalier. Celui des femmes n'en diffère qu'en ce qu'au lieu de pantalon, elles portent, aux travaux du jardin, un jupon à longue queue, souvent de mousseline la plus fine. Infatués de la supériorité de leurs costumes, on voit près d'eux, dans le même sillon, leurs parens guinéens, le corps nu, avec un seul tanga qui dérobe leur sexe aux regards ; la peau gercée, huileuse par fois ou terreuse, auxquels les nègres créoles insultent en disant : « Moi bèn soucié père à moi ! li » nègre gros' peau, et moi nègre peau fin ; li sale » trop moi dis vous ; guetté li, bonda li à l'air ». Ce qui veut dire : « Je me soucie fort peu de » mon père ; il a une peau grossière, tandis que » la mienne est plus fine ; d'ailleurs il est trop » sale ; regardez, tout son derrière est à l'air ».

Les jours de cérémonie, de calanda par exemple, qui est une danse nocturne funéraire, pour le plaisir de laquelle un nègre voyagera toute la nuit pour s'y rendre, les créoles sont plus parés, mais avec ce maintien affecté qui est du plus grand ridicule. Par exemple, nous avions pour conducteur des moulinières à coton, un nommé *Joseph*, petit maître (1) réputé dans toute l'Artibonite, et dont la caricature

(1) On les appelle *Candiots*.

m'avoit

m'avoit tant plue, que je le peignis en son costume, prêt à monter à cheval. L'incendie révolutionnaire qui a dévoré ma fortune et la majeure partie de mes effets, ne me permet pas de joindre ici ce portrait curieux ; je vais y suppléer par une description exacte. Joseph étoit sur le point d'exercer un cheval peautre, et vint me demander la permission de s'absenter, autant pour se faire voir que pour m'annoncer qu'il étoit désiré par toutes ses *commères ;* car ces nègres sont avantageux et fort prévenus en leur faveur. Je vis mon homme, ayant ses larges mains revêtues d'une paire de gants blancs de femme, qu'il avoit trouvée je ne sais où, et qui n'ayant pu se prêter, par leur élasticité, à la grosseur de ses doigs, étoient déchirés de toute part, et n'en recouvroient absolument que les phalanges; un chapeau à la main, d'une forme très-haute, la tête suifée et poudrée à blanc par derrière, et les cheveux du devant noirs et naturellement crépus, de longues boucles d'oreilles ayant peine à suivre le contour de sa cravate qui l'engonçoit jusqu'aux yeux, et par dessus laquelle étoient trois rangs de colliers; une veste de nankin qui, ne lui appartenant pas, lui étoit de beaucoup trop courte, et laissoit voir deux avant-bras noirs, contrastant avec la blancheur de ses gants; un pantalon de basin, destiné à être imbibé de la sueur du valeureux coursier qu'il devoit éprouver ; enfin des bottes, je ne sais de quel siècle, car je ne crois pas jamais en avoir vu de pareille forme : voilà son costume !

Voulant nous procurer le plaisir de le voir monter à cheval, il alla chercher le sien qui fut d'abord effrayé d'être attaché à un poteau, et s'effaroucha à la vue de tous les nègres de la grande case. Voici l'instant critique : Joseph n'étoit point bon maquignon ; il ne put se mettre en selle qu'après une bonne demi-heure d'essais infructueux. Il se croit déjà maître de l'animal indompté, lorsqu'à un malheureux coup d'éperon, le cheval furieux, ruant et faisant en même tems le saut de mouton, le jette les quatre fers en l'air. Joseph est furieux, mais il ne veut point démordre de sa présomption ; on reprend le cheval, il s'apprête à être plus circonspect, et à ménager le jeu de ses éperons : nouveaux revers ! Pour cette fois, le coursier l'abandonne et fuit à toutes jambes dans les bois, pour épargner à notre écuyer créole une nouvelle honte.

J'ai déjà observé que les hommes exigeoient, de la part de leurs femmes, des soins exclusifs et personnels ; on jugera, par les traits que je vais citer, à quel point est poussée l'indolence de ces favoris de l'amour, et quel empire ils ont sur leurs maîtresses. On voit sur les grandes routes, les jours de marché, les nègres des habitations, portant à la ville le fruit de leur industrie, comme chapeaux, couïs et calebasses sculptées ; d'autres des volailles, ceux-ci des vivres de terre, ou des fruits ; les pêcheurs, du poisson salé ; enfin les chasseurs, du gibier de diverses espèces, comme canards sauvages, sarcelles, gingeons, pintades marronnes, ramiers, tourterelles, etc., suivant la saison ; et qui le diroit ? leurs femmes, ou leurs matelotes (rivales) supportent à pied la chaleur du climat, portant sur leur tête les plus lourds fardeaux, tandis que le jeune nègre, leur amant commun, se carre seul sur un mulet qui souvent n'est ni sellé ni bridé. Elles cherchent, par ces précautions, à le conserver toujours frais et dispos, et à lui éviter des fatigues dont leur sexe privilégié peut braver les inconvéniens.

La passion de la danse est tellement impérieuse chez les nègres créolisés, qu'ils s'y livrent à l'excès, et ne quittent leur indécent calenda qu'épuisés de fatigue et d'amour par la lubricité de leurs mouvemens, et le développement impudique de cette ivresse effrénée qui agace impérieusement leurs sensations. Chaque nation y dépeint son caractère, et glorieux d'en soutenir l'importance, on voit chaque individu briguer les suffrages des spectateurs en faveur du caractère de sa nation. Un de ces enthousiastes déjà en crise au seul bruit du *bamboula* (1) qu'il entendoit encore assez loin du rassemblement, commença son manége, toujours s'avançant vers le cercle de ses rivaux. Il l'atteignit enfin, ivre de plaisir et de délices, mais il étoit nègre Ibo, et comme étranger au rond d'Arada qui ne reconnut point sa coutume, il fut repoussé rudement. En vain par des signes de pitié voulut-il intéresser en sa faveur, et rentrer dans le cercle; il ne parvint à attendrir les danseurs qui *grageoient* (2) qu'avec une des bouteilles de tafia qu'il portoit à la main; la bouteille étant vidée, les murmures recommencèrent : le dansomane donna successivement l'autre, et gourdin par gourdin jusqu'à deux gourdes, toujours en grageant; enfin sur le point de tomber de lassitude, mais ranimant tout à coup ses forces, il envoie chercher ses poules et tout son avoir, toujours en grageant, en sorte qu'après la danse, revenu de sa manie, il ne possédoit plus rien, et n'eut que des yeux pour pleurer sa faute.

---

(1) Tambour qui sert à faire danser.

(2) *Grager* est une modification de la danse *chica*.

Un autre trait dont j'ai été témoin, caractérise bien cette passion dominante. Une négresse créole, Ursule, venoit de perdre François son *compère* (1); elle paroissoit inconsolable de cette perte prématurée, en venant à la case me demander un mouton pour le calenda. *Les banzas*, *les bamboulas* étoient déjà dehors, et n'attendoient plus que des acteurs pour la danse; personne du nombreux cortége ne s'étoit encore présenté, quand on vit Ursule sortir de la case, les yeux baignés de larmes, le mouchoir à la main, et la poitrine suffoquant de sanglots. « François li allé! disoit-» elle, pauvre François! pauvre n'homme » à moué qui mouri' »! Puis en sanglotant elle marchoit la tête baissée, et recommençoit à plusieurs reprises ses doléances, lorsque soudain et graduellement développant, d'abord d'une manière insensible, puis tout à coup déterminée, la danse des funérailles, elle se mit tout en se lamentant à danser *chica* pour François, et à chanter en pleurnichant. « Quittez » moi danser pour li; quittez moi danser pour » li. »

(1) On donne ce nom au nègre qu'une négresse a adopté, et qu'elle affectionne préférablement à tout autre.

Rien de plus brutal dans leurs manières que les négresses sages-femmes, comme on peut en juger par ce qui suit. Elles ne font point de ligature au cordon ombilical, au moins celles que l'on appelle *Aradas* et *Congos*, qui se contentent de le couper, et d'y appliquer sur-le-champ un gros tison de feu ardent pour le cautériser. C'est, comme on le voit, un triste prélude pour le nouveau né. Observant les préparatifs de l'une d'elles, je n'avois encore rien aperçu d'extraordinaire, et je croyois, lui ayant vu prendre un tison ardent, qu'elle le destinoit à allumer la pipe qu'elle avoit à la bouche, lorsque soutenant la bonté de son opération, elle donna un second conseil à la mère, si l'enfant avoit des coliques. « Remède là li facile, disoit-elle, » mordez en haut nombrit' à li; li va crier tout » à s'tor, ça fait li tribouiller trippes ventr' » à li (1) » !!! Et le soin des générations est confié à des êtres aussi stupides! Puisse un avenir plus heureux rétablir en ce pays infortuné, des lois sages qui n'y existent plus depuis l'anarchie!

Je vais citer un trait de l'impéritie punis-

---

(1) Ce remède est facile; mordez-lui le nombril, il criera sur-le-champ avec des efforts qui feront dénouer ses intestins!!!

sable de ces sages-femmes. Je fus appelé par M. Rossignol-Desdunes-Lachicotte, habitant de l'Artibonite à Saint-Domingue, et mon parent, pour porter des secours à Mlle Laurette, sa ménagère, venant de faire une fausse-couche de deux garçons qui n'eurent que le tems d'être ondoyés. La mère entre les mains de deux mégères, étoit accablée par les souffrances qu'occasionna la sortie, à la fois, des deux enfans renfermés dans le même arrière-faix. Cet accouchement contre nature désorganisa les parties génitales, et fit prendre à ces sages-femmes ignorantes, le cou de la matrice sortie de position, pour le second arrière-faix, en sorte que ces deux empiriques tirailloient dessus avec force, et s'étonnoient que, malgré leurs efforts, cette partie sensible résistât à leurs fréquentes onglées. Le siége de la pudeur aussi maltraité, meurtri et tout contus s'enflammoit, menaçoit de gangrène, et étoit gonflé au point de ne pouvoir rentrer, lorsque j'arrivai trouvant la malade sur ses deux enfans morts, et n'étant point encore délivrée : état déplorable, triste effet d'une dangereuse ignorance !

Il arriva une troisième sage-femme qui se disoit plus habile que les autres, parce qu'elle avoit vécu dix-sept ans avec un chirurgien du pays ; ce n'étoit pas faire son éloge, car étant réputé sans talens, on cherche à oublier son nom, et l'on doit remercier la mort de l'avoir enlevé à la colonie. Cette troisième empirique plus dangerense encore que les deux précédentes, se méprenant ensuite sur la nature de l'accident, me proposa d'introduire ma main dans l'intérieur du vagin; ce que je rejetai de suite, voulant calmer, par des émolliens, cette partie déjà trop irritée, pour la faire rentrer dans son état naturel dès qu'il en seroit tems. Cependant cette dernière sage-femme revint à la charge, et me sollicita de permettre et d'ordonner une injection qu'elle tenoit de ce chirurgien, son Hippocrate: c'étoit du fort vinaigre dans lequel on debat un jaune d'œuf. Je reculai d'horreur, et la priai de discontinuer ses soins pernicieux, me réservant de soigner moi-même la malade, qui se calma bien vîte dès qu'elle eut pris un bain de mauves.

J'oubliois de rappeler les tourmens que firent endurer les deux premières empiriques à la malheureuse victime de leur impéritie. Voyant de la lenteur dans l'accouchement, elles voulurent introduire dans la gorge de la malade, une spatule de bois qui sert en ce pays à remuer les ragoûts, sous le prétexte par ce moyen, et en lui assenant des coups de poing sur le dos, de lui faire faire des efforts qu'elles prétendoient salutaires:

heureusement ces pratiques barbares furent refusées ; mais pour y suppléer, elles firent avaler à la malade, pendant une courte absence que je fis, des plumes roussies réduites en poussière, des toiles d'araignées, et des infusions de calebasse, en si grande abondance que le gonflement de la vessie par la suppression de l'urine la mettoit en risque de se déchirer. Mais je m'arrête pour pleurer sur le sort des femmes de la colonie, cent fois moins cruel si on laissoit agir la Nature.

M'étant assuré, par la glace et l'alcali volatil, de la mort certaine des innocens jumeaux, on les fit enterrer dans la chambre de la mère, au dessous d'un coffre, ainsi qu'il est d'usage pour les fausses-couches dans certains quartiers de la colonie.

Les négresses créoles aiment beaucoup leurs enfans, et les allaitent des années entières si elles ne deviennent pas enceintes. Rien de plus gâté par la mère qu'un négrillon, tant qu'il n'a point atteint l'âge de raison ; tout ce qu'il y a de bon est pour lui, et le père et la mère sont de nouveaux esclaves de sa volonté et de ses caprices. Mais tout change bientôt; son bon tems est passé, et la transition subite d'une pleine et entière liberté dans ses actions, à la sévérité d'une nouvelle conduite qu'on exige subitement de lui, excitant en son ame des mouvemens de rebellion, ils sont sur-le-champ réprimés par de violentes corrections que mériteroient plutôt le père et la mère, assez injustes pour ne pas préparer graduellement leurs enfans au service qu'ils exigent incontinent d'eux. Ils les gâtent d'abord, tolèrent, autorisent même leurs peccadilles enfantines, tandis que, par une soudaine réflexion, un joug de fer est levé au dessus d'eux, et qu'on les assomme pour leur faire perdre les mauvaises habitudes qu'on leur a laissé contracter.

Je pris plaisir à voir la correction d'un petit nègre qui se moquoit d'un estropié. Sa mère lui tenoit les deux mains dans une des siennes, et lui fit faire ainsi le tour des cases en lui rappelant à chaque instant la nullité de ses bras pour se défendre, et assaisonnant sa remontrance de quelques coups de courroie : cet enfant tout honteux demandoit la grace que celle-ci ne lui accorda qu'après plus de deux heures de ce châtiment.

Un mot sur l'indolence des jeunes nègres : j'avois choisi, pour me suivre à la chasse et porter mon gibier, le négrillon le plus rusé et le plus leste de l'habitation; encore marchoit-il si doucement que le gibier blessé auroit eu le tems de reprendre ses forces et réparer ses blessures avant d'être pris. Il étoit si gourmand qu'il mangeoit sans cesse avec avidité des oranges, ou des goyaves, des melons d'eau à moitié murs, sans en être jamais rassasié; si peu soigneux que mes bottes, que l'on nettoie dans le pays avec des feuilles de palma-christi chauffées, des oranges aigres et du noir de fumée pour les rendre luisantes, il me les apportoit couvertes de pepins et de plaques de noir non broyé.

Il est enjoint aux enfans, par leur mère, de porter respect aux gens plus âgés qu'eux; d'appeler par exemple les nègres en âge viril, *n'oncle*, et les négresses, *maman* ou *tante*.

Il est de l'honneur des postillons nègres de conduire les cabriolets, seules voitures en usage dans le pays, au grand galop, et de chercher souvent les chemins les plus difficiles, de traverser des buissons, pour éprouver la valeur de leur attelage, et relever leurs talens aux yeux de ceux qu'ils conduisent. Je voyageois à mon arrivée dans la colonie pour me rendre à un repas de corps, et j'avois choisi le postillon le plus adroit de l'habitation; mais il surpassa l'envie que j'avois de me rendre promptement à ma destination, et fatigua en moins d'une heure son premier relai de trois mulets vigoureux.

Ces postillons se regardent très-humiliés de voir *rebouqués* (1) les animaux qu'il condui-

(1) Terme du pays, qui veut dire harassés.

sent; aussi le mien agissant de ses bras, de ses jambes, frappant les insensibles quadrupèdes, étoit-il sur le point de se livrer à sa douleur sans l'heureuse rencontre du second relai. Pour ne point déroger à son caractère, oubliant sa courbature, il remet son nouvel attelage en haleine, et pour le réduire au même état de lassitude que le premier, ce qui selon lui indiquoit la supériorité de sa force sur les animaux, il traversa les bois au lieu de suivre les chemins, me faisant craindre pour mes yeux le cinglement des rameaux épineux du bayaonde et de l'acacia; enfin calculant une direction en ligne droite, et voulant se frayer une route nouvelle à travers les bois, les cardasses et les raquettes, il s'égara au point de ne plus se reconnoître dans des savannes aussi immenses que celles qui sont appelées *savannes l'Hôpital et Desdunes*, près le bourg des Gonaïves. Cependant, après beaucoup de tours et de détours, au cri des pintades domestiques, nous arrivâmes par un côté opposé au chemin que nous eussions dû prendre, à une hatte appartenant à M. Desdunes-Lachicotte, et reconnûmes avec étonnement les personnes et les lieux : mais cet endroit n'étoit point celui de mon rendez-vous; je changeai de postillon, et un attelage frais m'y conduisit pour cette fois par les grands chemins.

Très-adroits dans tous les exercices du corps, les nègres créoles sont moins lourds et moins rustres que leurs aïeux africains; mais ils sont déchus de cette simplicité naturelle, propre aux derniers, et qui est remplacée dans les créoles par un esprit fin, menteur, vain et turbulent. Soigneux de profiter des ressources que leur offre la Nature, on voit les nègres créoles dont les besoins se sont multipliés, peigner l'aloës pitt (1), et en tirer une filasse d'un blanc éblouissant dont ils font toute espèce de cordages; plus loin, le père africain et son fils créole revenir courbés sous un faisceau de joncs, le déposer sous le bananier qui ombrage leur case, en tirer les brins les plus droits, les plus fins et les plus flexibles, les tresser, et en former de jolies nattes destinées au service de table, ou à reposer leur corps indolent; plus loin, d'autres portant des calebasses de toute grandeur pour leur servir de vaisselle. Les plus adroits ont tous les ustensiles de leur ménage ciselés de diverses figures; ils gravent souvent sur les couïs qui leur servent de gobelets, des dessins pleins de goût et de proportion, sans l'aide de règle ni de compas.

---

(1) Ou chanvre des Indiens; *aloe disticha*, appelé *cabouille* à Saint-Domingue.

Hardis plongeurs, même entourés de reptiles voraces, tels que les caïmans, ils croient à la prédestination, et bravent le danger le plus imminent. L'eau semble être leur élément favori, et dès l'âge le plus tendre ils se jouent sur l'onde, et semblent défier les poissons par la vélocité de leurs mouvemens.

D'autres, passionnés pour la chasse et sûrs du point de mire, sont chargés, dans certains quartiers giboyeux, de faire la provision de la semaine avec sept coups de poudre bien comptés: aussi ne la tirent-ils point aux moineaux. Ils chassent en se traînant sur le ventre (1) dans l'eau peu profonde des lagons, portent le fusil sur leur tête, et tuent d'un seul coup plusieurs oiseaux toujours réunis et vivant en société, tels que pluviers dorés, canards de diverses espèces, pintades marronnes et pigeons ramiers.

Notre chasseur me disoit un jour, après l'explosion de mon fusil, plus foible que celle du sien : « Maître, qui ça vous capab' faire z'avec » pettards layo, qui pas pouvé arriver jou'quà » canards layo » ? c'est à dire, « que voulez-vous » faire avec vos pétards de coups de fusil, ils ne » pourront jamais atteindre ces canards » ? Ces

(1) Ce qu'ils appellent *aller à chatons*.

chasseurs trouvent leur coup manqué, s'ils ne saignent point de la bouche par la répercussion terrible de leur arme, où ils mettent jusqu'à dix doigts de charge. Ils ne qualifient de bon chasseur que celui qui a assez de courage pour supporter un tel coup.

Moins bruyant dans les fonctions de son ministère, le pêcheur d'un œil avide et attentif parcourt le rivage, décide du lieu où il doit tendre ses filets tissus de fibres de l'aloës pitt ou de l'ananas; cet amas de pontéderia (que les nègres appellent *volet*) donne retraite à un hodeau, à un têtard; cette vase recèle une anguille; dans le courant, sous les racines nombreuses de ce mangle, doivent se trouver des écrevisses et des tortues; vîte, le projet n'est pas plutôt conçu qu'il est exécuté, et le pêcheur assuré du succès de ses conjectures, ne revient jamais à vide à la case qu'il approvisionne journellement.

Il règne chez les noirs, contre les blancs, une jalousie envieuse qui les porte sans cesse à faire du tort à leurs maîtres, et inocule en eux cet esprit désorganisateur qui est la base de leur caractère anti-social. Par exemple, une plante parasite, appelée vulgairement *corde à violon* (1),

(1) Espèce de cuscute.

parce qu'elle a véritablement cette forme, s'étant fixée sur une haie de citronniers ou d'autres arbres fruitiers, cause la mort de tout arbre, aux dépens duquel elle prend son existence, par son enlacement tortueux, et par sa complexion circulaire autour des tiges, dont elle intercepte le mouvement de la séve; cette plante préjudiciable n'étoit encore connue et répandue que dans la partie du nord, lorsque tout à coup ses ravages se manifestèrent dans celle du sud: on reconnut l'auteur de ce maléfice, qui avoua sa faute, et la cause de son projet désastreux.

Tous les nègres, tant les Guinéens que les créoles, croient à la prédestination. Nous avions pour pêcheur un excellent plongeur qui poursuivoit les tortues au milieu des caïmans qui en sont très-friands, et s'exposoit ainsi à la nage; les narguant, les combattant même quelquefois pour enlever leur proie, bien persuadé qu'il ne périroit point, si ce n'étoit point son heure.

Pendant la guerre du sud, qui inspiroit aux nègres, même aux plus pusillanimes, la bravoure et l'audace? la prédestination: Il leur étoit dit que tous ceux qui étoient tués au combat, se trouvoient à l'instant transportés en Guinée.

Dans la guerre des révoltés, les nègres officiers prenoient le nom de leurs anciens maîtres

blancs,

blancs, pour avoir plus de droits de commander à leurs semblables. Les officiers tués et ramassés sur le champ de bataille, étoient enterrés avec leurs armes.

Une sécheresse générale désolant le quartier de l'Artibonite, surtout les cotonneries qu'on ne peut submerger à volonté par cause de l'éloignement de canaux ou rivières, il y eut en 1803 une disette complète de vivres de toute espèce, ressource journalière pour le cultivateur. A cette disette étoit nécessairement attachée une hausse considérable aux marchés des villes voisines, dans le prix des légumes ou racines alimentaires. Les prêtres des idolâtres de notre habitation entourée d'eau, et toujours féconde en ces denrées comestibles, imaginèrent de se servir de leur caractère, et de profiter de leur influence pour en imposer aux idolâtres de leur secte, et exiger d'eux une partie de leur récolte, bien décidés à en tirer parti en leur faveur : ils annoncèrent aux trop crédules superstitieux, que leur grand dieu, qui combattoit pour leur prospérité et leur liberté, étoit allé à la guerre, et que, par un excès de sa valeur intrépide, il y avoit été blessé ; qu'il leur interdisoit donc jusqu'à nouvel ordre, l'usage du calalou, de toute espèce de feuilles et fruits du giraumon, etc., destinant toutes ces plantes vulnéraires, résolutives et maturatives au pansement de ses larges et profondes blessures! Les pauvres croyans d'apporter à l'envi tous les fruits de leurs jardins, et de se regarder bienheureux de pouvoir faire quelque chose en faveur de leur divinité; et les prêtres trompeurs, de se réjouir et de vendre furtivement, ou de manger tous les topiques, et autres remèdes consacrés à leur dieu imaginaire.

Une de ces victimes du fanatisme le plus révoltant (1) que je tirai de cette erreur grossière, me conduisit à leur rassemblement, et je vis adorer, devant un gros mapou creusé par le tems, une couleuvre qui y faisoit sa résidence, et à laquelle, dans l'intervalle des prières, on apportoit de quoi se nourrir, en viande, poisson, moussa, calalou, et surtout du lait pour se désaltérer, provisions que les prêtres avoient soin de faire disparoître au premier moment d'absence

(1) Superstitieux à l'excès, les nègres croient à l'influence malheureuse de certains jours, et s'imaginent pressentir souvent un fâcheux avenir, où ils augurent mal du don qu'on leur fait, s'il est offert par la main gauche. On a vu de ces fanatiques se troubler en ce cas, tomber malades, et enfin terminer par la mort leur existence inquiète. C'est pourquoi les idolâtres portent des fétiches qu'ils appellent *gardes-corps*, et qui les préservent, disent-ils, de tout sortilége.

des sectateurs, annonçant ces offrandes consommées en leur présence, et exigeant leur remplacement par d'autres. Un mouvement d'indignation m'ayant saisi, j'eus la hardiesse de leur annoncer la nullité des pouvoirs de leur fétiche, en les persuadant qu'un dieu dépendant de la volonté et de la puissance de l'homme, n'étoit plus un dieu. Murmures! mais, comme à cette époque les nègres étoient plus politiquement soumis aux blancs par des ordres de Toussaint-Louverture, j'osai achever ma tentative, et en leur criant: Voyez quel est votre dieu, et combien je suis plus puissant que lui! J'ajustai aussitôt la couleuvre reployée sur elle-même, et mon coup la cribla. Cris affreux!!! désolation universelle! Il se fit un silence après lequel le chef me dit: « Maître, » vous va voir, fusil à vous pas capab' tuié, » nioun' pièce gibier z'encor' »! Ce qui veut dire: « Maître, qu'avez-vous fait, le dieu va » vous punir de votre audace; votre fusil est » faussé, et à l'avenir vous ne pourrez plus tuer » avec, une seule pièce de gibier »! Je ris de cette superstition, et pour mieux leur prouver leur erreur, je tuai devant eux la première tourterelle qui me passa à portée. Je vis tous ces idolâtres intrigués, mais je ne sais quel effet aura produit sur leur morale cet événement bien fait pour les convaincre de leur erreur.

On peut encore juger de la superstition des nègres par ce trait caractéristique. J'avois chassé toute une matinée dans les mornes du Port-de-Paix, où j'herborisois en même tems pour ajouter à ma collection des oiseaux, des plantes, et tout ce qui concerne un choix de ce genre. Un noir me guidoit dans ma course incertaine, et se chargeoit de tout ce qui devoit être rapporté à la case. Nous étions au mois d'août, et les productions animales ne pouvant se conserver, je les dessinois pour préparer au plus vîte la peau des oiseaux. Mon conducteur ne m'avoit point encore vu à l'ouvrage; je le fis venir pour lui faire reconnoître les oiseaux que j'avois tué le matin devant lui. Quelle fut sa surprise, de voir dans une attitude vivante, et sur des papiers, des oiseaux qui n'existoient plus! il recula de frayeur, en s'écriant tout enroué : « Ah! bon dieu!!! bon dieu!!! queu » bagage! blanc france ci làlà li diab' même! » Guetté comme' li coucher en haut papier » toute' bagage layo! Ah! bon dieu!!! bon » dieu »! Rien de moins surprenant que de voir un homme de ce genre, étonné, à la vue d'un travail qu'il ne peut définir, mais de le voir ensuite refuser de prendre mon verre, et d'y boire du tafia pour lequel un nègre se feroit fouetter; c'est ce qui surpassa mon attente.

Le relèvement de la luette, de la brisquette (1), et quelques chandelles de suif de France, sont les seuls consolateurs des mourans, parmi les noirs non policés. Un homme à l'agonie se dit soulagé de quelque maladie qu'il ait, si on l'enlève par les cheveux pour la chute de la luette; et c'est pour cette raison qu'en se les faisant couper, les nègres en réservent une touffe au dessus de la fontanelle; si donc on frappe le malade à coups redoublés sur l'estomac pour la brisquette; si on lui fait cadeau d'une chandelle pour sucer ou s'oindre le corps, ou avaler dans les infusions dont ils font usage pour toutes les affections de poitrine, il se dit guéri.

On ne peut rendre la vénération qu'ont les nègres pour le suif France, auquel ils attribuent des vertus toutes particulières, et qu'ils regardent comme leur panacée universelle. L'un de nos sujets, un vieux hattier appelé *Louis*, me vantoit un jour toutes les qualités du suif France. Il me

---

(1) Les nègres sont fort sujets à la cardialgie, mais ils prétendent que ce mal insupportable provient du dérangement du cartilage xiphoïde qu'ils appellent *brisquette*. Les nègres, ordinairement sobres, deviennent voraces lorsqu'ils tombent malades; d'après leur système, de beaucoup manger *pour ne pas tuié cor à yo dè grand goût. De grand goût* veut dire *de faim*.

faisoit sa cour par rapport à une caisse de chandelles qu'il voyoit déballer. Comme elle étoit molle au point de ne pouvoir la faire tenir droite, il en exaltoit la supériorité sur une bougie que je lui montrois, et que je lui offrois au lieu d'une chandelle. Il la repoussa, en me disant : « Moi, bien connoi' souif' France myore passé » ci là z'Anglais layo, qui vini couyounin moun' » de avec vié souif à yo qui pas sentir pièce, et » qui dour semblé bâton ». Ce qui veut dire : « Je connois bien que ce n'est pas du suif de » France ; il est bien meilleur que celui des » Anglais, qui viennent tromper le monde avec » leur vieux suif qui n'a aucune odeur, et qui » est dur comme un bâton ».

Ce même battier, desséché par l'étisie, refusa de bons alimens que nous lui faisions administrer, demandant en place un morceau de chandelle, ou même de suif coulé. Il prétendoit, appuyant son dire par de vives exclamations, qu'en le faisant fondre dans de la soupe, ou du sirop de batterie, cette panacée soutenoit merveilleusement son estomac contre ses foiblesses. Enfin on ne finiroit pas de raconter toutes les extravagances que feroit un nègre pour un morceau de suif.

On fait à Saint-Domingue un grand usage de jus de citron dans les alimens, comme acide anti-putride, antiscorbutique et rafraîchissant. Un mulâtre m'en voyant mettre dans tous les mets à mon arrivée, me dit qu'avec ce régime j'aurois beaucoup de bile. Il basoit son système absurde sur la couleur jaune du jus de citron.

L'empire des noirs ayant expulsé de la colonie, pendant la révolution, une grande partie des blancs qui n'y étoient plus en sûreté, puisqu'on ne pouvoit réclamer l'application des lois qui leur étoient favorables, on fut obligé de confier à des nègres la santé des malades de chaque habitation. Je voyois sans cesse un chirurgien noir, à qui nous payions un abonnement pour tous nos sujets, venir faire ses visites. Il n'y manquoit jamais toutes les fois que l'on tuoit un porc dont on fait grand usage dans ce pays, lorsqu'il est bouilli avec des bananes mûres ou non mûres. Il semble que de sa case il entendoit les derniers cris de la victime. On lui avoit donné le nom de *chirurgien à rasoir*, parce qu'affublé de sa trousse dans une ceinture de maréchal ferrant, ayant, au lieu de bistouris, de mauvais rasoirs, il s'étoit présenté pour ouvrir le ventre à une femme lente à accoucher. « Qui ça, ça, » disoit-il, tiembé femme çi làlà, quitté moi baye » faire, moi va ba-li sorti z'enfant ci làlà ». Il étoit pressé, et vouloit, par cette voie meurtrière, hâter l'accouchement de cette malheureuse négresse dont j'eus le bonheur de sauver la vie, ayant renvoyé l'empirique pour la délivrer moi-même.

Il est quelques proverbes très-expressifs dans le langage créole ; en voici un qui est de ce nombre. Pour désigner un parleur, et lui reprocher ses verbiages, on lui dit : « Bouche à toi pas gagné » dimanche ». *Dimanche* en ce cas équivaut au mot *repos*.

Un nègre fainéant veut-il répondre en même tems à la voix secrète de son indolence, et à celle plus criarde encore de sa gourmandise, il se sert du proverbe suivant : « Moussa gout' ; » piler mal ». Ou bien : « Que le moussa est bon ! » mais qu'il est fâcheux d'être obligé d'en piler le » maïs ».

Lorsqu'un nègre en veut à un autre, s'il est le plus hardi, il va trouver son ennemi ; et pour l'injurier et le défier, il fait claquer ses doigts pour signe de rixe, semblant dire : « Je me » moque de toi ». Une des grandes menaces qu'on peut citer encore, c'est celle-ci ; lorsque l'inimitié est poussée à son période, que les murmures commencent, que les mouvemens impatiens augmentent, et que la fureur échauffe, embrase ces cerveaux naturellement exaltés, l'agresseur crie à son adversaire comme pour le provoquer à la lutte : « N'a pas taqué moué !... n'a pas taqué « moué... z'affaire à toué, si toué capon, prends

» garde! moué va casser boudin toué ». Ce qui veut dire : « Ne m'échauffe point, ne m'attaque » point, et si tu es capon, tremble! prends garde » de m'irriter davantage, ou je te crève le » ventre ».

Je voyageois de Saint-Marc au Port-au-Prince avec le gérant de l'habitation, qui y étoit demandé pour des questions relatives à notre levée de séquestre, et pendant les trente lieues de distance on aperçoit toujours, en côtoyant le rivage de la mer, la montagne de la Gonave qui se trouve et forme une île au milieu du canal du Port-au-Prince. « Jean-Louis, lui disois-je, » aimerois-tu vivre à la Gonave? tu y aurois » du gibier, du poisson en quantité, et tu serois » maître absolu dans cet endroit inhabité. » Paix bouche à vous, me répond-il, moué pas » v'lé allé là : qui çà mon capab' faire? qui? » Gonave ci là? Gonave ci làlà bagage après » suiv' moun' d' layo marchant sus l'eau tant » com' monde ». Il croyoit que la montagne changeoit de place comme nous!

Lorsqu'un nègre créole veut parler de la femelle du coq, il l'appelle *maman poule :* « Vlà n'ioun' maman poule qui grasse oui » ! Ou « Voilà une poule bien grasse » ! Le mâle de la truie, *papa cochon :* « Papa cochon ci làlà » li bon pour yo saigné li ». Ou « Il est tems

» de tuer ce cochon ». On dit aussi : Papa bœuf, maman bœuf, maman seringue, etc.

A l'époque de l'anarchie où les blancs n'avoient aucune autorité, et où leur plus pure intention étoit souvent même mal interprétée, il s'éleva une dispute entre deux de nos nègres au sujet d'un cheval volé par l'un d'eux. Ils vinrent réclamer justice auprès de nous; mais, nous gardant bien d'émettre notre opinion, nous envoyâmes chercher le capitaine de gendarmerie qui, nègre comme eux, prononça sur-le-champ en faveur de celui qui pouvoit le récompenser de son zèle.

Le pauvre condamné fut aussitôt maltraité, lié et garrotté sur un cheval, pour être conduit en prison ; mais je ne pus m'empêcher de rire du dialogue suivant entre le gendarme et Aza, nègre jugé coupable ; le voici :

Aza. Ah çà frère, n'a pas 'marrer moué si fort donc !

Le gendarme. Si frère (1).

Aza. Mon pas voleur pourtant.

Le gendarme. Si frère.

Aza. Mon pas capab' marché sans sabre tienn' à moué.

(1) On sait que les nègres s'appellent *frères et sœurs* lorsqu'ils ont la même marraine, qu'ils révèrent autant que leur mère.

LE GENDARME. Si frère.

AZA. Mon pas capab' monté en haut cheval ci làlà.

LE GENDARME. Si frère.

AZA. (Frappant du pied, pleurant et s'arrachant les cheveux.) Moué pas capab' m'y tiembé.

LE GENDARME. Si frère.

AZA. (Plus résolu.) Et jupe à commère à moué, baye moué li pour couvrir moué... haï!.. haï!.... haï! vous 'marrez trop fort.

Du courage, Toquaille, lui crioit le gérant Jean-Louis Aza, qui portoit le même nom. On monta le pauvre patient sur le cheval, et on lui lia les pieds par dessous le ventre de l'animal; mais il paroît qu'il étoit maître fripon, et exercé dans la jonglerie, puisque, malgré les entraves, nous apprîmes qu'il s'échappa.

Une négresse âgée, infirme, ayant le corps couvert de pians (1), alloit la tête nue, vêtue seulement d'un tanga en lambeaux, chercher dans le jardin un peu d'herbe pour en faire un *calalou*, la seule nourriture que ses facultés lui permettoient de prendre, lorsqu'on vint lui annoncer l'arrivée de son fils, guide de Toussaint-Louverture, et resté au service depuis plusieurs années. Marie

---

(1) Ulcères vénériens.

Noël sentant ses forces se ranimer au nom du seul enfant qui lui restoit, hâtoit ses pas chancelans, dans l'espoir de retrouver un soutien dont l'absence étoit l'unique cause de sa détresse; quelle fut sa surprise quand ce fils dénaturé environné de tous les nègres de l'habitation qui étoient joyeux de le revoir, apercevant sa mère nue ou couverte de lambeaux, et dans l'état de misère le plus complet, feignit de ne plus la reconnoître, et la repoussa avec horreur, en disant que cette vieille *zombie* vouloit le tromper, qu'il n'avoit jamais été son fils, qu'il rougiroit de lui appartenir; qu'à son départ il avoit à la vérité laissé sa mère infirme, mais qu'elle possédoit un mobilier auquel il n'étoit point disposé à renoncer! Qu'on se peigne l'état désesperé de cette pauvre mère, répudiée par son fils, avec menaces, coups et invectives; se roulant, mordant la terre où elle vouloit entrer; elle appeloit la mort à son secours, lorsque nous l'aperçûmes, et la fîmes venir à la case. Dès ce jour elle fut mise sous notre protection spéciale, et nourrie des restes de la table. Elle étoit tellement décharnée qu'on eût pu peindre son squelette d'après nature. Le procédé du fils m'ayant donné la plus mauvaise opinion de ses principes, j'en écrivis à Toussaint-Louverture, qui rappela ce fils ingrat à son corps, et le fit punir.

Je frémis au souvenir des imprécations qu'un mulâtre guide de Toussaint, appelé *Mazulime*, prononça sur la fosse de sa mère, en la menaçant de jeter au vent ses dépouilles mortelles, si sous peu il n'avoit point d'enfant.

Victimes de l'anarchie, comme tous les blancs, nos contrariétés se renouveloient chaque jour sur notre propre habitation, au point que nos cultivateurs, jaloux de nous voir tranquilles, *déhouaclèrent* (1) le parc où l'on mettoit jeûner nos veaux, afin de leur fournir les moyens de rejoindre leurs mères, et de teter le lait sur lequel nous comptions pour notre existence. Une autre fois, afin d'exciter la vengeance des têtes déjà trop exaltées, quelques mal-intentionnés coupèrent les licous des mulets liés à un poteau, et destinés à charrier le coton. Ce projet tendoit à les laisser égarer dans les jardins des cultivateurs, afin qu'ils en mangeassent les productions. Enfin, sur notre propriété, nous étions moins maîtres que le dernier des esclaves dont nous ne pouvions retirer ni services, ni vivres.

Un nègre maquignon, ne pouvant dompter un cheval peautre, avoit attaché à sa queue son chien fidèle qui voltigeoit impitoyablement au

(1) Terme du pays, qui veut dire *démembrer*.

gré de la course irrégulière du quadrupède, lui lançant des ruades dont le chien fut tout écloppé. La course finie, ce nègre cruel détacha son chien, dont la première démarche fut de se traîner aux pieds de son maître pour y chercher encore sa main caressante, oubliant son injustice et sa cruauté qui venoient de le livrer à un si affreux supplice!

Enfin on voyoit parmi les nègres créoles, dont l'immoralité est poussée au dernier point, et dont les principes sont incomparablement plus corrompus que ceux des Africains; on voyoit, dis-je, des pères prostituer leurs filles pour une somme très-modique, et leurs mères trafiquer de leur virginité.

Un mulâtre de la même habitation, qui se vantoit d'avoir versé le sang des blancs avec autant de plaisir et de sang-froid que celui des animaux, prit, afin de se retracer ses forfaits, une brebis qu'il ouvrit, ou plutôt qu'il déchira vivante, pour en arracher en riant les viscères palpitans!!!

Je revenois un soir d'un beau verger de l'habitation, où sur le bord de la rivière limpide de l'Ester je m'étois assis à l'ombre d'épais bambous, pour y éplucher, peler et savourer *l'orange*, *la goyave*, *la sapotille* et *le corrosol* qui enrichissent cette plantation, lorsque je surpris deux négrillons se livrant en cachette à leur odieuse méchanceté. L'un d'eux, après avoir cassé la patte d'un chien qu'il avoit pris à l'éperlin, l'avoit amarré afin de mieux le battre à son aise, en l'écrasant entre deux planches. L'autre, non moins cruel, retiroit par la jambe un chevreau du tetin de sa mère, afin de le faire languir et crier. Quelle dépravation de mœurs! quelle perspective pour leur vie future! Je les fis marcher devant moi tous les deux, et je les conduisis à leur mère qui, après les représentations convenables, leur infligea la plus dure punition, en les privant du *moussa* et du *tum-tum* (mélange de bananes mûres et de patates bouillies et pilées au mortier) qu'elle distribua devant les fautifs à ses autres enfans.

La nourrice de ma belle-mère, étant sur le point de mourir, demanda dans son agonie lente et douloureuse une goutte de tafia pour rincer sa bouche; ses enfans lui refusèrent en l'accablant d'injures: elle mourut une heure après. Aussitôt, pour satisfaire aux coutumes du pays, ces mêmes enfans s'arrachoient les cheveux, pleuroient avec sanglots, tellement qu'au bout de six heures de cette douleur feinte, ils étoient enroués. Voici la coutume satisfaite. Maintenant il fallut préparer la dernière demeure à ce corps déjà putréfié; aucun des parens ne voulut pourvoir aux préparatifs, et sans linceul, sans cercueil, elle alloit corrompre l'air de sa demeure, lorsque nous l'envoyâmes ensevelir, et porter en terre par les nègres de la grande case, dans un cercueil qui lui fut préparé. On rassembla, comme il est d'usage, quelques enfans pour précéder le corps, et dont l'un d'eux portoit une croix de bois faite sur-le-champ avec une branche d'arbre quelconque. Les parens immoraux et dénaturés, qui d'abord s'étoient retirés, reparurent tous pour le festin du *calenda* et la danse funéraire. Nous fûmes forcés de tolérer ce rassemblement, dont le composé nous révolta ; les blancs à cette époque (1802) n'ayant plus de pouvoir sur leurs nègres, nous nous condamnâmes au silence.

Les Guinéens s'entre-aident dans l'infortune, mais les nègres créoles sont plus égoïstes, et la plupart sans charité. Un de nos sujets, nommé *Léon*, lépreux depuis long-tems (ne pouvant être retenu à l'infirmerie, puisque l'empire des noirs les avoit abolies sur les habitations) vivoit avant notre arrivée, à la merçi de tous les cultivateurs de l'habitation, lorsque tous ses bienfaiteurs, d'un commun accord, le chassèrent ignominieusement toutes les fois qu'il venoit réclamer de quoi alimenter son corps impotent. Il maigrissoit à vue d'œil,

faute

faute de secours, et eût infailliblement succombé à sa misère sans notre arrivée.

La reconnoissance d'un Dieu, voilà la base des vertus sociales ; un athée, s'il peut en exister, est-il un être moral?!! Sans m'étendre sur un sujet si délicat à traiter, je rapporterai seulement que l'impiété qui existe parmi les nègres depuis la révolution, a été la cause de désordres, de malheurs réitérés, et de forfaits inouis. Toussaint-Louverture, croyant devoir rappeler les nègres à leur devoir, avoit ordonné sur chaque habitation une prière du soir. C'est à cette époque que nos nègres divisés par les opinions élevèrent un schisme entr'eux. Ils rioient les uns des autres dans les cérémonies pieuses, jusque-là que de mauvaises mères disoient à leurs enfans de ne pas prier Dieu, puisqu'il ne les empêchoit pas de mourir !

Chaque habitation dans les colonies renferme un local destiné à recevoir les nègres défunts. Le cimetière de l'Étable étoit loin du tumulte de notre peuplade. Dans une enceinte protégée par des cardasses, raquettes, pingoins, divers aloës et autres plantes épineuses qui en interdisent l'entrée aux animaux ; dans ce lieu paisible, témoin seulement des plaintifs accens de l'ortolan, poursuivant toujours sa compagne, ou du roucoulement mélancolique du tourtereau rappelant près de lui sa tendre moitié, reposoient les dépouilles de tous ces malheureux. Rarement un bon fils y alloit pleurer sur l'auteur de ses jours : plus souvent on y vit avec horreur un être barbare, guide de Toussaint-Louverture, insulter aux manes de sa mère, morte pendant son absence; blasphémer contr'elle, de ce qu'il n'avoit trouvé aucun argent pour lui à son retour ; l'appeler par mépris *négresse gros' peau*, parce qu'elle étoit originaire de Guinée, et par conséquent moins délicate que lui, qui se donnoit, ainsi qu'à tous les nègres créoles, le nom de *nègres peau fin.* De là une division, et des rixes sur l'habitation. Ce fils pervers poussa l'infamie jusqu'à vouloir déterrer sa mère avec son sabre pour abandonner ses dépouilles à la voracité des caïmans qui avoient près de là leur repaire, et qui se nourrissent volontiers de chair corrompue.

Je côtoyois un jour ce cimetière avec mon domestique, lorsque j'aperçus un petit *scops*, espèce de chat-huant, placé près d'une fosse, sur le bord d'un trou creusé par lui-même, et où il avoit établi sa demeure. Familier au point de le prendre à la main, je me mettois à même de l'ajouter à ma collection. Déjà je couchois mon fusil en joue, lorsque Nicolas mon nègre s'écria : « Haï! » maîtr' à moi, qui ça vous va faire? oiseau

» ci lâlà n'a pas gagné malice pièce, li gardé
» toutes camarade' à nous; guettéz comm' ça li
» faire à vous coucout »! Ce qui veut dire :
« Ah! mon maître, qu'allez-vous faire? cet
» oiseau n'est pas méchant, il veille auprès de
» tous nos frères; voyez comme il vous fait la
» révérence»! En effet, dès que l'on passe auprès
de ces oiseaux qu'on trouve toujours au guet aux
deux flancs de leur trou, ils poussent un petit
cri en faisant à chaque fois une révérence, et se
tournant à mesure que l'objet animé s'éloigne
d'eux; mais cette révérence qu'on attribue au
bon accueil de ces oiseaux, est un mouvement dû
à l'inquiétude qu'ils ont de voir quelqu'étranger
autour d'eux. La passion des calendas est si impérieuse
parmi les nègres que les parens de l'agonisant,
dans l'impatience de se livrer à la danse
dès qu'il expire, lui disent tous ordinairement :
« Papa! qui ça ça? pourquoi vous pas partir
» pour l'aut' moun'de, quoi ça vous tendez?
» Boun' Dieu, bezouin vous; faut pas boucher
» chemin à z'autres, partez pour mettre tambour
» déhors». Ce qui veut dire : « Papa! comment
» cela? pourquoi ne vous décidez-vous pas
» à mourir, qu'attendez-vous donc? le bon
» Dieu a besoin de vous; en restant sur terre,
» vous empêchez à un enfant de naître; mourez

» donc bien vîte, afin que nous puissions metre » le tambour dehors ».

Selon les nègres, dit M. Moreau-de-Saint-Méry, Dieu fit l'homme, et le fit blanc : le diable qui l'épioit, fit un être tout pareil; mais le diable le trouva noir lorsqu'il fut achevé, par un châtiment de Dieu qui ne vouloit pas que son ouvrage fût confondu avec celui de l'esprit malin. Celui-ci fut tellement irrité de cette différence, qu'il donna un soufflet à la copie, et la fit tomber sur la face, ce qui lui aplatit le nez et lui fit gonfler les lèvres. D'autres nègres moins modestes, disent que le premier homme sortit noir des mains du Créateur, et que le blanc n'est qu'un nègre dont la couleur est dégénérée.

Selon Mr Moreau de St.-Méry, on reconnoît parmi les nègres d'Afrique qu'on débarque à Saint-Domingue,

Des Angouas;
Aoussas;
Aradas;
Bambaras;
Bissagots;
Blancs ou Albinos;
Bouriquis;
Cangas;
Caplaous;
Congos;
Cotocolis;

Des Créoles;
De la côte des Dents;
De la côte des Esclaves;
Des Graines ou de Malaguette;
De la côte d'Or;
De Madagascar;
Du Benin;
Cap Vert;
Galbar;
Monomotapa;

Des Fantins;
Foëdas;
Fonds;
Foules, Poules ou Poulardes;
Ibos;
Maïs;
Mandingues;
Mayombès;
Mines;
Misérables;

Des Mokos;
Mondongues;
Mousambès;
Mozambiques;
Nagos;
Ouaires;
Popos;
Quiambas;
Sénégalais;
Socos;
Yoloffes.

Je crois pouvoir intéresser le lecteur en lui faisant aussi connoître, d'après le même auteur, le résultat de toutes les nuances produites par les diverses combinaisons du mélange des blancs avec les nègres, et des nègres avec les caraïbes, ou sauvages ou indiens occidentaux, et avec les indiens orientaux.

I.

Combinaisons du Blanc.

D'un blanc et d'une	vient un
négresse	mulâtre.
mulâtresse,	quarteron.
quarteronnée,	métis.
métisse,	mamelouck.
mamelouque,	quarteronné.
quarteronnée,	sang mêlé.
sang mêlé,	sang mêlé qui approche du blanc.
maraboue,	quarteron.
griffonne,	*idem.*
sacatra,	*idem.*

II.

Combinaisons du nègre.

D'un nègre et d'une blanche vient		un mulâtre.
	sang mêlé,	*idem.*
	quarteronnée,	*idem.*
	mamelouque,	*idem.*
	métisse,	*idem.*
	quarteronnée,	marabou.
	mulâtresse,	griffe.
	maraboue,	*idem.*
	griffonne,	sacatra.
	sacatra,	*idem.*

III.

Combinaisons du mulâtre.

D'un mulâtre et d'une blanche vient		un quarteron.
	sang mêlé,	*idem.*
	quarteronnée,	*idem.*
	mamelouque,	*idem.*
D'un mulâtre et d'une	métisse,	*idem.*
	quarteronnée,	*idem.*
	maraboue,	mulâtre.
	griffonne,	marabou.
	sacatra,	*idem.*
	négresse,	griffe.

IV.

Combinaisons du quarteron.

D'un quarteron et d'une blanche vient		un métis.
	sang mêlé,	*idem.*
	quarteronnée,	*idem.*
	mamelouque,	*idem.*
	métisse,	*idem.*
	mulâtresse,	quarteron.
	maraboue,	*idem.*

D'un quarteron et d'une griffonne vient un mulâtre.

sacatra,	*idem*.
négresse,	marabou.

V.

Combinaisons du métis.

D'un métis et d'une blanche vient un mamelouck.

sang mêlé,	*idem*.
quarteronnée,	*idem*.
mamelouque,	*idem*.
quarteronnée,	métis.
mulâtresse,	quarteron.
maraboue,	*idem*.
griffonne,	*idem*.
sacatra,	mulâtre.
négresse,	*idem*.

VI.

Combinaisons du mamelouck.

D'un mamelouck et d'une blanche vient un quarteronné.

sang mêlé,	*idem*.
quarteronnée,	*idem*.

D'un mamelouck et d'une métisse vient un mamelouck.

quarteronnée,	métis.
mulâtresse,	quarteron.
maraboue,	*idem*.
griffonne,	*idem*.
sacatra,	mulâtre.
négresse,	*idem*.

VII.

Combinaisons du quarteronné.

D'un quarteronné et d'une blanche vient un sang mêlé.

sang mêlé,	*idem*.
mamelouque,	quarteronné.

D'un quarteronné et d'une métisse vient	un mamelouck.
quarteronnée,	métis.
mulâtresse,	quarteron.
maraboue,	*idem.*
griffonne,	*idem.*
sacatra,	mulâtre.
négresse,	*idem.*

VIII.

Combinaisons du sang mêlé.

D'un sang mêlé et d'une blanche vient	un sang mêlé.
quarteronnée,	*idem.*
mamelouque,	quarteronné.
métisse,	mamelouck.
quarteronnée,	métis.
mulâtresse,	quarteron.
maraboue,	*idem.*
griffonne,	*idem.*
sacatra,	*idem.*
négresse,	mulâtre.

IX.

Combinaisons du sacatra.

D'un sacatra et d'une blanche vient	un quarteron.
sang mêlé,	*idem.*
quarteronnée,	mulâtre.
mamelouque,	*idem.*
métisse,	*idem.*
quarteronnée,	*idem.*
mulâtresse,	marabou.
maraboue,	griffe.
griffonne,	*idem.*
négresse,	sacatra.

X.

Combinaisons du griffe.

D'un griffe et d'une blanche vient		un quarteron.
	sang mêlé,	*idem.*
	quarteronnée,	*idem.*
	mamelouque,	*idem.*
	métisse,	*idem.*
	quarteronnée,	mulâtre.
	mulâtresse,	marabou.
	maraboue,	*idem.*
	sacatra,	griffe.
	négresse,	sacatra.

XI.

Combinaisons du marabou.

D'un marabou et d'une blanche vient		un quarteron.
	sang mêlé,	*idem.*
	quarteronnée,	*idem.*
	mamelouque,	*idem.*
	métisse,	*idem.*
	quarteronnée,	*idem.*
	mulâtresse,	mulâtre.
	griffonne,	marabou.
	sacatra,	griffe.
	négresse,	*idem.*

XII.

Combinaison des sauvages et caraïbes de l'Amérique; ou indiens occidentaux.

Comme leur nuance est celle du mulâtre, leurs combinaisons ont exactement les mêmes résultats, excepté que les cheveux sont moins crêpus dans les combinaisons qui approchent du nègre, à partir du mulâtre, et qu'ils sont plus longs et plus droits dans les combinaisons qui partent du mulâtre pour aller vers le blanc.

XIII.

Combinaisons des indiens orientaux.

Leur nuance étant celle du griffe, les combinaisons qui résultent de leur mélange peuvent être comparées à celles du sacatra. Mais les cheveux de ces Indiens étant longs et plats, tant que ce caractère des cheveux est remarquable dans les combinaisons, on les appelle indistinctement *zingres;* et quand les cheveux deviennent laineux, ils sont confondus avec les autres combinaisons du griffe, auxquelles ils ressemblent le plus.

Je vivois tranquille à Saint-Domingue, et je m'y livrois à mes goûts constans sur l'Histoire naturelle, lorsqu'un autre orage politique vint gronder, et embraser de nouveau les quatre parties de la colonie. Les événemens que cette insurrection funeste fit développer, sont trop majeurs pour en soustraire la relation que j'ai d'ailleurs promise. La première partie du mémoire suivant est destinée à servir d'introduction aux deux autres, dans lesquelles le politique impartial apprendra à juger une couleur en faveur de laquelle une foible pitié fit long-tems balancer l'incertitude d'un jugement qui ne doit plus être équivoque.

DÉTAILS DE MA CAPTIVITÉ

PAR QUARANTE MILLE NÈGRES,

Contenant des Anecdotes secrètes sur les règnes

DE

TOUSSAINT-LOUVERTURE ET DESSALINES,

Chefs des Nègres révoltés à Saint-Domingue;

Pour servir à l'histoire de la révolution de ce pays.

AVANT-PROPOS.

AH! ne me reportez plus sur une scène sanglante, ai-je dit bien des fois aux amis qui m'ont sollicité de publier les détails de ma captivité!!! Ne me retracez plus des horreurs monstrueuses dont le souvenir est affligeant autant qu'il est pénible? Le public, à qui ce précis est comme annoncé par les journaux des 22 et 23 fructidor an x, vous en saura gré, m'ont-ils répondu. C'est donc dans l'intention de lui être agréable que j'ai broyé des couleurs sombres pour nuer mon tableau de son véritable coloris.

J'ai circonstancié dans la première partie, les principaux événemens de la vie de Toussaint-Louverture et de Dessalines pendant les six années de mon séjour à Saint Domingue, puisque, plus que personne, j'étois à même d'observer ces deux principaux chefs, par le caractère indépendant attaché à mes fonctions de voyageur naturaliste.

Dans la seconde partie, j'ai retracé des scènes atroces dont j'ai été le témoin forcé.

Enfin dans la troisième, qui est très-précise, je m'écarte de ce théâtre sanglant, pour exposer quelques particularités qu'on ne me saura peut-être pas mauvais gré d'avoir développées.

Ces faits marqués au coin d'une vérité pure, donneront à connoître le génie actuel des noirs, et la ténacité de leur principes pour une indépendance entière et absolue.

Et toi, ô mon père, quel cœur est plus digne que le tien de lire avec attendrissement au livre de ma vie ! Le sentiment de la Nature que tu possèdes dans toute sa pureté, m'est un sûr garant qu'en pensant aux dangers que j'ai courus, ton ame sensible s'élevera vers ce Dieu tout-puissant qui, en me conservant l'existence au milieu d'assassins inexorables, a su faire triompher du crime, et l'amour paternel et la piété filiale. Que de graces à rendre au Protecteur invisible de mes jours malheureux, puisque, sans sa main tutélaire, tu n'aurois plus de fils, et que j'ai encore un père !

EMPIRE ARBITRAIRE
DES NOIRS,
Avant l'arrivée du Capitaine-Général LECLERC.

PREMIÈRE PARTIE.

Pourquoi n'avoir point à peindre un climat fortuné dont les innocens et paisibles habitans concourent mutuellement à leur bonheur commun?..! Pourquoi n'avoir point à décrire des sites embellis par les dons prodigues et sans cesse renaissans de l'infatigable Nature?..! Pourquoi ne rencontrer que des monceaux de cendres, ou des ossemens dispersés ?..! Pourquoi ne signaler que des fronts ridés ou noircis de fumée, des yeux ou ruisselans de larmes, ou étincelans de rage et de désespoir?..! Pourquoi enfin heurter en tous lieux le crime, et le voir régner impitoyablement au milieu de ses cohortes sanguinaires et tumultueuses ?..! Pourquoi?..! L'île de Saint-Domingue sourdement consumée par un volcan assoupi, prêt à vomir de nouveau la désolation et la mort, étoit à mon arrivée en l'an VII (1798) l'espoir de tous ses habitans qui, comme les abeilles, arrivoient de toutes parts pour concourir au rétablissement d'une colonie naguères si florissante.

Toussaint-Louverture y régnoit alors en souverain dominateur. A deux mille lieues de la métropole, comme il le dit cent fois, il lui étoit sans doute fort facile de donner des lois, de les révoquer; de condamner, d'absourdre; d'être soumis ou révolté, d'approuver ou de réprouver, de punir ou de pardonner. Aussi c'est rassasié de ces pensées flatteuses, jaloux de sa suprématie, comptant sur une souveraineté à jamais récusable, qu'il me reçut fort mal pour être porteur de lettres de recommandation des principales autorités d'Europe. Elles servirent, comme pour mon malheur, je l'éprouvai trop long-tems! à développer en lui de jaloux soupçons, à concentrer plus tard un ressentiment injuste, enfin à déclarer un coup de foudre que le Ciel seul a pu détourner en m'enlevant à ses coupables projets.

« Qu'ai-je besoin, me dit-il alors, de ces » lettres en votre faveur; la France peut-elle » voir d'où elle est, ce que je fais ici? Ne suis-je » point maître de mon autorité?....... libre » dispensateur de ma protection?..! Allez....... » allez........ à l'Artibonite, je parlerai pour » vous à M. Roume ».

Interdit

Interdit par cette première réception, je crus devoir sur-le-champ en donner avis à l'agent du gouvernement, M. Roume, qui venoit de remplacer le général Hédouville, avec lequel je m'étois croisé à la hauteur de Madère.

M. Roume me reçut convenablement aux dispositions de mes dépêches, et m'invita à dîner à son gouvernement. C'est à ce repas qu'après s'être long-tems entretenu avec moi des arts et de l'histoire naturelle, il m'engagea à remplir une tâche qu'une société n'avoit pu poursuivre, à travailler à la description anatomique du caïman de Saint-Domingue, qu'on demandoit de France. Honoré de la confiance qu'il me témoigna, je lui promis de remplir avec vérité et scrupuleuse exactitude les fonctions dont il vouloit bien me revêtir. J'ai eu la satisfaction de lui tenir parole.

Cette entrevue choqua le jaloux et envieux Toussaint-Louverture, qui, me rencontrant le lendemain au sortir de l'agence, me reprocha vivement de n'être point parti pour l'Artibonite, comme j'avois paru en avoir le projet; et suspendant sa visite, il me ramena à son gouvernement où cette fois il me combla de preuves feintes d'affection, me retint à dîner, et me força d'accepter de sa main une nouvelle commission, en me disant que la signature du *papa*

Toussaint étoit connue par-tout, et que je voyagerois avec plus de sûreté et plus d'agrément. Jusque-là ce chef ambitieux ne faisoit que rivaliser le pouvoir de l'agent Roume; mais voulant prévaloir sur ce dernier, et faire plus grandement les choses, il m'autorisa à disposer de quatre guides dragons toutes les fois que j'en aurois besoin pour mes voyages. L'ordre à ce sujet fut envoyé à tous les commandans militaires: moyen ingénieux de s'assurer de ma religion.

Je n'étois point encore arrivé à l'Artibonite, qu'un courrier de Toussaint-Louverture m'y avoit devancé, pour indisposer sourdement contre moi le commandant de l'arrondissement, un nommé *Titus d'Hanache*, nègre intrigant et scélérat, qui date dans les annales de mon séjour à Saint-Domingue.

Fidèle observateur des ordres de son tyran, Titus s'en rendit avec délices le scrupuleux exécuteur. C'est pourquoi il établit sur nous un pouvoir despotique dont les effets oppresseurs tendoient à nous décourager. Envieux du fermage de nos habitations, il nous prêta des propos contre Toussaint-Louverture, d'après l'examen desquels il espéroit au moins produire notre déportation.

Titus nous fit voler sans restitution les animaux de nos haras, échappés aux précédentes dévastations par leur invalidité passagère; il nous fit vexer par nos propres sujets, tourmenter par des esclaves qui refusoient hautement de nous obéir, jusque-là que possesseurs encore de sept cent cinquante-trois nègres, nous étions obligés de nous servir nous-mêmes, tandis qu'impunément, et contre notre gré, ce chef audacieux en disposoit habituellement.

Toussaint-Louverture indisposa également contre nous les administrateurs des domaines qui, sous des prétextes avantageux pour le gouvernement, retenoient le prix des fermages qui nous étoient accordés, et usurpant nos droits, nous asservissoient à d'impérieux besoins. C'est ainsi qu'on violoit en ces lieux la foi promise aux propriétaires et aux propriétés.

Les gendarmes noirs chargés de l'exécution de ces dispositions favorables, refusoient de sévir contre leurs amis ou ceux de leurs connoissances, à plus forte raison contre leurs parens ou *compères,* par un engagement sacré qui les unit inséparablement. C'est pourquoi lors d'un délit, la patrouille s'esquivoit et protégeoit par cette tolérance une dangereuse impunité. Il falloit souffrir sans se plaindre, à cette époque où les blancs considéroient peu les sacrifices qu'ils étoient obligés de faire pour mettre leur vie en sûreté.

Les cultivateurs forts de l'appui de Titus, rioient de notre impuissance, affectoient de nous voler, sans chercher à se dérober à nos regards ; et accoutumés dans ce vice, enhardis par des chefs perturbateurs, la flamme, le fer et le poison étoient successivement tentés pour nous exclure de la scène du Monde.

Maîtres de nos biens, sans en pouvoir disposer, et le meilleur terrain ayant été divisé aux cultivateurs insolens et ingrats, nous essuyions d'eux le refus de plantes légumineuses sur lesquelles nous avions tout droit de prétendre, mais dont l'injustice nous privoit. Nos ressources étoient modiques, les fondés de pouvoirs ne touchoient rien, et le gouvernement s'étoit réservé le droit de palper les revenus, à la charge de faire passer en Europe, aux propriétaires, des mandats de pareilles sommes perçues.

Enfin nos persécutions étoient poussées à un tel point sur l'habitation, que notre asile fut souvent violé pendant la nuit, jusqu'à être obligé de faire feu de la chambre même de mon repos; que les torches furent mises plusieurs fois à notre case; que le canot de passage fut chaviré par des plongeurs soudoyés pour attenter à ma vie; que des embuscades furent postées, et que j'en j'essuyai sans accident le feu à plusieurs reprises; que nos vaches laitières, destinées à l'approvisionnement de la maison, furent tuées et enlevées à force ouverte; que les parcs furent démembrés, nos voitures et cabriolets dérobés par autorité supérieure; que nos chevaux furent lâchés dans les jardins de réserve accordés aux cultivateurs, afin de les exciter contre nous, et de pouvoir nous imputer les dommages involontaires causés à leurs fourrages; persécutions dans lesquelles nous eûmes la douleur de voir nos fidèles sujets maltraités, et leurs ennemis triomphans; que nos chevaux de selle furent ou estropiés dans les savannes, ou empoisonnés à la maison; que nos vergers furent pillés, les arbres fracassés, et les fruits nous en furent refusés; que d'indécens calendas furent affectés lors de nos maladies occasionnées par le poison de nos nègres; enfin que nous fûmes souillés par la bouche calomnieuse de l'imposteur Titus.

Je fis un second voyage au Cap, où j'eus occasion d'étudier plus à mon aise le caractère bien politique du vieux Africain, ainsi que sa pénétration littéraire. Je lui vis en peu de mots exposer verbalement le sommaire de ses adresses, rétorquer les phrases mal conçues, mal saisies; faire face à plusieurs secrétaires qui alternativement présentoient leur rédaction; en faire retrancher les périodes sans effets; transposer des membres pour les mieux placer; enfin se rendre digne du génie naturel annoncé par Rainal, dont il révéroit la mémoire, en l'honorant comme son précurseur. Le buste de cet auteur étoit respectueusement conservé dans chacun des cabinets particuliers attachés aux diverses résidences de cet Africain présomptueux.

Quant à sa vie privée, Toussaint-Louverture étoit sobre, peut-être par méfiance : il ne buvoit qu'aux fontaines escarpées, dans une feuille de bananier que lui seul coupoit de la tige; ou bien à la ville, des mains de personnes affidées qui répondoient sur leur tête du moindre dérangement de son estomac, et de la plus légère colique qu'il n'eût pas manqué de croire occasionnée par un breuvage empoisonné. L'eau étoit sa seule boisson; jamais aucune liqueur enivrante n'altéra sa raison. C'est pourquoi, le plus ordinairement, il choisissoit pour sa nourriture des mets entiers, non susceptibles d'être drogués, comme fruits, œufs, bananes sans être épluchées. Il étoit singulier, lors de grands repas, de le voir au premier service peler une orange ou un avocat, et très-rare de le voir transgresser la rigidité de son régime, en mangeant une demi-douzaine de biscuits encaissés, ou de macarons faits sous ses yeux, ou par les femmes revêtues de sa rare confiance.

La cour de Toussaint-Louverture étoit brillante : il gardoit à l'égard de ses semblables, adjudans-généraux et généraux, la retenue altière, le silence imposant, dus à l'importance du caractère qu'il représentoit.

Nul employé n'étoit introduit sans être décoré de son uniforme. Il falloit lui parler avec soumission, et surtout beaucoup de circonspection.

Mais il existoit parmi les officiers noirs quelques caricatures pour parure affectée et maintien emprunté. J'ai vu, dans ce voyage, l'original *Gingembre-Trop-Fort*, homme de basse stature, mais de beaucoup de prétention : c'étoit un colosse de quatre pieds huit pouces de hauteur, qui pourtant se croyoit intrépide et redoutable. Son sabre, large comme la moitié de son corps, étoit insoulevable, et faisoit plus de bruit que d'exploits : son chapeau avoit de rebord la moitié de sa taille.

On le montoit à cheval comme un mannequin. Ses bottes étoient armées d'éperons dont les flèches étoient si longues, qu'elles eussent pu servir de juchoir à plusieurs poules. Barbouillant le français, cet homme épris de l'art militaire étoit toujours habillé avec des marques de distinction. Ses deux chaînes de montres qui lui descendoient jusqu'aux genoux, voltigeoient dans sa marche, et servoient à lui chasser les mouches. Ses boucles d'oreilles, par leur masse et leur pesanteur, avoient entièrement défiguré cette partie. Les selles de velours à franges d'or n'étant point assez moëlleuses pour lui, il avoit l'impudence, quoique montant un cheval d'allure, d'être assis sur un gros oreiller. Voilà pour le haut parage.

D'autres officiers, ayant le cou embarrassé de cravates à écrouelles, ne laissoient à découvert de leur figure écrasée que deux gros yeux saillans. Poudrés à blanc par derrière, et sans poudre par devant, ils évitoient par là les contrastes dans lesquels la teinte mixte de leur peau n'eût pas brillé.

Tous leurs doigts surchargés de bagues matérielles, étoient gonflés par défaut de circulation. Les simples officiers, moins éclairés et moins répandus dans le grand monde, poussoient plus loin le ridicule: ils portoient des boucles d'oreilles à femme.

Si Toussaint-Louverture redoutoit l'obscurité d'un appartement, il avoit soin aussi, par le même esprit de méfiance, de ne point se trouver près d'une lumière pour donner prise à quelqu'ennemi du dehors, qu'il croyoit toujours prêt à faire feu sur lui ; c'est pourquoi il se tenoit continuellement dans le coin le moins éclairé, et hors de la portée des fenêtres ou des portes.

Il manquoit rarement d'assister à la messe, et s'occupoit, dans chaque endroit, des plus petits détails préparatoires. Il alloit lui-même à la sacristie, questionnoit tous les officians, leur faisoit une courte morale, puis il retournoit sur son siége d'honneur. Là, ses aides de camp favoris, chanteurs de cantiques pour lui complaire, enlevoient ses armes pesantes, lui ôtoient son mouchoir de tête, qu'il ne découvroit qu'à l'église ou pour des cérémonies extraordinaires, et lui présentoient un livre dont il n'interrompoit la lecture que lorsque le sacrifice étoit achevé.

Souvent s'immisçant aux fonctions du sacerdoce, il commentoit le sermon du curé, haranguoit le peuple et ses soldats. Il prêchoit une morale qu'il étoit bien éloigné de suivre. Il tonnoit contre les célibataires qui vivent en concubinage, comme il est d'usage dans le pays; ordonnoit le mariage, et menaçoit de punitions exemplaires les violateurs de ces sermens sacrés.

Cependant, autant en emportoit le vent, puisqu'à la fin de chaque office il donnoit en particulier ses audiences de faveur aux dames, les portes fermées et tête à tête. J'ai connu un mari, M. G***, qui poussoit la complaisance et la bonhomie jusqu'à faire sentinelle à la porte, pendant la conférence de sa femme dont il ignoroit l'exposé, qui duroit quelquefois très-long-tems. Mais Mr G***, bien éloigné d'aucun soupçon, d'après la morale hypocrite qu'il venoit d'entendre, blâmoit les personnes qui se permettoient les moindres plaisanteries à cet égard.

Toujours en voyage, et porteur de ses propres ordres; plutôt courrier que potentat, notre chef africain poussoit l'exigeance jusqu'à prétendre être reçu au passage de chaque ville, le plus souvent avec le dais, et toujours avec des présens, des palmes et du canon. A la somptuosité de ces déférences qui devenoient onéreuses par leur fréquente répétition, étoit attaché le regard favorable, ou de vengeance qu'il lançoit à sa réception. Aussi se plaignoit-il toujours du Cap, quoiqu'il y ait été couronné plusieurs fois, tandis qu'il faisoit l'éloge des autres endroits, Saint-Marc, le Port-au-Prince, etc., où rien n'étoit épargné pour lui prodiguer les honneurs enviés par son ambition démesurée.

Plusieurs dames marquantes, qui en société en faisoient dédain, n'ont pas rougi de poser sur leur sein des fleurs qui lui avoient été jetées, d'entretenir avec lui de galantes correspondances, de lui faire des déclarations outrées, en un mot de l'habiller de pied en cap, en poussant le ridicule jusqu'à lui broder par le bas des chemises de batiste.

Toussaint-Louverture avoit la mauvaise habitude de faire venir quelquefois de très-loin un habitant, avec promesse de l'écouter; puis, après l'avoir fait introduire dans son appartement, de s'échapper sans mot dire par une porte dérobée, de monter en voiture, et de ne plus reparoître, en laissant le suppliant dans le plus cruel embarras. Il se jouoit de ces sortes d'aventures.

Je fus un jour très-mal écouté pour avoir voulu lui parler le patois du pays, car il ne s'en servoit que pour haranguer les ateliers ou ses soldats, au secours de ces comparaisons énergiques, presque toujours bien conçues et bien appliquées.

Environné par sa propre splendeur, appesantissant la verge de sa direction oppressive sur les hommes qui lui témoignoient de l'indifférence, il ne pardonnoit jamais. Dès qu'il s'étoit prononcé, ses décrets étoient irrévocables. Doué d'une mémoire locale toute particulière, il reconnoissoit après plusieurs années un individu quelconque, que souvent il n'avoit vu qu'en passant et dans la foule; ou bien s'il avoit eu avec cet étranger quelque rapport, il lui citoit son affaire en le nommant. Jamais, en un mot, il n'exista de plus parfait physionomiste.

Ecuyer sans principe et sans grace, mais inébranlable sur le cheval le plus indompté, Toussaint se plaisoit à monter les coursiers rétifs, et les ramenoit pour l'ordinaire à de bonnes habitudes. Possesseur de chevaux les plus beaux, les plus ardens, les plus fougueux, il exigeoit que ses *dragons guides* le suivissent dans ses voyages précipités et de longue haleine ; aussi toujours plusieurs chevaux périssoient-ils au milieu de ses courses inconsidérées.

Toussaint-Louverture singeoit dans les repas de corps la magnificence des autorités françaises, et attachoit beaucoup d'importance à faire faire par ses officiers-généraux de service, les honneurs de son gouvernement, surtout pour la réception d'étrangers, tels que Suédois, Américains de la Nouvelle-Angleterre, Danois, Anglais, et autres capitaines de bâtimens en relation de commerce avec la colonie, visant à en soutirer secrétement des poudres dont il sut toujours approvisionner, jusqu'à encombrement, ses magasins de réserve placés dans des endroits escarpés, quelquefois construits dans les creux de rochers inabordables.

Toussaint-Louverture exigeoit, ainsi que Dessalines, la visite journalière de toutes personnes marquantes, sous peine d'être déclarées suspectes, disgraciées, et par contre-coup molestées soit sur les habitations, si c'étoit un propriétaire, soit pour les corvées de ville, si c'en étoit un habitant.

Les dîners priés des deux chefs étoient animés par une musique bruyante. Celle de Toussaint-Louverture étoit composée de quarante individus, tant blancs qu'hommes de couleur; celle de Dessalines comprenoit le même nombre de musiciens, mais presque tous noirs. Il est bon d'observer que ces deux généraux, jaloux l'un de l'autre, payoient à l'envi les maîtres de ces corps, ou plutôt leur faisoient de belles promesses pour favoriser les progrès des élèves. Les deux chefs eurent souvent des assauts de prépondérance dans lesquels Dessalines, le soumis Dessalines cédoit le pas, pour mieux caresser la passion dominante de son chef suprême. Chaque santé étoit annoncée par une fanfare de soixante tambours et autant de fifres aigus, dont le bruit, quoique retentissant, étoit étouffé par les salves continuelles d'une artillerie bien servie.

Tous les soirs également, musique aux deux gouvernemens : malheur aux acteurs qui se rencontroient sur le passage de Dessalines, lorsqu'il étoit de mauvaise humeur; car l'harmonie, loin de l'adoucir, fatiguant ses oreilles mal organisées, il arrivoit plein de fureur, et dispersoit à coups de bâton la troupe effrayée.

Moins politique que Toussaint-Louverture, mais plus ouvert et plus prononcé dans sa tyrannie, Dessalines étoit cruel, irrascible et farouche; il n'écoutoit aucune réclamation. Que de fois une seule observation coûta la vie à l'homme qui eut l'audace de lui parler sans son ordre! Semblable au farouche Assuérus, malheur à celui qui le trouva hors de sa rare clémence: malheur aussi à celui pour qui la fatale tabatière étoit ouverte (1)!

---

(1) Le conseil des makendals (magiciens du pays) qu'il consultoit, lui avoit indiqué le signe certain de reconnoître la perfidie et le ressentiment concentrés contre lui dans le cœur de l'individu qu'il avoit interpellé. Il cherchoit à lire dans *l'électre* ou miroir interne de sa tabatière, que le tabac humide annonçoit des principes de résignation de la part du dénoncé, et que le sec demandoit du sang! Ainsi sa superstition lui faisoit au hasard décider du sort d'un innoçent! ainsi le paisible habitant obligé de lui rendre visite, étoit souvent condamné sans être entendu, sous la simple dénonciation d'un soldat à qui peut-être on avoit refusé des générosités que les circonstances malheureuses ne permettoient plus de faire. « Grenadier layo, disoit-il, vous voir n'homme ci » làlà..... Conduis li *pisser* »! Le mot *pisser* indiquoit l'effusion du sang par la mort à la baïonnette. A ce signal affreux, les grenadiers d'antichambre avoient ordre de se saisir de celui contre lequel la fatale tabatière avoit été roulée dans les mains.

La classe qui toujours eut le plus à souffrir de la vengeance de Dessalines fut celle des hommes de couleur, en qui il reconnoissoit un esprit de prépondérance, de domination, qui altéroit, troubloit dans son imagination craintive et méfiante la toute-puissance de son règne destructeur. Que de fois sa femme, bonne et compatissante, fut maltraitée pour avoir demandé la grace de l'un d'eux! Ce monstre oubliant les liens qui l'unissoient à elle, bravant ses pleurs, insensible à ses supplications, tourmenté de la voir à ses genoux implorer sa pitié pour une classe contre laquelle il conservoit une haine inextinguible, la renversoit de ses pieds, et il étoit pour lors inexorable. J'ai vu cette trop sensible femme, par un sentiment bien louable, le suivre en se traînant, se déparer en s'attachant à ses habits, revenir à la charge, et après avoir essuyé toute sorte d'humiliations, obtenir enfin, par importunité, la faveur qui lui étoit si précieuse. Alors oubliant son humiliation, séchant les larmes de l'incertitude, elle voloit aux prisons, délivroit les captifs tremblans et agités de crainte et d'inquiétude.

Que d'exemples on auroit à citer de ces traits généreux pendant la guerre du département du Sud, où tous les prisonniers étoient ordinairement punis de mort, quelquefois après avoir enduré trois ou quatre mois d'affronts, d'humiliations et d'ignominie, dans l'intérieur des terres, par les noirs qui énervoient ainsi avec délices leur envie jalouse et dénaturée !

Soixante-douze mulâtres relégués aux Gonaïves où ils se rendoient utiles par leurs talens manuels, et où, par leur bonne conduite, ils s'étoient en général concilié l'estime et la fructueuse compassion de ceux qui les employoient, donnèrent des soupçons à Dessalines qui, jaloux de cette confiance accordée à leur utilité, se les fit dénoncer secrétement comme des conspirateurs contre sa personne ! Leur boucherie fut ordonnée ! Ces victimes sans appui, sans défense, furent conduites au lieu du supplice, au milieu d'un peuple immense d'amis ou parens pleurant sur leur sort, mais n'osant s'opposer à cet arrêt irrévocable. C'est dans la savanne aride du morne l'Hôpital, sur le bord de la grande route, qu'ils furent massacrés, avec ordre de les priver de la sépulture, pour donner à connoître à leurs partisans le sort qui les attendoit.

Comme à cette époque je faisois tous les deux jours le chemin de notre habitation aux Gonaïves, mon cheval effrayé, reculant d'horreur, heurtoit malgré moi ces cadavres infects et gonflés. Je fus prévenu à la ville de passer outre, sans faire des remarques qui n'étoient pas de saison.

Il

Il en est qui ne furent pas aussi heureux que moi, ou plutôt en qui des sentimens naturels parlèrent avec tant de force que, courant à leur perte, ils bravèrent une mort assurée.

Des mères, des épouses et leurs enfans, côtoyant ce chemin arrosé du sang de tout ce qui leur étoit cher, s'avançoient avec confiance pour reconnoître les morts, pleurer sur leurs tristes restes, et leur donner la sépulture qui leur avoit été refusée!... Mais... ô excès de barbarie!!! à peine se livroient-ils aux derniers devoirs, que leurs corps frappés rouloient eux-mêmes sur ceux qu'ils venoient inhumer!...... De farouches soldats placés par ordre dans des buissons voisins, faisoient feu sur tous ceux qui, par humanité, se présentoient en ces lugubres déserts!

Une mère entr'autres fut tuée sur les lieux pour s'être glissée, à la faveur de la lune, sur ce théâtre de sang, dans l'intention d'y réunir et d'arroser de larmes les cadavres de son mari sexagénaire, et de son fils père de sept enfans!...

Les corps de ces victimes à peine décomposés furent en partie déchirés par les caïmans habitans les roseaux de ces parages, par des chiens aussi, qui se disputoient entr'eux ces lambeaux livides et putréfiés. Quelques-uns cependant restèrent deux mois, leurs ossemens étant à demi-calcinés par l'action réverbérante du soleil.

Dessalines, toujours altéré de sang et jamais rassasié, ordonna une nouvelle exécution. Huit hommes de couleur faits prisonniers dans la partie du sud, sont impitoyablement condamnés à être canonnés devant l'église des Gonaïves, sur la place vague qui s'y rencontre. Pour cette fois, Toussaint-Louverture veut repaître ses yeux des charmes de la vengeance. Un officier est le premier qui se présente. « A bas les épaulettes, lui » dit Toussaint? A bas! s'écrie l'officier de » couleur, à bas! je me suis battu pour les » gagner, je me battrai et mourrai pour les » défendre..... qu'on approche si on l'ose..... »! Son juge sanguinaire, interdit par cette ferme réponse, forcé de l'admirer, lui ordonne encore plus despotiquement de passer devant le canon, mais veut en vain l'y faire attacher. « Fais ta » prière, lui crie le tartuffe Toussaint-Louver- » ture? Oui, répond le condamné, je prie » Dieu de me pardonner ». Puis d'un ton plus ferme : « Mais toi!....... toi!...... toi Toussaint! » prie le Ciel qu'il te pardonne tout le sang que » tu as fait verser injustement ». Toussaint tremblant de rage, ne répondit que par le mot, *feu*. L'homme n'est plus, il est dépecé, et disparoît aux yeux qui le pleuroient avant ce coup fatal.

Que fût devenu le général Vernet, au cœur

bon et compatissant, pour avoir demandé la grace de l'un d'eux, si Henri Dumirail et Jean-Baptiste Louverture, officiers et favoris de Toussaint, n'eussent détourné les deux pistolets déjà braqués sur lui par le tyran africain. La pitié proscrite étoit condamnée ; et pourtant quelle est la cause que Vernet cherchoit à défendre? celle d'individus de sa couleur, pour lors voués à la France, et qui n'eurent d'autre accusation que celle d'avoir bu à la santé de Rigaud qu'ils croyoient en faveur, et devoir commander des forces qu'on attendoit d'Europe pour réduire les factions, et ne conserver dans la colonie qu'un seul et même esprit.

Un autre prisonnier fut renversé seulement par le coup de canon, les cordes qui l'attachoient rompues; et n'étant point incommodé de cette percussion, il s'élança vers la porte de l'église des Gonaïves, comme asile sacré et inviolable, et se précipita vers l'autel qu'il embrassoit, pour y être à l'abri d'une nouvelle persécution!...... Mais...... ô excès de barbarie! des soldats le suivirent, pénétrèrent dans le sanctuaire, et oubliant qu'il doit être inviolable, ils rapportèrent la victime au bout de six baïonnettes qui la transperçoient de toutes parts!..... Le curé interrompt son office, va crier vengeance à l'inexorable Toussaint qui, confus, veut d'abord s'excuser, mais finit par dire au curé : « Blanc » là gagné gros cœur, oui »! Voulant par là lui reprocher l'intérêt trop vif qu'il prenoit à son ennemi.

Le troisième fut un nommé *Pierrette*, qui fut attaché devant le canon, en croix de Saint-André. Le coup partant, les cordes sont coupées, le malheureux enlevé en l'air, et blessé seulement par six mitrailles dont il guérit après avoir obtenu sa grace, pour avoir crié, *Dieu est juste!*

Le quatrième fut emporté et disséminé, sans qu'il restât vestige de son malheureux corps.

Le cinquième nommé *Fermont*, ivrogne de profession et facétieux à l'excès, en marchant à la mort, cherchoit par son monologue burlesque à adoucir la sévérité de son arrêt inique. Il s'avançoit vers le canon à pas lents, et en faisant sa prière, il se retourna vers Toussaint, et lui dit naïvement : « Comment ça, général, songez » boun' Dieu, donc.... ça pas bèn pièce ça » vous fais là.... aï, maman moüé qui fait » moüé.... vous capabl' quitter mouri' canon- » nier à vous du morne Blanc » ?...! Puis allant à genoux vers Toussaint : « Vous pas songé, » général, moüé tiré vous d'nioun' z'embus- » cade ». Et sans attendre la réponse, se relevant brusquement : « Non, dit-il d'un ton résolu,

» moüé pas vlé mouri' jour d'i là ». Vernet obtint sa grace, et le pauvre diable oubliant déjà que les portes du trépas lui avoient été entr'ouvertes, s'avançant vers son bienfaiteur avec familiarité, il lui frappe le ventre en lui disant avec gaieté : « Eh bèn, général Vernet, » vous songé case là Crête-à-Pierrot..... Vous » gai encore passé moüé quand yo quitté vous » aller. Ventr' à vous caba net' li plat'... plat'... » semblé crapaud qui sec ».

Les trois autres ne furent pas aussi heureux, et subirent la mort.

Enfin l'ordre de destruction des hommes de couleur étant donné dans tous les quartiers, mais Toussaint voulant feindre et semblant s'humaniser, passoit à l'Arcahaye, et demandoit au commandant de cet arrondissement des nouvelles de tels ou tels qu'il savoit morts d'après ses ordres : Ils n'existent plus, répond le commandant. Ici l'hypocrite jouant le public, frappant des pieds et paroissant étonné, dit d'un ton pitoyeux et lamentable : « Aï!.... aï!.... aï!... » monde layo mauvais oui!!! moüé di' yo ba- » liser..... yo dessoucher même ». Donnant par là à entendre qu'il avoit bien ordonné de punir les coupables, de les reconnoître, de châtier cette classe, mais point d'en détruire l'espèce. Sur quoi lui répondit le commandant, en étudiant cette feinte. « Ça vous vlé, général, quand » la pluie tombé, tout ça qui débors mouillé ». Ce qui veut dire : « Comment parmi tant de » coupables reconnoître un petit nombre d'in-» nocens » ?

Deux hommes de couleur échappés à ce carnage me racontoient, ayant quitté leurs antres sauvages à l'arrivée de l'armée française, que, fuyant le couteau de la proscription, ils se réfugièrent au sommet du morne l'Hôpital ; que de là, dominant sur la plaine, ils furent témoins impuissans des massacres de leurs frères ; qu'ils y vécurent pendant sept mois de racines sauvages, jusqu'à ce que la culture de quelques grains qu'ils avoient emportés avec eux, ait pu leur fournir une nourriture plus alimentaire. La chasse aux piéges leur étoit également familière, et c'est par ce moyen, me dirent-ils, qu'ils apprivoisèrent et se rendirent profitables des chèvres laitières.

Ce n'étoit point assez des adultes pour assouvir la rage despotique et envenimée de Toussaint ; il ordonna une levée générale d'enfans d'hommes de couleur, sous le prétexte d'une école martiale, et les fit jeter tous dans un grand puits qu'il fit ensuite combler, sans s'adoucir aux cris des mourans ! Le général Christophe, aujourd'hui encore chef des révoltés, commanda l'exécution de la partie du nord. Ces événemens eurent lieu à l'époque du siége de Jacmal, où Toussaint étoit furieux d'éprouver de la résistance; occurrence en laquelle Dessalines forçoit ses troupes à être valeureuses, ayant des pièces de canon derrière les bataillons pour faire feu sur les fuyards, ou même les indécis; ceux, en un mot, dont la bravoure étoit chancelante et point à l'épreuve.

Au reste, pendant le règne des noirs, la prépondérance étoit du côté des Africains. Les blancs peu considérés, pour ne pas dire audacieusement méprisés, étoient hors d'état, par l'infériorité de leur nombre, de prendre l'équilibre. Depuis l'arrivée des Français, ces derniers eurent l'avantage quelque tems; mais, dans l'un et l'autre cas, les hommes de couleur servoient toujours de point d'appui pivotant à la balance toujours active des deux classes précédentes: aussi furent-ils de tout tems le jouet et la principale victime des noirs, dont ils s'écartoient volontiers par le caractère de fierté qu'ils ont presque toujours eu en partage.

Il est un autre supplice plus secret par lequel Dessalines, à l'époque de la même guerre, fit périr les hommes de couleur les plus distingués. Il avoit fait construire sous terre, à la Crête-à-Pierrot, des casemates de six pieds carrés où on laissoit mourir ces malheureux prisonniers, asphyxiés par les vapeurs souterraines, aussi bien que par la raréfaction de l'air.

Revenons à la vie privée de Dessalines.

Sous l'apparence de la générosité, il contentoit son avarice. Je le vis souvent refuser de payer des créances de trois ans, non susceptibles d'une plus haute valeur, disant que pour Dessalines ce n'étoit rien que cela. « Ça d'liau » pour case Dessalines ». Il laissoit ainsi mourir de faim son maître de musique, à qui il devoit cent cinquante portugaises qui égalent six mille francs, lequel n'avoit pas même le droit de lui demander un à-compte sous peine d'être disgracié, et peut-être fusillé si ce tyran n'étoit pas de bonne humeur. Le pauvre jeune homme, dont l'état d'instituteur devenoit fatigant pour réduire l'incapacité grossière de quarante élèves noirs qu'il conduisoit au bâton, méritoit bien d'être payé, mais il perdit son salaire par la trahison de Dessalines.

Il entroit dans les vastes projets de Toussaint-Louverture de flatter quelques momens les blancs, pour les préparer à l'indépendance qu'il avoit projetée, mais qui fut sans effet, ses menées sourdes ayant été découvertes. Il eut besoin de l'activité de Dessalines pour se concilier l'estime de ses censeurs; il projeta donc un grand changement dans le pays, la restauration de la culture trop long-tems délaissée, ou pour mieux dire, encore active, mais en faveur seulement des nègres propriétaires, et ceux des jardins, desquels le malheureux habitant, spolié de sa fortune, privé de tout, étoit à l'époque antérieure obligé d'attendre une existence tirée et usurpée de ses propres terres qui avoient passé en d'autres mains.

Nos fermiers, par exemple, poussèrent l'audacieuse impudence avant notre mise en possession, jusqu'à nous refuser de fourrager quelques paquets d'herbe pour quelques *haquenées* échappées par leur maigreur à la dilapidation générale de nos immenses haras. Ils nous refusoient de l'herbe dans une savanne vague et étendue non entourée, et remplie d'animaux voisins et étrangers. Le fourrage est si bon en ce terrain fertile, que le voyageur se détourne volontiers de la route à l'aspect de cette verdure riante, et est invité à faire reprendre vigueur à son cheval fatigué; les cabrouets y sont dételés, et jamais aucun reproche, qui n'est vraiment pas faisable, n'a été fait aux étrangers de la part du fermier dont l'envie et l'inimitié ne pesèrent jamais que sur le propriétaire.

Que de fois, à cette époque infortunée,

possesseurs de cinq lieues de pays et de sept cent cinquante noirs, nous nous servîmes nous-mêmes! que de fois on fut sourd à nos demandes suppliantes de mauvaises racines de patates jetées au rebut pour les cochons. Nous gémissions dans les bois, de l'inactivité des lois, et de l'insolence intolérable et criminelle des hommes chargés de faire mettre à exécution celle qui étoit si favorable pour assurer le respect aux propriétaires et aux propriétés.

L'éperlin à la main, nous courions aussi nous-mêmes, dans les savannes brûlantes, lacer les chevaux dont nous avions besoin pour faire cent démarches importunes et infructueuses auprès des administrations alors avides et vénales. Ce n'étoit point une petite affaire que de joindre à la course, des chevaux qui, quoiqu'exténués, éprouvoient encore le souvenir de leur ancienne vigueur, à la digestion du fourrage succulent dont ils faisoient leur pâture.

Qui pouvoit en sûreté rester sur les habitations où on avoit à craindre, comme nous l'avons éprouvé, le feu, le fer et le poison? On sait que sur la plupart des habitations, les cases, depuis les premiers incendies, sont provisoirement construites à jour en *ouaclées* ou éclisses. C'est dans ces retraites peu solides que nous avions à affronter nuit et jour la fureur de mauvais sujets toujours aigris et insurgés contre les propriétaires.

Toutes les nuits, vers minuit, dix d'entre eux, guides de Toussaint, et porteurs de grands sabres, venoient avec fracas daguer leurs lames, dans le cruel espoir de rencontrer mon corps à la hauteur du lit dont ils connoissoient la position ; puis ils frappoient aux portes, me provoquoient, enfin ne cessèrent ce manége que lorsqu'en faveur du caractère dont j'étois revêtu je les eus fait punir. Le curé de Saint-Marc venu pour un baptême, fut contraint par le mauvais tems de coucher sur l'habitation ; il y tomba malade de peur, ayant été témoin une seule nuit de ces scènes d'horreur et de vexation qui se renouveloient chaque jour sous des modifications différentes.

Dessalines goûtoit alors en paix le fruit de ses crimes, et jouissoit de notre malheur. Il faisoit embellir, à Saint-Marc, la maison Lucas (1). Plus heureux que cet habitant, nous échappâmes au même sort après avoir heurté la fierté du

---

(1) O souvenir affreux ! long-tems il fit attendre le propriétaire de ce nom pour lui payer le montant de cette acquisition : ce ne fut que la veille du massacre général qu'il lui compta les cinq cents portugaises qu'il lui reprit en le faisant assassiner le premier de tous à l'arrivée des Français.

tigre africain, en refusant de lui vendre une de nos habitations dont il étoit envieux, et qu'il prétendoit avoir à un prix de beaucoup inférieur à celui d'un autre acquéreur qui, se sachant en concurrence avec un rival si dangereux et si passionné, se retira, en sorte que l'habitation ne fut pas vendue : ce refus nous brouilla long-tems.

C'est dans les salons à carreaux de marbre et bien lambrissés de M. Lucas, que Dessalines donnoit ses fêtes et sa musique. Celui de réception étoit orné des portraits de divers généraux français, célèbres par leurs victoires; mais il eut soin de laisser un vaste emplacement au milieu du pan principal, où il se fit peindre à l'huile, de grandeur naturelle, au milieu d'un camp de noirs, comme voulant effacer ses voisins par la hauteur de sa stature, et le réhaut du coloris.

Résolu de travailler à sa réputation, et sentant l'urgence de ne plus laisser dans l'activité et la réflexion les noirs qui eussent bien pu retourner sur leurs pas, et préférer leur régime antérieur au régime de fer qu'il leur imposoit, il usa d'un stimulant tout particulier pour les troubler et les frapper de terreur. Il accrut sa sévérité et devint inabordable tellement, qu'à la nouvelle de son arrivée dans un quartier, tout le monde trembloit, et que les cultivateurs passoient les nuits au jardin, dans la crainte d'être surpris en flagrant délit, et pour éviter une mort assurée, en outre-passant la tâche qu'il leur avoit donnée quelques jours auparavant.

En cas de mécontentement il n'épargnoit personne, et cédoit arbitrairement à la réaction de vengeance d'un petit chef qui quelquefois avoit du fiel contre celui qu'il dénonçoit. Il fit ainsi mourir sous le bâton plusieurs blancs du Mont-Roüi et de l'Artibonite, quelques-uns ayant été mis vivans dans des étuves chauffées par la bagace (1). Au reste, l'énumération des supplices les plus affreux réjouissoit ce cœur sanguinaire qui se complaisoit à faire reparoître sur la scène toutes les victimes de sa despotique barbarie. Ces récits l'égayoient !!!

Dessalines, vu l'importance de notre grande place (2) la plus considérable du quartier de l'Artibonite, s'y étoit attaché particulièrement six mois avant l'arrivée des Français ; aussi la fit-il changer subitement de face : ce n'étoit

---

(1) La bagace est un amas de cannes à sucre passées par le moulin, dont on a exprimé le sucre, et qui dans les équipages sert à chauffer vivement les fourneaux.

(2) Le mot *place* dans ce cas équivaut à celui d'*habitation*.

plus un vaste terrain oisif, et regrettant sa fécondité. Il prêta ses trésors, et enfanta dès cette année une récolte immense, dont nous n'eûmes que la flatteuse espérance. Dessalines en prit donc les rênes pour raffermir sa réputation, asseoir plus sûrement son nom, et le faire planer impérieusement dans toute la colonie.

Il donnoit une tâche, et le jour indiqué pour sa perfection, il arrivoit à l'improviste avec quarante guides et son état-major. Les deux cents cases étoient cernées, visitées, et au cas qu'il fût heure de travail, tous ceux qui étoient trouvés dans l'intérieur étoient condamnés à la bastonnade. Ainsi le plus paresseux devenoit vigilant malgré lui, par ces mesures violentes.

Notre gérant ou conducteur principal fut un jour trouvé endormi à sa case sur les six heures du matin; Dessalines le fit prendre, amarrer, et conduire pas à pas jusqu'à l'endroit du travail (1), le faisant alternativement frapper par ses vingt satellites qui lui crioient : « Z'affaire à » vous papa »! Le pauvre malheureux ne put éviter un seul coup, malgré nos instances que Dessalines nous somma de cesser parce qu'elles

---

(1) Ce terrain à cultiver étoit à l'extrémité du grand jardin d'une lieue de longueur qu'il falloit traverser.

nuisoient, disoit-il, à l'intérêt de la culture. Le patient arriva perclus et mutilé, après plusieurs relâches dans le chemin, et il fut rapporté à demi-mort dans son lit où il enfla et resta six mois malade et impotent. Ces scènes révoltantes se réitéroient souvent.

Un jour que Dessalines étoit de bonne humeur, il m'emmena avec lui dans la tournée du jardin, au grand mécontentement de Titus commandant notre arrondissement, et notre oppresseur; lorsque nous fûmes arrivés, et que tous les cultivateurs, par crainte autant que par habitude, eurent crié avec exclamation, grands gestes et extravagance : « Bonjour, père à » nous »! Dessalines les fit ranger, puis leur dit en me montrant : « Vous autr' voir p'tit' blanc » ci làlà, c'est z'ami moüé; li pas méchant pièce; » ainsi vous autr' prenn' garde li pas arriver à » nien ». Titus écumoit de rage. Je profitai de ce moment favorable pour porter contre l'auteur de tous nos maux, et du désordre de nos ateliers, dix-sept chefs d'accusation qu'il écoutoit en grondant à voix basse et frappant des pieds, étonné de ma hardiesse; voulant répondre, et Dessalines le lui défendant par son *hun* farouche, et souvent répété avec vivacité.

Après tous mes reproches fondés, après le dire de mes témoins, Dessalines lui fit d'abord une morale de comparaison, le dégrada ensuite en lui arrachant ses épaulettes, et par chaque chef d'accusation que Titus ne put démentir, le général lui fit essuyer sur le dos le roulement de sa garde de discipline. Ensuite il nous fit accoler, en recommandant à Titus de ne conserver en son cœur aucun levain de ressentiment, de ne plus faire parler de lui; puis à moi, d'oublier tout le passé. Dessalines, après avoir lui-même sarclé, pour donner l'exemple, revint dîner à la case avec ses officiers.

Titus conserva deux ans cette rancune : six mois après cette aventure, il me fit écrire une lettre par son secrétaire, mais une lettre très-amicale quoiqu'insidieuse, par laquelle, je ne sais à quel propos et par quel hasard, il m'invitoit à venir passer une journée chez lui, sous prétexte de pêche et de chasse dans un canot volage et versatile, sur la rivière tourbillonnante de l'Artibonite infestée de caïmans, et de requins égarés dans leur poursuite véloce et acharnée.

J'éludai cette proposition en prétextant un voyage aux Gonaïves, que je fus obligé de faire sans besoin pour éviter les rapports fidèles de ses vigilans espions choisis dans nos propres sujets.

Sot, mais méchant, Titus attendit mon retour, et changea le mode de la proposition; et ce fut

pour

pour m'offrir n'importe quelle somme afin de le peindre. En vain lui représentai-je que le genre de l'Histoire naturelle n'étoit pas celui du portrait, il fallut céder, et promettre, mais à cette condition, qu'il viendroit prendre ses séances sur notre habitation. Ce n'étoit plus la même chose pour lui, et son but étant manqué, il garda un silence que j'eus soin de ne point troubler.

Trois semaines après, je revenois de Saint-Marc; un de mes dragons m'ayant devancé pour les préparatifs du bac dont Titus étoit le péager, celui-ci apprit mon arrivée; et sans paroître, il me fit préparer un rafraîchissement soporifique qu'on vint m'offrir de sa part, à mon passage sur le bord de la grande route. Cette ruse grossière, cette prévenance accoutumée fit naître en moi de justes soupçons, et quoiqu'il fit très-chaud, je remerciai, disant qu'en route, et entre les repas surtout, j'avois pour habitude de ne rien prendre.

A l'arrivée de l'expédition française lorsque je croyois n'avoir plus rien à craindre, surtout faisant route avec le chef de la troisième légion de gendarmerie, mon ami, lequel étoit en tournée; Titus profita d'un grain de pluie dont nous fûmes surpris, afin de nous engager à prendre gîte chez lui pour la nuit. Ne pouvant faire autrement, nous acceptâmes. Il se dit indisposé, et nous laissa souper seuls. Une heure après, le colonel et moi, nous fûmes saisis de coliques et de vomissemens répétés, n'ayant que le tems de partir sans bruit ni boute-selle pour éviter de plus grands malheurs. Malgré certaines précautions prises sur une habitation voisine, nous fûmes cinq mois attaqués tous deux de coliques et de fièvres nerveuses. Le colonel qui mangea plus que moi, fut empoisonné d'une si cruelle manière qu'il en conserva plus d'un an des reliquats douloureux et inquiétans. Titus devint *marron* le lendemain, sans que nous ayons jamais pu en entendre parler depuis.

Si Dessalines aimoit ses troupes, c'étoit comme soutiens de son pouvoir, et exécuteurs de sa volonté. Employant contre les crimes politiques la baïonnette, le poison, les noyades, il ne punissoit ses soldats que par le fusil ou les verges : ce dernier supplice étoit effrayant par ses préparatifs funèbres et inhumains. Les soldats faisoient de ce jour un jour de réjouissance : il y avoit *calenda* (1) en l'honneur du défunt. Tout en

(1) *Le calenda* est une danse nègre consacrée à célébrer les funérailles : elle est extravagante et fort indécente.

préparant *les banzas* et *le bamboula* (1), on acéroit les épines des branches d'acacia qui servent à cet affreux supplice. Le patient marchant pas à pas, selon l'ordre de guerre, au milieu des deux rangs d'exécuteurs, étoit impitoyablement frappé, déchiré, au bruit d'une fanfare gaie de fifres et tambours qui redoubloient d'ardeur pour étouffer les cris de l'écorché, perçant toujours par intervalles, jusqu'à ce que ses genoux venant à plier, il expirât enfin. Pendant ce tems, Dessalines nageant dans la joie, monté sur un banc en raison de sa petite taille, pesoit tous les coups, excitoit les moins cruels par des menaces inhumaines, en criant à tue-tête : « Ça a n'ien, ba li toujours »! Eh bien! plus esclaves que jamais, ces nègres le servoient en criant *vive la liberté!!!* Enfin Dessalines traçoit à ses imitateurs le sentier des forfaits dans lequel il ne marchoit qu'avec trop d'assurance.

En se faisant regarder fixement par un soldat, il l'absolvoit ou le condamnoit sans entrer en matière, et sans qu'il fut accusé. *N'homme là pas bon*, n'annonçoit rien de bon en effet; car

(1) *Les banzas* et *bamboulas* sont deux instrumens; le premier à cinq cordes, se pince comme la guitare; le second est un tambour élevé qu'on fait rouler avec les doigts.

tôt ou tard on ressentoit les funestes suites de cette interprétation fatale.

Il régnoit une grande subordination dans ces troupes mal-propres et toujours mal tenues, contraste parfait avec le faste éblouissant de tous les généraux nègres. A l'exception des gardes d'honneur, l'infanterie marchoit pieds nus, sans bas, et avec des culottes courtes et déchirées; primitivement la jambe en l'air comme des pantins, mais d'une manière plus régulière depuis l'arrivée des soldats français en la colonie.

Le systême acoustique des nègres est si matériellement combiné, si inébranlablement construit, qu'il leur faut double charge dans les fusils, pour qu'ils soient satisfaits. Ils n'appellent que *pétards* les simples cartouches. C'est ainsi que les chasseurs d'habitations calculent lorsqu'ils vont à la poursuite de bandes innombrables de canards qui obscurcissent l'air. Ne pouvant tirer qu'un, ou au plus deux et trois coups par jour, ils vont à eux en se traînant dans l'eau peu profonde des lagons; et pour que l'abondance puisse suppléer à la privation de pouvoir tirer souvent, ils mettent deux cartouches et deux poignées de plomb qui s'écarte et tue immanquablement. Aussi se moquoient-ils de mes charges; mais au moins je revenois toujours sain et sauf à la case, tandis qu'eux ne croyoient point avoir chassé s'ils ne rapportoient un sac de gibier, oubliant la douleur d'une joue contuse, ou saignante quelquefois comme je l'ai vu, une clavicule cassée, ou l'omoplate foulée par la répercussion.

Les militaires valeureux n'ont aucune récompense, et leurs actions d'éclat restent dans l'oubli. Les invalides, privés d'une juste retraite, sont réduits à traîner honteusement leur triste existence, et à demander avec larmes le pain de la misère. Eh bien! le génie militaire les maîtrise au point qu'ils aiment mieux être estropiés sans moyens, et être honorés du nom de *soldat*, dédaignant celui servile de *nègre de houe*, qu'ils donnent aux cultivateurs, au dessus desquels ils se croient de beaucoup élevés. Ils n'ont pas de plus grande jouissance quand ils rencontrent des cultivateurs, que de faire blanc de leur épée, de grands mouvemens, du tapage, des simulacres de décharge d'artillerie; et lorsque ces gens moins rusés ont l'imagination frappée, ils se font valoir à leurs yeux fascinés (1).

---

(1) «Eh que vous connoï' queuq'chose, vous pauv' » diabl', vous baussales ?..! Vous nègr' jardin pas » connoï' à rien..... Nous younn' connoï' batt' la » guerre nous z'aut'... c'est çà queuq' chose que d'batt' la » guerre »!.....

La ville du Cap comme la plus considérable de l'île, étoit le théâtre des événemens politiques aussi bien que le foyer des conjectures révolutionnaires. C'est là que Tousssaint-Louverture y tramoit ses complots; c'est là que plus d'une fois il voulut secouer le joug de la France, en ménageant dans l'esprit du peuple les avantages de l'indépendance; c'est là qu'on flatta son despotisme; c'est là que de vils courtisans lui persuadèrent que sa puissance étoit capable de repousser tout ce qui oseroit attenter à la plénitude de son autorité; c'est là enfin qu'un dangereux conseil le décida à devenir ingrat envers la mère-patrie.

Le général Moyse étant au Cap à la tête d'un parti considérable, et fidèle au Gouvernement français, s'étant prononcé trop ouvertement contre un décret sanguinaire de Toussaint-Louverture son oncle, par lequel il lui étoit enjoint à une certaine époque d'ordonner le massacre des blancs de la partie du nord qu'il commandoit, fut soupçonné d'infidélité à sa couleur; et pour prévenir un coup de parti, Toussaint-Louverture fit devancer la fatale journée, en en confiant la coupable exécution à d'autres commandans moins scrupuleux, et poussant l'astucieuse politique jusqu'à imputer au général Moyse ce crime dont lui seul étoit l'auteur, et ce dernier dégagé et innocent. Il le traita donc d'assassin, et se prévalant hautement du sacrifice qu'il faisoit de son propre neveu pour l'intérêt du sang français, il fit marcher contre Moyse, comme rebelle à son autorité, le général Dessalines à la tête d'une petite armée. Moyse s'étant rendu à discrétion, fut trompé dans sa bonne foi, condamné et puni de mort, emportant avec lui, par cette mesure atroce, le secret du grand conspirateur.

Dessalines émit quelque tems après des espions pour sonder les projets de la métropole, et avoir des détails de l'expédition du général Leclerc. Il en eut de certains, et intercepta toute correspondance alors en activité; il fit circuler l'ordre, vu l'apparence d'une riche récolte, de se tenir prêts à bien recevoir nos frères qui alloient arriver. Etoit-ce pour ne pas nous donner à soupçonner les supplices préparés à notre crédulité? je le crois. Ainsi dans le même tems il fit un crime de correspondre avec notre mère-patrie, tout en paroissant nous disposer en sa faveur.

Voici quelque chose de plus fort. J'étois au bourg de la Petite-Rivière, un certain jour où Dessalines y avoit rassemblé le canton et les ateliers; il donna à ses troupes, en présence des blancs, les instructions que voici : « Soldats, » v'là blanc' france qui après veni; si yo tran-

» quil' ça bèn... vous va quitté yo tranquil';
» mais si moué va connoi' qu'yo veni pour
» chicaner v'zaut', prenn' garde, soldats!.......
» prenn' garde... attention... hun!... quand
» moué va dir' vous hun!... vous va cerner
» camarade' à yo.... vous va coller yo.... vous
» va ramasser yo tant comme moutons..... vous
» va parqué' yo..... après ça z'affaire à Dessa-
» lines ». Cette harangue mit en effervescence la tête des noirs toujours disposés à la rebellion, les rendit audacieux, énerva leur frein, et nous remplit tous de consternation, puisque notre sort dépendoit de la moindre inconséquence, devenant ôtages de nos propres bourreaux.

C'est immédiatement après que parut imprimée la fatale adresse de Toussaint-Louverture, qui servit à notre condamnation, et qui finissoit par ces mots : « Les Français n'arriveront
» à moi, s'ils sont traîtres, qu'après avoir
» marché sur les débris des propriétaires et des
» propriétés ». Elle électrisa tellement la tête des nègres, que par-tout on en rencontroit seuls, armés, et se parlant à eux-mêmes; jusqu'au vieux hattier, conducteur de nos troupeaux, que je surpris adossé à un palmiste, *le cachimbeau* à la bouche, et le grand fouet sur l'épaule, tenant à la main un long bâton ferré d'une baïonnette toute rouillée. Il eut un monologue

original que je lui laissai défiler tout au long, ayant peine à retenir mon rire, et n'éclatant que pour lui faire tant de peur, qu'ayant lâché mes deux coups de fusil en l'air, le vieux boiteux qui n'étoit point aguerri, tomba le ventre contre terre en criant : « Aï !.. aï !.. aï !.. vieu' Louis » mouri' là caba jour d'i là ». En vain je le secouois, il n'osoit croire encore à son existence.

Cependant Dessalines, commençant à se prononcer ouvertement contre l'armée expéditionnaire, évitoit, détestoit jusqu'à leur idiome; c'est pourquoi il reprit très-sévérement le fils d'un propriétaire des Gonaïves, qui, créole de Saint-Domingue, s'avisa de lui parler bon français : *Tiembé langue à vous*, lui dit-il en le toisant avec dédain, *pourquoi chercher tienn' les autr'?*

C'est également ainsi qu'il parloit en voulant désigner des blancs anciens dans le pays, habitués à ses mœurs et usages, et qu'on pourroit, disoit-il avec faveur, épargner au besoin. « Blanc qui savé manger calalou, li pour nous ».

C'est à semblable époque que ce général divisionnaire disoit aux conducteurs des habitations, pour les tranquilliser au sujet de quelques noirs qu'il faisoit politiquement fusiller pour capter la confiance des blancs : « Moué après baye chat' » rat' pour mignonner li..... mais serré toujours,

» nioun' fusil dans quiou bananier ». Ce qui veut dire : « Je donne au chat un rat pour l'a- » muser.... mais soyez toujours sur vos gardes, » et cachez un fusil dans les bananiers pour vous » en servir au besoin ».

Enfin Dessalines avoit pour lui un jargon persuasif. « Grand vent p'tite pluie », disoit-il à ses soldats, en leur annonçant que les Français nouvellement arrivés ne pourroient résister à leur marche forcée, et que le climat les mettroit bientôt hors de défense.

De même Toussaint appeloit le colonel *Gingembre-Trop-Fort*, le porteur de ses ordres verbaux, *Parole dans bouche*, expression forte et significative. Avare de sa confiance, il ne la prêtoit momentanément que par l'extrême urgence où il étoit quelquefois de faire parvenir ses ordres en même tems dans plusieurs endroits différens; ce qui lui faisoit dire : *Miré vaut mieux passé tendé.* « Il vaut mieux voir que » d'entendre, ou il ne faut croire que ce que l'on » a vu ».

« C'est pas moi, disoit-il aussi à des pro- » priétaires des Gonaïves, qui va malheureux, » moi va b'entôt mouri'; mais Français layo » veni pour chicaner vouz' autr' : tendé bèn » ça moi di vous; bœuf mouri, quitté malheur » pour cuir ».

Un officier noir de ses affidés étant parti d'après les ordres de Toussaint pour aller soulever la partie espagnole, se rendit à Saint-Michaël, où par un esprit contraire à celui dont il étoit l'interprète et qu'il venoit inspirer, il fut tué comme chef d'une sédition déjà allumée. Toussaint-Louverture fit venir auprès de lui le maire de cet endroit, et après l'avoir traité avec douceur, un jour que de Cocherelles (1) il se rendoit avec ce fonctionnaire public au bourg des Gonaïves pour y entendre la messe, et qu'il côtoyoit l'habitation Desrouville, tout en égayant la promenade de ses proverbes habituels, tout en caressant *traîtreusement* la victime innocente qu'il alloit faire immoler, se voyant entre deux haies à l'abri de tous regards, et pour seuls témoins de son crime les initiés dans sa scélératesse, Toussaint condamne des yeux!.... A ce signe compris, le magistrat est assailli par quatre cavaliers armés qui le mutilent en un moment, et le laissent sans vie et sans sépulture. Mme D***, par humanité autant que par horreur d'un tel spectacle, obtint du général Vernet que le corps soit enterré.

Tel fut le début des massacres qui précédèrent l'arrivée des Français, contre lesquels Toussaint

(1) Habitation sur laquelle il avoit secondairement fixé son gouvernement des Gonaïves.

s'étoit si impérieusement élevé. Ayant toujours contrarié la mission des agens français par des canons et des baïonnettes, il osa enfin lever entièrement le masque, et parut à découvert en manifestant son projet d'indépendance. Afin de plus sûrement indisposer les noirs contre les militaires de l'expédition, et par une opposition formelle, mettre à l'abri ses immenses propriétés, et conserver inviolable sa suprématie, il signala l'étendard de la rebellion, s'entoura de ses fidèles conjurés, et eût opposé une digue bien plus meurtrière sans les prudentes dispositions de son vainqueur.

« La France est ingrate, leur disoit-il, et loin » de reconnoître mes services, loin d'approuver » ma conduite, elle envoie des forces pour nous » remettre dans l'esclavage; mais jurons, sol- » dats, de ne jamais plier sous sa loi. Ils veulent » nous tromper; soyons ingrats. Ils viennent » nous ravir une liberté dont ils nous avoient » assuré la durée; rassemblons nos forces, et » périssons tous, s'il le faut, mais que nos frères » soient libres »!....

Dessalines de son côté, pour mieux capter le suffrage des noirs en leur faisant espérer le retour de Toussaint-Louverture, leur annonçoit aussi que les Français de cette expédition n'étoient que des émigrés qui vouloient usurper le pays; que les vrais Français viendroient ensuite.

TYRANNIE DES NOIRS

A L'ARRIVÉE

DES FRANÇAIS.

SECONDE PARTIE.

Toussaint-Louverture parjure à son pays, trahissant l'Espagne, disimulant encore sa rebellion, violant les traités, en faisant égorger des équipages anglo-américains qu'il a reçus dans les ports, comme y ayant apporté l'abondance; Toussaint, animant plus que jamais ses noirs contre une expédition qu'il déclare ennemie et composée de faux Français, arme l'assassin, et est plus cruel que lui. Ces anthropophages unis par sympathie, par identité d'opinion, par unanimité de vengeance, se cherchent... se groupent, et enfantent des projets de crime et de destruction! Leur vœu n'est pas émis qu'ils sont déjà armés pour l'accomplir. Leurs yeux avides cherchent par-tout des victimes!........ elles sont immolées!....... et si la nuit cache une partie de leurs forfaits, ils empruntent l'éclat de flambeaux pour se repaître à l'aise de sang et de carnage.

La mort plane librement au dessus de ses victimes expirantes, elle jouit de son triomphe, et applaudit à sa victoire!

Porté naturellement à obliger, pouvois-je croire que l'ingratitude devoit aussi peser sur moi? Tranquille, environné d'orages, rappelant le passé et mes dispositions présentes, je repoussois jusqu'à l'idée du malheur et de la trahison : les couteaux étoient levés, nos bourreaux se disputoient nos dépouilles. Que nous étions loin de soupçonner l'horreur de ces assassinats! Cependant le récit de scènes sanglantes vint troubler la douceur de notre sérénité.

Le Cap est incendié, se disoit-on tout bas; on fait surveiller les blancs; on se dispose à repousser la force par la force....... La nouvelle arrive à l'instant aux Gonaïves!...... Soudain règne par-tout un morne silence, et notre couleur indiquée déjà de tous côtés par des yeux sournois et farouches, est le but de tous les regards homicides.

Marchant confusément dans les rues sans oser lever les yeux, notre pâleur annonçoit à nos assassins enhardis que nous étions tremblans et sans défense. Le lâche est insolent, et le peuple commença à nous invectiver.

Ayant des bastingages à établir au bord de la mer, tout en se riant de notre impuissance pour un travail aussi rude, on spécula cruellement sur nos travaux, et nous fûmes condamnés, par un raffinement de barbarie, à élever ces digues d'un tuf qu'il fallut encore aller réclamer et arracher des entrailles brûlantes d'une terre aride et gercée. Enfin on voulut retirer de nous quelques services, avant de nous livrer à la mort.

La garnison fut doublée, et les insultes augmentèrent en raison de l'affluence continuelle de nouveaux individus. A sept heures du matin, la générale battit. On m'appela à l'administration des domaines où je me rendis, et où l'on vint signifier à tous les blancs, de la part du gouverneur Toussaint-Louverture, d'avoir à se réunir sur la place. A peine arrivés, nous fûmes cernés par un bataillon de noirs, et après un discours orageux, dans lequel Toussaint finit par dire que puisqu'on en vouloit à sa vie, on ne parviendroit à lui qu'en foulant les cendres des propriétés et des propriétaires, on s'élança sur nous pour nous désarmer. Tous les blancs de marque furent dès ce moment arrêtés et consignés.

Un nommé *Noël Rainal*, homme dur et atroce, ennemi des blancs, fut chargé de nous conduire par les bois à la Petite-Rivière. Par les bois !....... Noël Rainal !....... C'est fait de notre existence, nous dîmes-nous l'un à l'autre.

Ainsi demain, peut-être à cette heure, nos cadavres seront gissans à l'Artibonite, privés de la sépulture! Beaucoup d'autres conjectures venoient obscurcir encore le noir horizon de nos pensées.

Cependant on nous déposa à l'Arsenal, où l'on distribua devant nous à nos satellites, des cartouches et des baïonnettes. Noirs pressentimens! que vous aviez d'empire alors sur nos cœurs glacés! Des refus, des bourrades envers ceux de notre connoissance qui venoient s'informer de nos dernières volontés, présageoient une mort certaine, sans une protection privilégiée de l'Arbitre des destins.

Le tyran vint repaître sa cruauté et repasser en revue ses victimes, en grondant à voix basse, et roulant avec horreur et férocité ses yeux étincelans; il ordonna tout bas à Rainal, notre départ pour le bourg de la Petite-Rivière.

Nous marchions deux à deux en captifs, coudoyés fréquemment par de durs satellites, déjà murmurant notre arrêt. La tête baissée, nous traversâmes le bourg devant tout un peuple confus, à qui il étoit sûrement encore resté un sentiment d'humanité. Plusieurs comblés de nos bienfaits, laissèrent échapper sur nos traces quelques larmes de regret et de reconnoissance. Nos farouches conducteurs, incapables de pitié, pressoient

pressoient vivement les tardifs, du nombre desquels étoit un vieillard de quatre-vingt-un ans (1), qui demandoit la mort à chaque pas, accablé déjà par le poids de son âge, autant que par la frayeur.

A peine avions-nous fait un quart de lieue, qu'on cria, *halte à la tête!* Les malheureux ont toujours de l'espoir, et c'est le seul bien qui nous restoit dans ces cruels momens. Nous aimions à croire à un ordre nouveau; nous nous persuadions déjà que Toussaint-Louverture étoit enfin touché de repentir. Des cavaliers paroissent, enveloppés d'un tourbillon de poussière; nous pensons qu'ils viennent nous donner la liberté. O méprise affreuse! c'étoit de ces vampires affamés de sang et de brigandage, accourus pour se disputer nos dépouilles! Ils parlent à notre conducteur qui leur annonce froidement qu'il a ordre de nous transférer à la Petite-Rivière, sans qu'aucun accident nous arrive. Déçus dans leur barbare attente, les cruels tournent bride, et nous quittent en murmurant.

Arrivés à l'habitation de M. Grammont, celui-ci voulut répondre au mouvement spontané de son épouse, qui s'élançoit vers lui pour lui dire

(1) M. Javin, ancien procureur.

un dernier adieu....... mais des baïonnettes se croisent, et nos farouches soldats, insensibles aux larmes des époux, tiennent ainsi en suspens l'épanchement simultané du malheureux couple. Un enfant s'avance aussi.... il est repoussé! enfin les deux époux, glacés d'effroi, portent vers la terre un regard humide, et n'osent plus se regarder. On éloigne Mme Grammont, et nous poursuivons notre route. Que je souffris en ce moment! mes jambes chanceloient sous mon corps presqu'inanimé.

Après avoir traversé, pendant la forte chaleur, la savanne torride de l'Hôpital (1), après avoir jeté des regards amers sur nos habitations qui se trouvent à la droite, après avoir examiné avec sensibilité des lieux paisibles où naguères je jouissois d'une pleine et entière liberté; marchant en silence, humant la poussière, accablés de faim et de soif, nous arrivâmes au bac de l'Ester, où les enfans naturels de M. Desdunes-Lachicotte ne voulurent point me donner des nouvelles de leur père (2). Le soleil se couchoit

---

(1) Cette savanne immense et déserte est flanquée par *le morne l'Hôpital*, ainsi nommé parce que les flibustiers y avoient formé un asile pour leurs malades.

(2) M. Desdunes-Lachicotte, refugié dans des mangles inabordables dont il connoissoit les issues, en sa qualité d'excellent chasseur, y avoit passé dans son canot

alors, et sembloit, en fuyant, refuser d'être témoin de notre douloureuse agonie.

---

tous les plus grands dangers; mais trahi par ses enfans naturels, il fut livré par eux après leur avoir fait, par foiblesse, la reconnoissance d'une partie de sa fortune. Ce même Lachicotte, doué de toutes les qualités du cœur, ne fit jamais que des ingrats. Dans le désastre affreux du débordement de la rivière de l'Artibonite au mois de septembre 1800, continuellement occupé à porter des secours à tous les affligés, ce brave homme aperçut non loin de chez lui, des mouchoirs en l'air en signe de détresse. Il reconnut des êtres animés exposés sur des arbres de l'autre côté de la rivière de l'Ester, impraticable par la quantité de bois qu'elle charrioit, et par le craquement du pont qui se disloquoit à chaque instant, et devoit entraîner infailliblement tout ce qui en approchoit. Rien ne peut intimider Mr Lachicotte... Il est père, et veut sauver une famille entière. Cette famille a déjà voulu plusieurs fois l'empoisonner!.... Il oublie tout; il n'a plus d'ennemis dès qu'il s'agit d'obliger; et il ne pense plus aux risques qu'il a à courir. Il emprunte vingt gourdes, et déjà dans son canot il appelle à son secours des aides qu'il promet de payer généreusement.

Déjà l'onde frémit, et cède aux efforts redoublés des rameurs, avançant quelquefois, et plus souvent repoussés. Ils aperçoivent un chevron énorme qui flotte en menacant leur versatile embarcation. Soudain ils se dévêtissent pour pouvoir nager au besoin, mais leur précaution devient heureusement inutile, un contre-flot fait dévier la pièce de bois qui les

On fit charger les armes, et après quelques pas dans une route de traverse, on nous fit arrêter, et disposer quatre par quatre. Tous se regardent, et commençant à nous faire les derniers adieux, les plus pressés donnent au chef de la horde leurs montres et de l'argent. Ces féroces gardiens acceptent provisoirement les effets, et nous remettent en marche. La lune se levoit, et vint, par sa pâle clarté, ajouter à notre sombre mélancolie. Chacun se rassure un moment, mais bientôt même manœuvre : on nous cerne en resserrant les rangs, et on nous demande tout ce qui a pu nous rester d'armes. On me prit à

---

côtoie sans les heurter. Ce danger passé, un plus grand les attend : Mr Lachicotte impatient de sauver ces malheureux qui, pour mieux prêter à l'illusion d'un prochain engloutissement, se balançoient dans les branches de ces arbres qu'on croyoit sur le point de se déraciner, approche, il leur tend les bras... Un piége lui étoit tendu, là même où aux dépens de sa vie il donnoit le plus bel exemple de générosité.... Les pavillons de détresse sont jetés à l'eau, et une décharge de coups de fusil vient repousser un service si franchement rendu ! Mr Lachicotte veut parler, une seconde décharge est faite..... Dieu dirigeoit les coups..... personne n'est atteint !... Une troisième et successivement d'autres jusqu'à ce que les rameurs, ayant redoublé d'activité et émus d'horreur contre les scélérats embusqués, aient reporté à terre l'auteur d'un si beau trait.

moi une canne de jonc que j'avois à la main, quoiqu'elle ne fût pas redoutable autant qu'elle étoit attrayante par sa garniture en or.

On reprit encore la marche dans ce morne silence qui la rendoit plus sinistre. Je proposai une halte à la plus prochaine habitation, tant pour le repos que pour prendre un peu de nourriture. Au mot de *nourriture* nos gardes acceptent, persuadés qu'ils mangeront de meilleur appétit que nous. Dès ce moment cette austerité qui les rendoit redoutables, s'émoussa; ils devinrent tous moins farouches, et poussèrent même la prévenance jusqu'à nous offrir, presqu'arrivés à notre halte, une eau battue et dégoûtante, renfermée dans leur bidon (1) qu'ils se passoient à la ronde pendant la forte chaleur du jour sans nous en offrir.

Un des négocians de notre malheureuse société fit la dépense; mais personne de nous ne put manger, tant la terreur avoit engourdi nos besoins. Quant aux gardes, ils oublièrent bientôt leurs prisonniers à la vue d'un cabrit

---

(1) Le bidon est un vase destiné à fournir d'eau le soldat pendant sa route. Ceux de nos gardes étoient simplement une calebasse emmaillée de ficelle de pitt, espèce d'aloës dont on retire une sorte de filasse.

et de volailles qui disparurent en un instant. Le tafia les enivra tellement que la sentinelle même étoit profondément assoupie.

Nous avions, comme on dit, la clef des champs; mais où fuir, étant environnés d'ennemis de toutes parts. La couleur blanche proscrite et déjà condamnée, il étoit ordonné aux ateliers de faire feu sur tout blanc qui ne seroit pas escorté au moins d'un militaire noir. Où trouver des partisans?...! Se séparer, c'eût été se trahir et se perdre. L'entreprise étoit donc impraticable. Aussi notre alternative fut-elle une angoisse insupportable. D'ailleurs la malheureuse confiance qu'on avoit en Toussaint-Louverture ne nous faisoit regarder cette mesure que pour notre propre sûreté, et nous mettre, sous la protection de la force armée, à l'abri de toute sédition populaire.

Sortis de leur ivresse, nos gardes se réveillèrent en sursaut et de mauvaise humeur, semblables à des tigres rugissans au moindre bruit. Après nous avoir compté tous, on reprit la marche. Nos corps affoiblis ressentirent alors des besoins de nourriture, mais les refus que nous essuyâmes dans les habitations où nous passâmes nous obligèrent de nous contenter de graines de bois d'orme qu'on donne aux pourceaux.

Arrivés au bourg de la Petite-Rivière de

l'Artibonite (1) lieu de notre destination, on nous fait faire halte sur la place, et là, le féroce Lafortune commandant vient nous passer en revue, en grondant comme un tigre à la vue des victimes qu'il va immoler.

Voyant autour de nous des compagnons d'infortune en liberté, nous espérions la même faveur; mais bientôt on nous fit prendre la route d'une prison infecte. N'ayant pour nous enfermer qu'un très-petit local, on nous ôtoit encore l'air dès le coucher du soleil. Ce supplice de fournaise étoit affreux et accablant.

Un blanc de l'état-major de Dessalines vint me réclamer, et offrir sa caution pour mon élargissement, mais on ne la trouva pas suffisante. Un homme de couleur que je ne connoissois pas eut plus de succès; prévenu en ma faveur par Mme Desfontaines, habitante des Gonaïves, il usa de procédés délicats et officieux pour lesquels je lui conserve, ainsi qu'à ma libératrice, la plus vive reconnoissance.

Que de louanges à donner aux habitans du bourg de la Petite-Rivière pour leur généreux dévouement à la cause des prisonniers! Leurs

---

(1) Suivant M. Moreau-de-St.-Méry, l'Artibonite tire son nom de la prononciation vicieuse du mot *Hatibonico* des naturels du pays.

libéralités envers nous, suivoient le cours périodique de notre infortune : que de bénédictions ils reçurent ! Nous visitant en prison, tous apportoient, trois fois le jour, des mets en abondance. Les onze douzièmes étoient hommes et femmes de couleur, qui se conduisirent avec bien de la générosité dans cette catastrophe épineuse.

Le curé se signala d'une manière admirable, par sa charité bienfaisante. Le nom de l'abbé *Vidaut* ne doit être prononcé qu'avec vénération et des larmes de reconnoissance. Accompagné de ses deux enfans de chœur, et décoré de son costume sacerdotal pour se ménager de fréquens accès dans la prison, il réitéroit ses visites, et offroit d'une manière noble une surabondance généreuse. Tous avoient droit à ses bienfaits, plus encore les malheureux privés de protections et de connoissances; le même ordinaire leur étoit réservé, et ses meilleurs amis n'étoient pas mieux partagés que ces indigens abandonnés.

D'autres nous faisoient des vêtemens, ceux-ci blanchissoient notre linge, ceux-là alloient affronter les humiliations chez le juge inexorable Lafortune.

Enfin la ville nous fut accordée pour prison, mais après la plus affreuse des nuits, passée dans des angoisses mortelles. Les vents inquiétoient notre imagination craintive; le moindre mouvement de nos gardiens imprimoit en nos ames agitées, cette terreur suffocante que l'esprit de l'homme désarmé ne peut s'empêcher de redouter.

Les soupirs de nos compagnons d'infortune, leurs moindres plaintes nous tiroient de notre assoupissement si désirable, retraçoient l'horreur de notre position, et nous faisoient présumer l'approche de nos bourreaux comme très-prochaine : aussi le sommeil difficile, combattu par de fausses visions, ne vint-il jamais surprendre nos veilles dans cet état d'angoisse et de perplexité ; le sommeil, le sommeil même, ce divin soulagement dans les maux qu'on endure, ne pouvoit appesantir nos paupières convulsives à qui l'effroi donnoit un battement involontaire. Des réveils en sursaut, soit par le tambour des marches nocturnes, soit par l'entrée imprévue de l'impitoyable geolier qui venoit s'assurer de notre docilité, harceloient notre corps tremblant et abattu. Que de fois couchés sur une terre humide, et n'ayant pour oreiller qu'une grosse pierre brute, il nous sembla que la mort s'avançoit vers nous à pas lents, pour nous paroître plus terrible par l'idée des supplices qui nous attendoient!

Elargi le matin sous caution, je fus recu chez M. Péraudin habitant du bourg, dont l'épouse enceinte de sept mois nous assistoit de même, et pourvoyoit à nos plus légers besoins. En général nous reçûmes des étrangers, des secours et des consolations que nous refusèrent des parens qui, endurcis encore par ces événemens malheureux, se couvrirent d'opprobre et d'égoïsme à la veille du trépas qui leur étoit destiné.

Obligés de comparoître soir et matin à un appel rigoureux, nous étions à la merci des chefs qui jouissoient de nous faire attendre et désirer un repas, qu'eux prenoient bien à l'aise, et à nos propres dépens. Rentrant sans défense au milieu de leurs railleries amères, nous les entendions se demander avec affectation en nous voyant passer : A quand le grand coup?...!

L'espoir de pacification adoucit nos bourreaux, ou plutôt leur fit concentrer momentanément et avec effort, leur haine inextinguible au fond de leur cœur pour toujours ulcéré; ce n'est point humanité, ils n'eurent jamais de pitié! mais la crainte des phalanges françaises les retint dans leurs transports sanguinaires, jusqu'à nous accorder la ville pour prison.

Semblables à la fauvette épouvantée par l'épervier, qui déjà lui a fait sentir sa supériorité en la déchirant de ses serres aiguës; comme elle, foibles et sans défense, nous n'osions faire un pas hors des bornes, dans la crainte d'être repris de nouveau : l'oiseau de proie la caresse, la joue, lui fait éprouver mille morts, comme nos juges inexorables en nous balançant successivement de la vie au trépas.

Aussi passions-nous également les nuits blanches chez M. Péraudin, dont la maison toujours cernée étoit à chaque instant prête à être mise à feu et à sang. Nous eûmes bien à nous louer de la valeur intrépide d'un griffe (1) nommé *Jbar*, guide de Toussaint-Louverture, mais voué aux blancs : il couchoit dans notre hangar, et repoussa plusieurs fois lui seul les hordes mutinées qui, la torche d'une main et le coutelas de l'autre, cherchoient à enfoncer notre foible porte, en la frappant à coups redoublés. Quelle position ! sans armes, sans soutien, et en butte à toute la fureur des assaillans !

Cependant notre existence, la vie de quatre mille trois cents et quelques prisonniers tenoient au succès d'une démarche que fit faire Toussaint-Louverture auprès du général en chef Leclerc. Nous ignorâmes quelles étoient les clauses; mais

---

(1) Homme de couleur provenant du mélange d'un mulâtre avec une négresse.

les courriers n'ayant rien rapporté de favorable, les fronts se ridèrent, l'animosité s'enflamma, et l'ardeur de la persécution devint plus terrible dans cet état de désespoir.

On prétexta des propos de sédition, et aussitôt l'accusation portée, s'étant assuré de notre présence par l'appel général, nous vîmes sortir de tous les coins des rues des peletons d'infanterie qui s'emparèrent de toutes les issues. On nous fit rassembler en un corps à cinq pas de l'artillerie, et les canonniers à leur poste, la mèche allumée, disposant des seaux pour rafraîchir les pièces, se regardant les uns les autres en silence, braquèrent sur nous les canons, puis les pointèrent. L'infanterie apprêta les armes probablement pour achever ceux qui auroient échappé aux premières décharges. Enfin la mort nous environnant de toutes parts, j'avoue que, pâlissant de frayeur à la vue de notre supplice, nos cœurs se fondirent, et que déjà notre existence étoit oubliée de notre imagination paralysée. Plusieurs, pour éviter les souffrances d'un assassinat, se plaçoient les premiers afin que les mitrailles ne laissassent aucun vestige de leur corps.

Lafortune parut, et son regard farouche sembloit être le signal de notre trépas : il s'avance vers nous en grondant; relit le chef de nos accusations arbitraires, et se contente de nous ôter la liberté; mais, hélas! le fatal moment n'étoit retardé que de vingt-quatre heures.

L'époque est donc fixée! des flots de sang vont couler! les bourreaux déjà prêts rugissent d'impatience. Deux heures avant le massacre général, un noir pressentiment du funeste événement qui nous étoit réservé, obscurcissoit nos pensées jusqu'alors rassurées sur notre sort: le bruit sourd et confus de groupes environnant notre enceinte; un mouvement continuel d'allans et venans sur la place; le sourcillement amer des gardes de l'intérieur; l'insolence du geolier qui n'avoit plus aucune considération à garder; toutes ces remarques remplirent notre ame d'amertume.

Ces ris sardoniens, expression forcée d'une joie contrainte, ces tristes effets produits à regret dans une angoisse inétouffable et sans cesse renaissante, ces ris enfin, mille fois plus cruels que des pleurs, cessèrent pour faire place à un morne silence. Chacun marchoit la tête baissée, craignant de heurter l'ami qui naguères faisoit sa consolation. On étoit avare de questions, et par conséquent très-réservé dans les conjectures.

Cependant la porte s'ouvre en criant sur ses gonds : deux blancs sont poussés du dehors;

elle se referme soudain : tous les deux mes parens, l'un Rossignol-Dutreuil habitant de cette commune, et l'autre M. Bréard habitant près le pont de l'Ester. Ils n'avoient d'autre accusation que celle d'avoir reçu de France des lettres antérieures annonçant l'expédition, lesquelles interceptées par ordres supérieurs étoient gardées en secret depuis leur arrivée. Ces nouveaux prisonniers nous confirmèrent nos tristes pressentimens, en nous annonçant que la ville étoit cernée par un triple cordon de troupes et de cultivateurs armés; sept pièces de canon chargées à mitraille placées à chaque issue du bourg, en cas de résistance lors du massacre des prisons; le transport de l'arsenal et des munitions de guerre, bombes, obus et boulets vers le haut des mornes, une quantité de torches destinées à incendier le bourg, des cordes amoncelées à la porte des prisons, enfin l'arrêt de mort prononcé contre tous les blancs !... ! Ils se taisent; nos cœurs sont glacés; une sueur froide se répand sur notre corps.

Ils finissoient à peine leur récit qu'on frappe de nouveau avec vivacité. Nous sommes perdus, s'écrièrent plusieurs de nous !... ! quatre grenadiers s'avancent.... nous frémissons.... enfin paroît tout à coup mon libérateur, M. Say chirurgien en chef, arrivant de Saint-Marc où il a connu mes ouvrages sur la médecine. « Où est, » M. Descourtilz, s'écrie-t-il, qu'il vienne à » l'instant; le général Dessalines le demande » ! Tour à tour agité de crainte et d'espoir, je ne sais si je dois répondre : enfin on me fait place; il s'élance vers moi, me prend par le bras, et me tire hors de la prison, en me disant d'une voix entrecoupée que le massacre va commencer dans une demi-heure !... ! Ce coup m'atterra; cependant il falloit paroître devant ce juge inflexible, qui néanmoins ne m'attendoit pas. M. Say n'ayant pu obtenir ma grace, vu l'immensité de nos possessions, avoit pris sur lui, en faveur de son influence auprès des soldats, de se dire envoyé par Dessalines qu'il vouloit intéresser par ma présence imprévue. Je parois : tout à coup les yeux étincelans du tigre altéré du sang Desdunes (1) se dirigent vers moi, et me font tressaillir !... Il se trouble !... Je pâlis !... Il gronde !... Je suis condamné !... A peine les deux canons de ses pistolets sont braqués sur ma poitrine, qu'il a déjà fait signe à sa garde d'obéir à son atroce volonté. Ils m'ont bientôt saisi ! déjà l'on m'entraînoit, l'ame presqu'éteinte,

---

(1) Rossignol-Desdunes, famille nombreuse et respectable du quartier de l'Artibonite, à laquelle je suis allié.

absorbé autant par l'incertitude que par la douleur. Je marchois au supplice lorsque son épouse tremblante et alarmée embrasse ses pieds pour lui demander ma grace. M. Say de son côté, lui observe avec fermeté que je lui ai sauvé la vie dans une fièvre inflammatoire; qu'il y a de la cruauté, de l'ingratitude à me traiter ainsi. Ces mouvemens de pitié en ma faveur le fatiguent, irritent encore son courroux, et toujours inexorable, il s'écrie d'une voix plus forte et enrouée : « (1) N'oncl' à li mouri'... li va mouri' » tou' jour di là. Soldats, fai' ça moué di vous... » oté li douvant g'yeux à moué : conduis li » *pisser* où ti vous connoi (2). Non, s'écrie » Mme Dessalines, en embrassant de nou- » veau son époux furieux qui la repoussoit » toujours; non... il n'ira pas »! Elle pleure... Le tigre est en suspens !..... Un mouvement divin qu'il ne connoît pas achève d'émousser pour l'instant les traits de son ressentiment. Il devient, pour la première fois de sa

(1) Ses oncles sont morts, il périra aussi. Soldats, obéissez..... qu'il sorte de devant mes yeux; menez-le dehors où vous savez.

(2) Le mot *pisser* étoit le signal de la mort à la baïonnette; il exprime dans cet idiome le ruissellement impétueux d'un sang forcément épanché.

vie, pitoyable, et s'écrie : « Soldats, quitté blanc-là » ! Puis à moi. « Sorti devant g'yeux à » moué » ! Son épouse étonnée de ce moment de douceur, me fait signe en ouvrant une porte dérobée de me cacher sous le lit. Bientôt ce nouveau Néron rentre dans sa chambre, et s'attable avec plusieurs officiers généraux de son état-major. Ils stimulent, à l'aide de boissons enivrantes et de recits de cruautés commises par certains propriétaires blancs, leur ardent désir de se venger des insignes vexations exercées envers leurs semblables au tems de leur esclavage. Ils plaignent plusieurs individus qui seront victimes innocentes : une seconde rasade interrompt ce mouvement de pitié ; les traîtres ne parlent plus que de mort! Mon histoire est racontée (1). Ils ne me croyoient pas si près d'eux, lorsque Dessalines se levant aperçoit une de mes jambes, et me dit : « Ça vous faire là p'tit blanc » ? Glacé de frayeur, je ne pouvois remuer ; il me tira par le

(1) « Blancs France layo, disoit Dessalines, gagné » malice, oui!...... Yo connoi tout' queuq'chose. » Miré Descourtilz, li connoi musique passé qui! » li connoî traité mounde qui malade! li connoi toute » bête layo qui après couri' dans l'eau, comme dans » terre! li après pintoré yo semblé si yo vivans, li bon » garçon, mais li assez : ça domage tuié li ».

pied, et après s'être plaint de mon indiscrétion, il me renvoya à sa femme. M. Seguinard, qui avoit trouvé le moyen de se cacher sous le même lit, ne fut pas aussi heureux que moi; car le commandant Lafortune l'ayant aussitôt aperçu, ils s'armèrent tous de leurs sabres, et malgré les efforts de ses mains suppliantes, l'infortuné fut écharpé sur la place.

Toute la Nature gémissoit de cet acte de cruauté, les animaux eux-mêmes; d'un côté, les oiseaux interrompoient le silence par des chants plaintifs; et ailleurs les quadrupèdes, par des beuglemens sourds et entrecoupés, sembloient prendre part à un événement aussi funeste. Des troupeaux immenses de moutons, cabrits, bêtes à cornes, appartenant à Dessalines, ou provenant du pillage des habitations de l'Artibonite, qu'il faisoit conduire dans *les cahos*, sa retraite éloignée du théâtre de la guerre, six bœufs se détachèrent de la tête, mugissant d'une manière remarquable, et s'avançant à regret vers un terrain qui alloit être imbibé de sang; ils côtoyèrent la prison, fouillèrent avec précipitation une fosse énorme (1) qui sembloit indiquer le lieu d'une sépulture. Elle

(1) Ce fait surprenant est connu de tous ceux qui, en ce bourg, ont échappé aux horreurs du massacre.

servit à quelques malheureux tués des premiers coups de feu, sans que beaucoup aient fait cette remarque qui ne m'a point échappée.

A sept heures du soir, une heure après ce passage, la tête des noirs étant échauffée par le tafia, on ordonna l'incendie qui de ses tourbillons enflammés précéda immédiatement le massacre. J'ai conservé jusqu'à présent le souvenir du son aigre et funèbre de la générale, exécutée par quarante tambours et autant de fifres criards, perçant l'air de leurs sifflemens obstrués par le souffle impétueux et forcé de leur rage impatiente.

Bientôt le signal du massacre général fut donné ! Le ciel cacha cette scène d'horreur ; la lune se levoit, mais sa transparence fut troublée : de tous côtés le bruit d'armes à feu réveilloit la douleur assoupie. Chacun prêtoit l'oreille ; c'étoit pour entendre les derniers cris plaintifs de victimes expirantes sous les coups redoublés des assassins, soit à la baïonnette, soit à la crosse de fusil !...... La mort de l'arme à feu, trop douce pour assouvir la cruelle rage de ces cannibales, ils ne s'en servoient que pour ceux qui étoient recommandés. Les blancs du canton, libres sur parole, furent bientôt poursuivis et ramassés de toutes parts. Leur cervelle, jaillissant de tous côtés, alloit s'attacher aux murailles ensanglantées.

Bientôt le plomb meurtrier siffle de tous côtés, la balle perfide va frapper indistinctement le vieillard et l'enfant; elle ne respecte personne. Le tyran Dessalines à l'œil hagard et étincelant, portoit sur son front ridé l'empreinte de la cruauté et de la scélératesse. Il appeloit d'un geste les exécuteurs atroces de sa volonté sanguinaire, les rassembloit, les excitoit, et les harceloit en les agaçant par des souvenirs d'esclavage. Par-tout les cendres éparpillées, les cadavres frémissans décéloient le passage des assassins, et leur marche sanglante. Les victimes, saisies par leurs bras vigoureux, vouloient en vain lutter contre un groupe d'Hercules fortifiés encore par une rage frénétique. Le courage s'évanouissoit bientôt chez notre classe impuissante, pour faire place au sentiment douloureux d'une frissonnante frayeur!

Les rues étoient jonchées de cadavres; et voulant me cacher chez M. Massicot, chirurgien de l'ambulance Lucas, dont la maison étoit gardée pour la sûreté des officiers de santé, je chancelois, dans ma marche peu assurée, à la vue de parens ou d'amis expirans dans des tortures affreuses, obligé de fouler, de meurtrir ces chères dépouilles pour me rendre à ma destination, toujours à la veille d'être frappé moi-même, et de grossir les monceaux de ces corps palpitans !

J'entrai chez M. Massicot; mais quelle sûreté devois-je attendre dans une maison à claire-voie, gardée par une sentinelle déjà ivre, qui pouvoit être culbutée par un peloton de ces assassins effrénés, cherchant à violer notre asile pour y piller le tafia et l'or qu'on savoit y être. Le vieux Massicot, dans cet état où l'avarice devient plus que jamais méprisable, avoit peine à se décider à retirer de fonds sablés une bouteille de vin vieux; il ne nous offroit que de l'eau. Il perdit plus tard, par l'incendie, le fruit honteux de sa fausse économie, sans exciter nos regrets. Plus occupé de son porc à l'engrais que de sa propre vie, il ouvroit continuellement sa porte, qui toujours eut dû être fermée pour éviter des méprises dangereuses. Et pourquoi ces précautions? pour demander d'une voix tremblante et cassée, si *fanfan* étoit toujours là. *Fanfan* étoit le nom de son cochon.

Ces scènes burlesques, qui dans tout autre cas eussent été récréatives, nous fatiguoient par leur ridicule. Plusieurs de nos chirurgiens, se croyant en sûreté, soupèrent tranquillement : pour moi, semblable au jeune agneau qui attaché au fatal poteau y attend son sort, je restai quarante-huit heures sans manger ni dormir, mort enfin à tout sentiment. O mon épouse! toi mon fils! ô mon père! et vous tous mes amis! que le souvenir de notre séparation m'étoit alors douloureux!..... Je vous criois *adieu!*.... mais vous ne pouviez l'entendre; hélas! des mers immenses nous séparoient.

Pendant cette consternation générale, je sortis un instant dans le jardin, mais.... ô Bonté divine! un nègre que je ne connoissois pas, et que je croyois chargé de mon exécution, vint me prendre par le bras, et m'entraîna d'abord vers une masure dans laquelle il me dit de me mettre à genoux...... Je crus que c'étoit fait de moi; mais lui-même se jetant à mes pieds, il se nomma comme malade guéri de ma main, et m'assura que je n'avois rien à craindre. Observant ensuite que cet endroit étoit trop à découvert et trop près de l'importun M. Massicot, qui venoit d'y arriver avec son *fanfan*, ce bon nègre me fit ramper parmi des épines sous la voûte touffue d'une haie de campêches jusque vers le bord d'un ruisseau. C'est là qu'il m'y fit cacher sous des pois de France ramés, dont il m'enveloppa la tête pour me laisser respirer, et veillant sans cesse aux environs, il ne me quitta pas d'un seul instant. Malgré ses vigilantes précautions, il fut aperçu par des maraudeurs.

On tira sur lui; la balle vint siffler au dessus de ma tête. Il se jeta sur moi en contrefaisant l'ivrogne, et ne quittant point ce caractère ingénieusement imaginé, il balbutia qu'il n'étoit pas blanc, qu'il étoit nègre Congo, mais qu'il ne pouvoit les suivre. *Moué fini net' caba,* disoit-il d'une langue épaisse; *moué pas capab' bougé place là; moué sou caba.* Ce qui veut dire : *Je suis ivre mort.*

Avides de pillage, et animés eux-mêmes par le tafia et le vin, ces assassins crurent mon libérateur sur sa parole, et tournèrent leurs pas vers de nouveaux crimes. Ainsi donc la vie confinée dans sa dernière retraite, je la resaisis encore aux portes mêmes du tombeau. J'étouffois sous le poids de ce nègre bienfaisant qui, par cette ruse, ôtoit tout soupçon de trouver quelqu'un aussi près de lui. Il se releva, et pleura de joie de m'avoir sauvé. Il me garda ainsi jusqu'au lendemain matin, non sans crainte, mais tourmenté par une juste frayeur, en nous trouvant au milieu du théâtre d'un carnage toujours renaissant.

Pendant ce tems, l'asile divin fut souillé; l'autel teint du sang d'un jeune homme de seize ans, qui, les cheveux épars, venoit à genoux implorer la protection de la Divinité; les mains et la bouche dégoûtans de sang, nus, malgré la sainteté du lieu, les cannibales achevèrent cette victime innocente qui avoit résisté à plus de quarante coups de baïonnette !

Bientôt la garde meurtrière fonce la porte de la prison où l'on avoit eu soin de concentrer dans chaque chambrée les malheureux prisonniers pour n'éprouver aucune résistance. Les premiers numéros sont appelés deux à deux, attachés par les bras l'un à l'autre, dépouillés de leur argent, de leurs vêtemens, puis lardés à coups de baïonnette. Déjà le tas des expirans commence à grossir, que ces bourreaux se plaignent de la lenteur de l'exécution : lassés également de plonger et replonger l'acier émoussé dans ces chairs repoussantes, ils fusillent au passage. Les prisonniers sortent en foule pour hâter une mort prématurée ; le feu devient plus vif. C'est par ma chambrée que l'on commença ; aucun des quatre-vingt-sept n'échappa à cet horrible carnage !

Des disputes s'élèvent parmi les soldats qui décident de composer avec chaque prisonnier sur le genre de supplice : les uns étoient exécutés à l'arme à feu, ceux-là à l'arme blanche, d'après l'argent donné aux sous-officiers porteurs de fusils, ou aux soldats munis de coutelas et de baïonnettes. On ralentit donc de sang-froid ces momens de carnage, afin d'éviter la confusion !..! Quelle barbarie !...!

Des cris percent la foule; bientôt paroît dans l'obscurité le ministre apostolique revêtu de ses habits sacerdotaux, l'abbé Vidaut, dont je répète le nom avec vénération : consolateur de nos momens d'anxiété, il ne s'étoit point contenté de nourrir avec abondance la majeure partie des prisonniers, pour lesquels il fit des sacrifices énormes; il falloit encore sauver la vie de quelques-uns, en exposant visiblement la sienne : il est méconnu par ces démons enivrés; il est repoussé, frappé; des balles effleurent ses vêtemens, rien ne l'étonne; il coupe de tous côtés les liens qui unissent les victimes, et en sauve un grand nombre que les soldats laissent passer, croyant qu'il a des ordres, et d'ailleurs apaisés par de l'or qu'il prodigua avec libéralité.

Maintenant à Angoulême, il verra, je crois avec plaisir, que justice lui est rendue par un de ceux qu'il a si généreusement obligé, et qui s'efforce de lui prouver toute sa reconnoissance. Il eût été à souhaiter que dans chaque division les ecclésiastiques se fussent conduits de même. Enfin il est obligé de sortir, repoussé par les soldats dont l'avidité insatiable ne trouvoit plus à profiter des dépouilles. Il fuit en heurtant le crime, et trébuchant sur les cadavres !...! Son absence rallume une rage légérement assoupie. Les têtes volent de nouveau sous le coutelas homicide ; le sang coule à grands flots ; les bourreaux sont baignés, abreuvés, rassasiés d'un sang qu'ils ont depuis si long-tems demandé! Une autre chambre est ouverte : quelle est leur surprise d'éprouver un retard, de n'en voir sortir personne, de ne plus trouver en ce cachot qu'un seul prisonnier! l'affreux suicide avoit exercé son criminel empire, et devancé le terme de la carrière de ses compagnons : les uns étranglés avec leurs cravates, d'autres empoisonnés par les narcotiques du pays, ou l'opium ; ceux-ci percés de leurs propres mains ; un seul n'avoit pas craint d'affronter la cruauté de ces bourreaux, dans le vain espoir d'adoucir pour quelques momens leur frénétique fureur, ou au moins d'en suspendre les effets. M. Lapointe, âgé de trente ans et père de deux enfans, demandoit un retard de deux heures pour les embrasser encore une fois avant de mourir : vaine tentative! la pitié n'existe plus dans des cœurs avides de forfaits et gorgés d'attentats!... On lui fait un crime de sa demande, et pour l'en punir, on exerce sur lui mille cruautés! il est *dévirilisé!* on lui rompt les doigts à la renverse, puis tour à tour il est transpercé et mutilé, on le met en pièces. L'un d'eux qui le savoit mon parent et mon ami, propose de m'envoyer chercher, pour savoir si avec tout mon art je pourrai rassembler les lambeaux, et leur rendre l'existence. Du sentiment !!! les cruels ! Ils ne purent me trouver. Tremblant au fond de ma fosse, je m'entendis bien appeler chez M. Massicot; mais je me serois bien gardé d'en sortir. Un autre officier de santé fut emmené, bafoué et maltraité.

Dix-sept noirs furent tués sur la place, chacun pour avoir soupçonné son voisin du vol d'une ceinture contenant environ trois cents portugaises, qui font douze mille francs. Elle appartenoit à M. Giraudeau, sous-chef de l'administration des Gonaïves. Cet or passa furtivement de main en main jusqu'au dix-septième, qui lui-même fut tué par un officier noir qui s'en empara et s'enfuit : cet homme immoral se plaisoit, dans les camps, à répéter ces actes d'atrocité.

Dans ces ténèbres éclairés à regret par la lune pâle et ensanglantée, avare de son flambeau, sous le ciel obscurci où elle s'éclipsoit à chaque instant, soustraite par l'amas condensé des vapeurs du sang humain répandu ; ces barbares anthropophages animés dans leur férocité naturelle par une liqueur enivrante dans laquelle ils baignoient des membres palpitans, un sexagénaire paisible (1), ayant près de lui

(1) M. Flacquet, demeurant à Saint-Marc.

toute sa fortune, un fils doux et bien aimant, s'avançoit à pas tremblans, conduit par le jeune homme vers des campêches touffus, avec l'espoir d'échapper une seconde fois à la mort. Il heurte dans cette marche chancelante un corps ayant encore vie, qui laissa échapper une plainte au renouvellement de ses blessures engourdies! il est entendu d'une embuscade prochaine dont les soldats fondent, avec l'impétuosité de tigres altérés de sang, sur les trois malheureux sans défense!

Pleins de fureur, grinçant les dents, écumant de la rage du ressentiment, ils frappent!.... bientôt les trois troncs sont confondus dans un sang qui jaillit de toutes parts. Le père est décapité; et le fils!..... contraint, malgré ses débats et l'horreur d'une pareille monstruosité, à recevoir dans sa bouche resserrée la cervelle fumante de l'auteur de ses jours qu'on lui a fait poignarder!....... Je reconnus ces trois cadavres le lendemain, au sortir de la fosse où l'on m'avoit fait passer la nuit, et je ne pus éviter ce spectacle atroce sans la certitude, au moindre regard de pitié, de voir le même terrain abreuvé de mon sang par ces bourreaux à moitié endormis autour de leurs victimes!

Les tumultueux effets de cette barbare effervescence n'avoient point encore incendié de leur feu rongeur les habitations reculées de l'Artibonite, où les habitans, paisibles encore et pleins de confiance en l'amélioration annoncée, attendoient, dans un espoir flatteur, ce jour tant désiré. M. Dubuisson, octogénaire et privé de la vue, se livroit dans le silence de la méditation à de riantes conjectures lorsqu'entendant du bruit, et tranquille encore à la veille d'une mort violente, il en appelle les auteurs, croyant appeler ses domestiques; mais!...... le poignard brille dans leurs mains homicides! la fureur retenue s'annonce par des cris étouffés....... M. Dubuisson seul étoit tranquille!..... les assassins se disputent le premier coup!..... Porté par des ingrats, il est mortel!...... et des flots de sang se mêlent aux reproches de l'octogénaire qui expire en pardonnant à ses bourreaux!

Les habitans du *Gros-Morne*, bourg de la dépendance des Gonaïves, furent de tous les prisonniers les plus misérablement tourmentés. Le commandant Guibert, d'abord humain, mais ex-aide-de-camp de confiance de Toussaint-Louverture, en développa les principes sanguinaires, long-tems alimentés dans son sein, dès que livré à sa propre volonté, il s'éloigna de son général. Docile aux leçons de son maître, il mit à exécution, avec une scélérate exactitude qui annonce un partisan zélé du crime et du brigandage, des ordres destructeurs qu'il pouvoit soustraire.

Toujours bien accueilli des propriétaires, Guibert fut insensible à leurs bontés au point de les trahir. Au milieu d'un repas communal auquel les habitans du Gros-Morne assistèrent avec trop de confiance, Guibert, sous le voile mensonger d'une feinte cordialité, fit saisir ces habitans, puis étroitement garrottés, il les fit garder à vue, malgré les sages représentations de Mrs Paul, Prompt et autres propriétaires de couleur, vrais amis du bon ordre, et toujours armés pour le rétablissement du pays. Il les fit conduire au milieu de terres sauvages de la partie espagnole, en les harcelant dans leur marche pénible et raboteuse, pour ensuite les faire revenir au *Gros-Morne*, et de là les pousser comme des agneaux aux *Gonaïves*, où, leur refusant toute autre nourriture que celle de baies de bois d'orme, après une route forcée de plus de vingt-quatre lieues, dans laquelle leurs bras crevèrent par la contusion et l'expansion d'un sang extravasé, ils arrivèrent près du bourg de la Petite-Rivière où ils furent tous massacrés !

Souvenirs affreux, enveloppez-vous de vos couleurs lugubres ! Génie de l'amitié, venez honorer les manes de malheureuses victimes. Auteur du monde, frémis du haut de ton séjour céleste! Rends-toi protecteur de victimes innocemment sacrifiées, et dénonce à ta justice les hordes criminelles de ces assassins effrénés! Parle!... et bientôt punis de leur atroce scélératesse, ils vont expier, dans de violens remords et dans la misère la plus affreuse, la somme totale de leurs iniquités. Commande, et bientôt confondus, leurs corps grossiront les monceaux de leurs victimes pour leur annoncer que toujours les crimes sont punis. Leurs spectres odieux iront implorer un pardon secourable des cendres mêmes de ceux qu'ils ont égorgés.

Ah! Martini, Cressac, Pelletier, Imbeau, etc. et vous tous, mes amis, dont il ne me reste plus que le souvenir des vertus, dont les noms me sont si doux à prononcer, du séjour bienheureux que vous habitez sans doute, pardonnez à vos méprisables ennemis, aux délateurs, aux bourreaux de l'innocence... Que dis-je, pardonnez?..! Votre poussière s'agite... je me tais. Je vous vois encore, trop malheureux amis, dans les horribles supplices d'une douloureuse agonie, vos lambeaux se révoltant sous le couteau brut de vos lâches assassins... Et toi *Marsan!*... mort mille fois; toi, dont le corps tout déchiré après trente heures de convulsions cruelles, se tourna encore vers ton ami pour lui désigner d'une main sans force le lieu prochain de ta sépulture, une terre abreuvée de ton sang! Toi qui as épuisé l'innovation sanguinaire et lente d'enfans qui se jouoient de tes souffrances, en plongeant et replongeant leur criminel acier dans tes blessures profondes et innombrables! Toi que des soldats impitoyables n'ont pas voulu me laisser secourir, reçois l'expression de ma tristesse et de mes regrets!

Après le repos de cette nuit désastreuse, c'est de sang froid que les assassins veulent porter de nouveaux coups. Le commandant Lafortune annonce impudemment aux moribonds échappés au carnage, que de nouveaux meurtres sont nécessaires; qu'il n'a point assez coulé de sang, puisqu'il existe encore des blancs. Un piquet est donc de suite commandé pour faire de nouvelles perquisitions dans les masures à demi-brûlées; l'ordre est donné de garrotter tous les fugitifs, et de s'en défaire. La patrouille meurtrière de retour chez Lafortune, raconte ses exploits. On fait une nouvelle recherche dans la maison même du commandant, et douze blancs retrouvés sont martyrisés, malgré leurs supplians gémissemens. Les uns, lardés de piquans de raquette sous les aisselles et les cuisses, furent forcés de courir jusqu'à extinction de leurs forces.

forces. Des femmes enceintes furent empalées, d'autres eurent les yeux crevés par des épingles, et des enfans furent *dévirilisés* avec de mauvais ciseaux.

Quant à moi, craignant toujours le caprice de ces bêtes féroces, je m'étois caché pendant la visite dans un salon du commandant Lafortune, derrière M. Péraudin, domicilié du bourg, et malade d'un ulcère à la jambe. A chaque fois que quelque soldat vouloit approcher de lui, il crioit de manière à faire croire qu'on lui avoit froissé sa plaie; ce qui écartoit l'importun.

Je fus cependant envoyé, pour la dernière visite, à l'ambulance Lucas, dont l'habitation se trouve à une portée de fusil du bourg; et malgré mes représentations, on me contraignit à y aller seul. Comme il étoit à craindre qu'au poste du dehors, ou même dans les rues désertes, on ne me prît pour un fugitif, j'eus la précaution de tenir d'une main une trousse et un lancetier; de l'autre, des bandages largement déployés, et un pot de digestif, pour qu'on n'ait point à douter que mes services étoient utiles. Bien m'en prit, puisqu'au détour d'une haie hérissée de baïonnettes, un peloton m'ajuste et alloit tirer, sans mon empressement à crier que je suis médecin de l'armée, et à en déployer les preuves aux yeux des assistans. Cependant on m'arrête, on m'examine, et, malgré mes sermens, je ne sais ce qu'on auroit fait de moi sans l'arrivée de M. Conain, ancien praticien de Saint-Marc, qui me suivoit, et alloit, comme moi, à la même ambulance.

Ce peloton environnoit un groupe de blancs ramassés dans les bois, au secours de chiens qu'on avoit mis à leur quête. On nous fit signe de nous éloigner, pour ne pas les reconnoître, mais j'avois d'abord aperçu mes deux malheureux oncles, M. Rossignol-Desdunes-Poincy, père de famille sexagénaire, et son frère Lachicotte, ce brave et digne homme dont j'ai déjà parlé (1), M. Alain notre négociant, et

(1) M. Desdunes-Lachicotte avoit pour valet de chambre de confiance un nommé *Lubin*, qui fut son ennemi le plus prononcé. Déjà son généreux maître l'avoit arraché des bras de la mort, un jour surtout qu'il y fut condamné pour avoir brûlé trois cartouches sans pouvoir atteindre M. Lachicotte. Ce féroce favori, dépourvu de naturel et de reconnoissance, se voyant enfin au moment d'assouvir sa rage, refusa quelques pièces d'or de son maître, qui le conjuroit par ce dernier présent, de lui donner au moins une prompte mort. Lubin préféroit se repaître des souffrances affreuses de son maître, qu'il transperça à coups de baïonnette. Telle fut la fin malheureuse d'un ami bon, sincère et généreux, au souvenir duquel je donnerai toujours quelques larmes !

plusieurs autres. Un marchand des Gonaïves par exemple, basque, petit, mais très-alerte, ayant été dépouillé de ses habits pour être poignardé, sans perte d'effets, eut la présence d'esprit d'étourdir ses deux gardiens par une paire de soufflets, puis d'un élan de sauter tout nu par dessus la haie, et de courir précipitamment dans les sillons de cannes à sucre, pour y chercher un salut qu'il y trouva, quoiqu'ayant essuyé à son départ un feu assez vif que nous entendîmes. Il restoit le jour sous le feuillage, et marchoit la nuit à la faveur des ténèbres, jusqu'à ce qu'il ait eu le bonheur de rejoindre une colonne de l'armée française, ainsi qu'il me le raconta. Son camarade, M. Rospitt, commandant de la garde nationale des Gonaïves, basque aussi, mais plus grand et moins exercé dans la gymnastique, ne fut pas si heureux; car ayant manqué son saut, et étant retombé au milieu des épines de la haie, il y fut brûlé vif!

J'arrivai tremblant à l'ambulance Lucas; et pour comble de contrariétés, on m'ordonna d'amputer un chef des assassins, mutilé par méprise au milieu du feu de la prison. Je ne sais comment il put survivre à ses blessures; ce n'est que le lendemain matin qu'il se traîna seul à l'hôpital. La vue d'un pareil monstre rougi du sang de mes parens, de mes amis, d'un sang innocent confondu à celui de la scélératesse, troubla ma raison; je m'évanouis. Cette sensibilité pensa m'être funeste; on m'invectiva, et les propos ne se calmèrent que quand j'eus dit que cette défaillance provenoit d'un besoin de prendre quelqu'aliment.

Enfin, ayant reçu ordre de transférer les ambulances au Calvaire (habitation Miraut), nous quittâmes les cendres fumantes du bourg de la Petite-Rivière, pour nous acheminer vers notre destination. J'abandonnai, le cœur bien contrit, ce terrain ensanglanté, dépositaire de tant d'objets chéris, et je tournai vers les montagnes mes regards pleins d'amertume. Aux cadavres des hommes étoient joints ceux des animaux domestiques sacrifiés dans l'ivresse féroce de ces barbares, qui avoient également tué une quantité immense de volailles, sans les mettre à profit. Ces hommes féroces poussèrent la cruauté jusqu'à enlever aux bœufs un côté de la cuisse, pour en faire une grillade, puis après ils laissoient aller l'animal !........

Le sac sur le dos, je suivois en tremblant les cabrouets des malades, car à chaque cahot, les blessés, qui étoient tous armés, devenoient furieux, et me menaçoient lorsqu'un infirmier apparut soudain. C'étoit un nègre, mais c'étoit un brave homme qui se déclara mon défenseur. « Si zautr' vlé tuié li, tuié nioun' fois papa vous (1) »! leur crie le brave *Pompée*, en les ajustant de son long pistolet. Sa vieillesse et son état le firent respecter, et dès ce moment il ne me quitta plus.

Après avoir ainsi long-tems combattu la fatigue et respiré une poussière désagréable, nous arrivâmes au haut d'un morne couvert de lataniers auxquels on venoit de mettre le feu, pour prévenir les embuscades. N'ayant bu ni mangé depuis deux jours, et rencontrant un cabrouet chargé de provisions pour Dessalines, je tendis la main à une femme de couleur qui, après m'avoir reconnu, me plaignit beaucoup, et m'ayant fait désaltérer, me donna quelques alimens que je dévorai sans discontinuer notre marche. Enfin, *Honorine* (c'étoit le nom de cette jeune mulâtresse) ranima mes forces avec un coup du tafia qu'elle portoit dans un coco aux officiers; elle me fit aussi le cadeau d'une morue salée, en m'assurant qu'elle ne pouvoit faire mieux pour moi jusqu'au lendemain. A peine l'eus-je perdue de vue, que cédant à ma faim insatiable, je mordis dans la morue sans la faire cuire; et j'allois y faire une grande brèche si le bon *Pompée*, par intérêt pour ma santé autant que

(1) Ma vie tient à la sienne.

par la certitude que ce poisson nous feroit honneur à notre arrivée dans un camp dénué de tout, ne me l'eût demandé ; il la donna à sa femme qui le suivoit avec deux ânes porteurs de son petit équipage.

Honorine tint parole, et ayant parlé de moi à Mme Dessalines, je reçus un peu d'argent et du porc salé, ainsi que des légumes secs, avec recommandation expresse de garder le silence à l'égard d'un bienfait qui ne devoit point être connu. Le bon Pompée me trouvant trop généreux dans une circonstance si perplexe, m'ôta la disposition de toutes ces provisions, et les remit à sa femme ; il employa l'argent à acheter des andouilles de tabac, pour les revendre en détail aux soldats : c'est ainsi qu'il faisoit valoir mon argent qui devenoit l'objet de sa spéculation. Ce petit commerce nous procuroit le café trois fois le jour, du sucre, des cigares auxquels je fus obligé de m'accoutumer pour raison, c'est à dire, afin de n'être point suspecté de hauteur dans les entretiens que nous avions auprès du feu avec les blessés arrivant de la grande armée. Tous les soirs et les matins, pendant que le bon Pompée me préparoit avant le jour le premier café, et le soir la petite goutte de croc (tafia), j'éludois, en fumant mon cigare, une série de questions insidieuses de la part de soldats toujours empressés à me rendre coupable de quelqu'indiscrétion. Pompée avoit l'oreille à tout, et répondoit pour moi avec fermeté lorsque le cas étoit épineux et délicat.

Réduit dans ces mornes frais à coucher sur la terre imbibée de rosée, ne possédant plus rien pour m'envelopper, ce brave homme partageoit avec moi sa couverture, et vouloit enfin que tout fût commun entre nous. Tous les nègres le respectoient à cause de son âge, et l'appeloient *papa*, expression honorable du pays qui le mettoit plus à même de m'être favorable selon ses désirs. Les repas étoient toujours réglés sans que je m'en occupasse, et les mets conformes à mes goûts que le vieux couple étudioit.

Les pillards étant arrivés au camp, l'or y étoit si commun que beaucoup d'entr'eux n'en connoissant pas le prix, aimoient mieux l'argent dont les pièces étoient plus larges. On m'offrit 17 rondins (1460 liv.) pour 17 gourdes (85 fr.); mais craignant que cette offre ne fût un piége, et d'ailleurs répugnant à cet échange souillé par le crime, je refusai ces propositions.

M. Sajus négociant à Saint-Marc, et particulièrement connu de moi, s'étoit sauvé de la prison, à la faveur de deux cents portugaises (8000 fr.) au commencement des sourds préparatifs du meurtre et du carnage. Homme robuste et courageux, il avoit culbuté à son passage la sentinelle assoupie, et promptement escaladé une muraille. Le péril le plus évident étoit passé, puisqu'au moyen de cotonniers épais et plians sous leurs nombreux flocons, il avoit attendu dans le silence l'issue de cette catastrophe. Je le revis quelques jours après dans les bois de l'habitation du calvaire Miraut, exténué de fatigue, déchiré par les piquans et les épines dont les bois qu'il avoit traversé étoient hérissés. Haletant de soif, accablé par la faim, il étoit méconnoissable. L'épreuve de tant de calamités avoit altéré sa raison; le souvenir effrayant des dangers passés, et l'entrevue de ceux à venir le suffoquoient, et faisoient rouler de grosses larmes dans ses yeux éteints par une juste frayeur. Je tentai de calmer ses esprits, de ranimer son courage, et je le pressai de reprendre ce naturel stoïque que je lui connoissois. « Je ne suis plus » homme (me dit-il avec langueur); ces mêmes » facultés ne sont plus en moi! je ne suis plus » qu'un agneau tremblant.... Voici... voici... » les voilà ces bouchers sanguinaires, ils vont » fondre sur moi!... défendez mes jours!... ou » plutôt, pour m'épargner de nouveaux tourmens, » qu'ils assouvissent leur fureur dans mes dé» pouilles agitées de trouble et d'effroi »! A cette déclamation qui lui étoit pourtant naturelle, je reconnus qu'il étoit frappé; cette certitude me fit frémir. En vain je voulus lui faire entrevoir l'espoir de son salut, en prenant sur moi de le garder à mes côtés, comme infirmier; parti qu'il embrassa d'abord avec des transports outrés, et qu'il rejeta ensuite, dans la crainte de ne pouvoir se maintenir à la vue de cannibales dont la présence eût rendu son existence cent fois plus terrible que la mort. Il préféra vivre errant, dans l'espoir de trouver près de là, me disoit-il, un sûr asile qui est devenu son tombeau. Y ayant été découvert, la chaumière fut cernée et incendiée; le malheureux prisonnier d'abord échappé aux flammes qui l'avoient déjà noirci, et enveloppé d'un tourbillon de fumée qui l'étourdit et le suffoque, tombe, et bientôt assailli par la horde criminelle, il a déjà reçu vingt coups qui ne sont pas mortels. Furieux de se voir seul pour veiller à sa défense, il réunit toute son énergie, arrache le coutelas d'un de ces meurtriers, mais il devient inutile en ses mains; un d'eux lui ayant coupé les jarrets, il tombe et reste sans défense. C'est alors que se déployèrent tous les supplices les plus révoltans pour punir une résistance si naturelle. Ces assasins, après des hurlemens affreux qui annonçoient un trépas cruel et prochain, l'attachent d'un bras et d'une jambe à un gayac, puis à l'autre flanc ces monstres infernaux s'attèlent, en grondant de joie, pour arracher, disloquer les membres palpitans de leur victime malheureuse! Sajus est déchiré!..! Un d'eux, dans ses transports de rage, a oublié de punir les regards fiers de Sajus; il vole à la tête séparée de son tronc, et lui arrache les yeux avec le tire-bourre de son fusil! Un autre, jaloux d'une réputation parmi ses égaux, va lui rôtir les poignets qui se sont inutilement armés du coutelas! Ainsi se termina la vie du malheureux Sajus, qui ne prit même pas part aux horreurs des deux derniers supplices. Cette scène se passa à cinquante pas de mon ambulance sans que j'aie pu le secourir, étant obligé d'étouffer jusqu'à mes soupirs au milieu de démons étonnés de ne pas me voir sourire (1).

Mes succès dans les cures des blessés, que je traitois par les plantes du pays d'après la combustion des pharmacies, me donnèrent auprès des autorités noires un relief qui me rendit bientôt un important personnage, non point du côté de la puissance, puisque sans cesse et par-tout accompagné de quatre dragons, je ne pouvois seul faire un pas, car on étoit persuadé qu'il me tardoit de rejoindre la colonne française.

---

(1) *Dent pas cœur*, m'appeloient-ils alors, disant par là que je riois du bout des lèvres.

Aussi ces quatre cavaliers, considérés comme mes protecteurs et nommés pour ma garde d'honneur, avoient par dessous main l'ordre de me fusiller au moindre projet de désertion. Comme j'avois soin d'eux, et que je n'épargnois ni le tabac ni le tafia, je captai leur confiance, au point qu'ils me dévoilèrent sans artifice la consigne qui leur étoit donnée. Ils me prévenoient également de complots ourdis par mes jeunes infirmiers, depuis que j'avois été élevé au grade d'inspecteur des ambulances, lesquels complots tendoient à me faire mettre à mort comme devenant inutile, puisque ces jeunes nègres se disoient en état d'opérer; mais il n'y avoit rien de plus faux. C'est pourquoi j'emmenai dans une de mes tournées le général de brigade Vernet chargé du détail des hôpitaux, et après l'avoir sondé sur ses dispositions à mon égard, je lui racontai le sujet de mes justes inquiétudes. Plein de fureur, il voulut de suite faire fusiller le coupable, mais c'eût été gâter mon affaire; je profitai au contraire de cette occurrence pour prouver aux malades des différentes salles que j'avois à visiter, l'incapacité de ces élèves, et le danger pour eux de laisser opérer ces ignorans sans que je les aidasse de mes conseils.

Les nègres qui, lorsqu'ils sont malades, font de leur médecin leur divinité, crièrent tous, quoique prévenus contre moi, qu'ils n'en vouloient point d'autre que *p'tit* médecin blanc. Ainsi leur cœur se changa en un instant. C'est alors que mettant à profit ce vœu général, j'ordonnai aux deux plus mutins élèves de faire l'amputation de l'humerus gauche; mais, tremblant de ne point réussir, ils annoncèrent par cette juste méfiance leur véritable incapacité pour la plus légère opération. Ils tournoient gauchement les instrumens dans leurs mains vacillantes, et dans leur confusion les laissant tomber, ils se jugèrent eux-mêmes. Le général Vernet les disgracia publiquement, retrancha leur ration, et leur fit prendre le mousquet à poste fixe pour mieux surveiller leur conduite équivoque.

Le nommé *Sans-Souci*, le plus intrigant des deux, reçut la bastonnade en convenant de son propos atroce et perturbateur que voici : « Blancs yo va toujours blancs : yo bons pour » tuié, pour corcher tant comm' camarade à » yo ». L'impudent s'attendoit tellement à me remplacer, qu'il s'étoit déjà fait broder l'uniforme de mon grade. Nous ne pûmes jamais savoir par qui, et comment.

Saisissant les instrumens devant les condamnés, je fis l'opération; je dus à mes succès la célébrité progressive de ma réputation, et la bonne intention des malades qui se plaignoient amèrement quand je ne présidois pas au moins aux pansemens.

Il ne faut pas croire que Dessalines m'ait jamais offert de traitement ni de gratification. Il me regardoit très-heureux d'avoir été épargné pour soigner ses malades, et insultoit sans cesse à ma position. Sachant aussi que je voyageois ordinairement avec célérité, il chercha à me mortifier en me donnant des chevaux boiteux, ou, quand ils étoient valides, la selle en étoit dessanglée, de peur que je ne me laissasse emporter par mon désir vers le camp des Français qui étoit de l'autre bord de l'Artibonite.

Camp de Plasac.

Comment étancher leur soif insatiable? comment adoucir des fanatiques révoltés? comment détourner de leur proie les yeux étincelans de ces vautours affamés? comment apaiser leur furie dévastatrice? comment les empêcher de se repaître avec sang-froid de ces scènes de désolation?

A Plasac, huit jours après le grand carnage qui commençoit à se ralentir, Toussaint-Louverture voyant les succès de l'armée française, et craignant de trouver en quatre cents Espagnols forcés de se battre sous ses drapeaux, des sentimens opposés aux siens, résolut de s'en défaire, pour ne point avoir à redouter dans cette troupe disciplinée, un obstacle à ses vastes projets; il les fait désarmer la nuit, et de suite l'ordre de mort, pendant le même sommeil, est annoncé par le son fatal de la trompette : il étoit minuit. Je fus éveillé en sursaut par un peloton élancé vers mon ajoupa; voulant en vain échapper à une mort inévitable, c'est inutilement qu'ils cherchoient à fuir. Où diriger leurs pas ?..! la lueur funèbre de torches allumées les décéloit par-tout. Ma porte mal fermée fut bientôt ouverte sous leurs coups redoublés; les premiers sont sacrifiés par ma sentinelle même, et leurs corps dans leur chute viennent rouler à mes pieds, en laissant échapper les dernières plaintes de la Nature! Mon asile est méconnu, violé, et devient un lieu de carnage; les balles sifflent de toutes parts, je n'ai que le tems de m'élancer par une fenêtre étroite, pour n'être point confondu, et ne point grossir l'amas de ces sanglantes victimes! Le dehors n'étoit pas plus sûr : à mes côtés la mort planoit, et je fus obligé de monter sur le chaume pour me soustraire aux feux croisés. Ne trouvant pas dans le fusil une arme convenable au raffinement de leur cruauté, les nègres en viennent à la baïonnette, et repaissent plus lentement leur rage frénétique; ils plongent et replongent leur cruel acier dans le corps des innocens soldats espagnols pour satisfaire leurs yeux et leurs oreilles. Enfin les femmes qui avoient suivi leurs époux éprouvèrent le même supplice !

Quelques-uns de ces Espagnols, sans avoir échappé à la mort, avoient trouvé pour leur malheur les moyens d'en retarder le moment fatal : cachés dans des boucauts et dans des arbres creux, ils furent découverts !.. La soif ardente de s'entretenir dans le crime fournit à la troupe de cannibales l'idée monstrueuse de ces tourmens.

L'un eut le corps *scarifié* profondément, afin d'y pouvoir ranger des cartouches qu'on y allumoit. Non content de ces déchiremens douloureux, on lui mit dans la bouche un énorme marron d'artifice pour lui faire sauter la tête : ce fut la fin du supplice !

Un autre eut les membres désossés, et son corps fut abandonné privé de son soutien !...!

Un troisième fut écartelé par des arbres forcément arqués qui lui prirent chaque pied, lesquels en se redressant déchirèrent le patient !

Un quatrième..... quel génie peut inventer un tel supplice ?...! eut les paupières arrachées, les oreilles coupées ; il fut saigné aux quatre veines par un digne complice de ce Sans-Souci dont il a été déjà parlé, et chasé du camp à coups de fouet, en lui disant d'aller porter cette nouvelle aux autres ! Il ne fit pas un long trajet !..

L'ordre arrivé d'évacuer les ambulances pour les établir dans les mornes des Cahaux, il fallut travailler aux dispositions préparatoires. Il me tardoit de quitter un champ inondé d'un nouveau sang innocent, par l'espoir au moins de trouver le repos et la paix dans la concentration de ces doubles montagnes ; mais la valeur française qui ne connoissoit point d'obstacles, franchissoit les endroits les plus escarpés, les plus périlleux, enfin pénétroit au milieu de retraites inconnues, en nous forçant plus d'une fois de nous déplacer.

L'inhumain Dessalines poussoit l'injustice au point de me rendre responsable corps pour corps de la mort d'un de ses soldats blessés ; et à cette époque, d'après les états fournis, j'en comptois, le jour de cette menace, trois mille sept cent vingt-deux, provenant des deux colonnes en marche. Comme parmi ces malades il y en avoit d'aigrefins, j'avois soin de me les attacher par quelques préférences, car leur témoignage étoit d'une grande influence auprès du tyran farouche et cruel, de ce Dessalines, qui souvent dans ses tournées générales fit fusiller des infirmiers pour des bandages mal appliqués, en lançant toujours quelques propos

contre

contre l'inspecteur; mes partisans soutenoient alors ma cause, et apaisoient le courroux toujours croissant de l'inexorable Dessalines.

Je comptois parmi ces partisans plusieurs colonels, dont l'un surtout très-douillet, poussoit les hauts cris aux pansemens d'une balle morte qui n'avoit excité qu'une légère contusion. J'avois bien soin, comme on peut le penser, de l'entretenir dans sa pusillanimité. Au reste, je savois à propos ternir les plaies de ces êtres méchans qui, trop tôt guéris, n'eussent plus fait cas de moi; et pour ne point rougir de m'avoir quelqu'obligation, eussent fort bien pu se déclarer mes antagonistes : car leur confiance, tant ils sont méfians, est souvent accordée et retirée plusieurs fois le jour. Deux événemens furent sur le point de me coûter la vie.

La colonne française, au grand étonnement des noirs qui croyoient cette marche impraticable, étoit de beaucoup plus élevée dans les montagnes des Grands-Cahaux que notre ambulance principale alors fixée, à mi-côte, au Corail-Miraut (1). Le soleil n'étoit point encore levé que je m'occupois déjà de ramasser

(1) Ça pas z'hommes qui après grimpé là haut, là haut, disoient les nègres, ça diab' même.

les plantes nécessaires aux pansemens du matin. Mon cœur semblant s'élancer vers des hommes de ma couleur, j'avois trouvé le moyen, de cafier en cafier, d'approcher d'eux. Je fus aperçu, et tout à coup cerné par les brigands; mais je ne me déconcertai pas, et je leur exposai le besoin d'une plante qui ne se rencontre qu'au haut des mornes. On me ramena à l'ambulance, non sans murmurer; quant à moi, d'abord confus, je repris mon sang-froid, et rentrai avec un air d'importance, en grondant mes infirmiers de ne m'avoir pas suivi.

Une autre fois on m'amena un dragon blessé dangereusement par l'explosion d'une poudrière dont il lui avoit été ordonné d'allumer la mèche. Cet homme inepte avoit eu la bonhomie de rester auprès à fumer sa pipe. L'explosion ayant eu lieu, il fut jeté à vingt-cinq pas de sa place, eut les deux jambes cassées, la tête brûlée, un œil crevé, la poitrine ouverte, une clavicule luxée; enfin, en arrivant à l'ambulance, il n'avoit plus forme humaine. Il avoit pour père un nommé *Jarnak*, cuisinier de M. Coursin, habitant de l'Artibonite. Ce Jarnak, maître assassin, qui conduisoit son fils, me le recommanda avec menaces. Je frémissois au souvenir de ma terrible responsabilité; cependant il falloit répondre avec assurance, et ne point hésiter.

Au renouvellement du premier appareil, trouvant toutes choses en bon état, les brûlures guéries (1), je consolai son père qui, pleurant à mes pieds, devint mon pourvoyeur et mon cuisinier. Il est bon de remarquer qu'après avoir brûlé nos habitations, nos magasins remplis de coton, dix-sept caisses d'histoire naturelle, recueillies dans mes voyages, et contenant les préparations anatomiques du caïman; plus de deux mille cent planches de mes ouvrages mis au net; qu'après m'avoir pris tout ce que je possédois, ils ne me donnoient point même de traitement. Sans ration ni gratification, je vivois des dons de mes malades, qui par jour m'apportoient de quoi nourrir une vingtaine de personnes attachées à ma suite, parmi lesquelles j'avois le bonheur de compter quinze blancs ramassés dans les bois où ils vivoient errans, échappés au massacre, et que j'avois nommé *mes infirmiers*.

Tout se passoit bien lorsqu'une fusillade prochaine fit lever l'ambulance. On y laissa pourtant ceux qui étoient hors d'état d'être transportés. Le père du brûlé, Jarnak, craignant les Français, au souvenir de leur sang qu'il a versé et qui crie

---

(1) Voyez son traitement par les plantes du pays, dans mon *Manuel* indicateur des plantes des Antilles.

vengeance, fait disposer un hamac pour son fils. En vain je lui représente que ce moyen est totalement inconvenable, que les fractures vont se rétablir, que son fils mourra; il ne veut rien entendre. On l'emporte malgré moi, en disant qu'il m'étoit facile de parler ainsi, puisque c'étoient mes camarades, et qu'eux au contraire, comme ennemis des blancs, alloient être traités sans quartier. Enfin ils montèrent le malheureux blessé par des ravines si dangereuses à escalader, qu'ils le renversèrent dans une falaise profonde, où il disparut bientôt à nos yeux sans que ses derniers cris aient pu se faire entendre. L'armée française n'ayant pas paru, on jeta sur moi la faute, et j'en devenois peut-être la victime, sans la ronde du général Vernet.

Les brigands passèrent la nuit dans des inquiétudes mortelles, et rassemblés autour de leurs boucans, ils interrompirent souvent mon sommeil par leurs *qui vive* immodérés. Assoupi vers le matin, j'ouvrois à peine mes paupières, couché depuis un mois à la belle étoile, sur une terre humide, en pente et rocailleuse, exposé d'ailleurs à une température froide, au pied d'un oranger, n'ayant pour oreiller qu'une grosse pierre brute, qu'un nouveau piége m'étoit ourdi.

Le commandant Léandre, propriétaire des

salines, et assassin de toute la famille Rossignol-Desdunes à laquelle j'appartenois, sachant que dans *les Cahaux* il existoit encore un de ses rejetons, quitta ses camps, ses pillages, pour venir assouvir une autre fois sa cruauté. Il n'osoit exécuter son crime publiquement; il craignoit Dessalines, la surveillance de mes malades, et plus encore la vigilance du vieux *Pompée,* qui nuit et jour, aux dépens de son repos, haranguoit en ma faveur les blessés, et montoit la garde autour de moi, armé de son long pistolet. Voici donc le stratagême inventé par la plus noire perfidie. Léandre m'envoya quatre dragons et un cheval de monture sellé et bien harnaché, avec invitation de venir au secours de sa femme qui venoit d'accoucher d'un enfant mort, et étoit dans le plus grand danger. Mon heure sûrement n'étoit point encore venue! Je me sentis de la répugnance à faire cette démarche; de son côté Pompée, saisissant le tafia, offre la goutte aux quatre dragons, les fait jaser, puis de suite monte la tête des malades, afin qu'ils ne me laissent pas partir, en disant que je leur suis spécialement destiné, et que le général Dessalines seroit offensé de la moindre absence. Convaincus de la vérité de cette assertion par le vieux Pompée, ces envoyés se lèvent en masse, appellent un autre officier de santé, M. Conain, respectable praticien de Saint-Marc, le font monter à cheval, et m'entourent en me caressant. Un génie bienfaisant veilloit assurément sur mes jours, puisqu'à l'arrivée de M. Conain, le commandant Léandre se voyant confondu, le renvoya brusquement sans lui offrir de rafraîchissemens, contre l'usage du pays, et lui cria de loin qu'il n'avoit plus besoin de son ministère.

Les cultivateurs, moins féroces et toujours trompés, sont les plus à plaindre. Continuellement vexés par le premier soldat, ils secoueroient le joug s'ils l'osoient, mais le système de terreur qui pèse sur cette classe opprimée, affoiblit leurs sentimens; et cette terreur panique a tant d'empire, que même entr'eux ils craignent de se raconter leurs peines. Je vais, en passant, fournir un exemple de cette tyrannie inconcevable.

Lorsque je fus conduit pour la dernière fois sur l'habitation Rossignol-Desdunes, la mieux tenue et la plus riche en bras de toute la plaine de l'Artibonite, dont enfin la restauration ne fut qu'imaginaire par son triomphe éphémère, j'y trouvai quatre bataillons de nègres qui l'avoient cernée, et qui faisoient mettre bas les armes aux nombreux cultivateurs dont une partie s'étoit réfugiée dans les marais des mangles, pour échapper à leurs recherches, et être libres de leurs volontés. On ne se contenta pas, moi présent, d'y brûler tout ce que j'y possédois; le coton entassé s'enflammant avec peine, le commandant Garçon, chef d'escadron des guides de Toussaint-Louverture, et notre ennemi juré, en faisoit hâter l'incendie avec des torches goudronnées, des paquets de cardasses desséchées, et des coups de feu réitérés. On pilloit aussi tous les cultivateurs, on tuoit leurs animaux domestiques, et tout en maltraitant ces malheureux, on les forçoit encore de porter eux-mêmes ces provisions pour la troupe, et cela sans aucune rétribution. En vain ils vouloient éteindre le feu mis à leurs grains, on les repoussoient impitoyablement, en les forçant de marcher promptement, et fusillant les traîneurs pour inspirer aux autres une terrible frayeur.

Arrivés aux montagnes des Grands-Cahaux, après dix-huit lieues de marche, on leur fit déposer leurs fardeaux énormes de viande à moitié gâtée, en leur prescrivant de ne point s'écarter du camp, sous peine de mort. Ainsi près de quarante mille cultivateurs de divers quartiers, tels que Plaisance, Limonade, le Pilate, le Gros-Morne, les Gonaïves, la Désolée, l'Artibonite, le Cabeuil, la Petite-Rivière, Saint-Marc, le Mont-Roüi, etc... n'étoient maintenus dans cette discipline rigide et inhumaine que par un simple cordon de troupes, à la vérité inexorables. Il n'étoit point permis à ces esclaves cultivateurs d'aller au loin chercher une nourriture dont on les avoit frustrés; on poussa la barbarie, quoiqu'on ne leur donnât aucune ration dans ces parages dépourvus de ressources, jusqu'à leur refuser la permission d'aller ramasser une partie de leurs bestiaux inutilement égorgés et sans profit pour personne.

Un d'eux, à mon ambulance du Corail-Miraut, mourant de faim, fut trouvé occupé à couper à l'arbre un régime de bananes, par *Laurette* homme de couleur, aide de camp de Dessalines, qui lui traversa le crâne d'une balle qui pénétra précisément dans l'œil où il le visoit. Je ne sais si c'étoit pour essayer son adresse, ainsi que tous ces soldats noirs l'exerçoient sur les pauvres prisonniers, mais, au coup de pistolet, ayant mis des soldats à la découverte, je vis arriver *Laurette* en riant, puis essuyant son pistolet, il me cria de loin : « Moué pas manqué » li, c'est ça bèn tiré »!!!

Au reste, les capitaines ont droit de vie et de mort sur leurs soldats, sans avoir besoin d'appeler un conseil militaire, ce qui limiteroit leur autorité despotique. C'est pourquoi les nègres cultivateurs, révoltés intérieurement de cette suprématie injuste, voudroient trouver entr'eux et les militaires noirs une puissance intermédiaire qui pût les protéger. C'est bien ce que craignoit Dessalines, qui avoit soin de les écarter des villes, de peur d'une désertion en masse. Le pouvoir des chefs actuels des révoltés ne tient à rien, et le moyen le plus sûr de les subjuguer seroit de diviser leurs cohortes, et de les convaincre encore plus intimement que cette existence vagabonde n'en est plus une, et qu'il est un terme à tout; ce qu'ils comprendroient d'autant plus facilement qu'ils sont las de voir sans cesse en proïe au brigandage leurs animaux domestiques, les produits de leurs jardins, et qu'ils regrettent hautement les douceurs qu'ils recevoient au tems des habitations bien disciplinées. Les malades surtout, qu'on laisse à présent périr faute de secours, font les vœux les plus ardens pour le rétablissement des anciennes infirmeries, où tous les soins leur étoient prodigués; et les jeunes mères soupirent en se rappelant les cadeaux que l'on faisoit à chacun de leurs nouveaux nés, et dont il ne reste plus que l'agréable souvenir.

Leur rapprochement des phalanges meurtrières rendirent cruels les cultivateurs témoins de leurs abominations, en les électrisant du même feu de vengeance, et si leur stupeur leur ôtoit le triste mérite de l'innovation, ils étoient exécuteurs. Toutefois, sans pitié pour les soldats blancs qui perdus dans les bois et accablés de fatigue, croyoient, en mettant bas les armes, trouver protection et vie, ils les conduisoient aux chefs de la horde en les frappant cruellement. C'est aux *Cahaux* que des supplices atroces leur furent préparés. Par exemple, après avoir coupé aux uns les extrémités, attaché leurs membres, on les suspendoit à huit pieds au dessus de terre, accrochés par la mâchoire inférieure à un piquet de bois très-aigu, et on les y abandonnoit, remettant au tems seul de les tourmenter plus lentement. Ainsi exposés le jour à l'ardeur d'un soleil brûlant et insupportable, le soir et la nuit à l'incommodité inexprimable de légions sans nombre de vareux, moustiques et maringoins attirés par le sang dont ces victimes étoient frottées, ils ne passoient jamais plus de trente à quarante heures dans cette torture inouie!

Tantôt, quand il se trouvoit un baril de farine vide, on y enfermoit le malheureux prisonnier, et il étoit précipité du haut d'un rocher dans une falaise rocailleuse, lardé par les épines et les éclats de verre qu'on y introduisoit avec lui! Ce supplice excitoit de la part de ces cannibales, des éclats de rire immodérés.

Une autre fois! je le vois encore courbé sous sa douleur!... un officier français fut pris. Sans égard pour son âge, il est mis nu et honteusement fouetté de verges épineuses pour le préparer au supplice le plus affreux. On lui enlève la plante des pieds avec un rasoir ébréché; il est mis debout, les nerfs à découvert, et on le force à coups de fouet de courir sur des épines semées exprès pour augmenter ses souffrances! L'infortuné Français tombe à quelques pas... on le relève avec brutalité!... Sa sueur douloureuse inondoit son visage abattu!... On le harcèle; on le force encore à courir quelques pas : il est atteint du tétanos, tombe sans connoissance, et meurt lapidé. La cohorte l'avoit abandonné sans sépulture, et deux jeunes enfans revinrent à la charge, et lui cassèrent les dents à coups de pierres. Le malheureux n'étoit déjà plus!!!

Nous eûmes l'ordre de reporter l'ambulance des montagnes au Calvaire : c'est dans cette route pénible que nous trouvâmes le corps du fameux Aignan, l'assassin le plus cruel de tous, entouré de quatre corps blancs bien conservés. Ce tigre fut reconnu avec étonnement, ayant la main droite déchirée, pourrie, et tous les os disloqués. Ce monstre renouvela l'invention barbare de la chasse aux hommes. C'est lui qui mettoit, à la quête des réfugiés dans les bois, des chiens qu'il agaçoit pour les exciter à la découverte, satisfaire son avidité inhumaine, et rougir ses membres d'un sang innocent.

L'aide de camp Diaquoi, qui plus d'une fois m'avoit donné des preuves manifestes de son sincère dévouement à la classe opprimée, m'attendit un jour à l'ambulance de la grande place Miraut, au bas du fort de *la Crête-à-Pierrot*. Je le trouvai, au retour de ma ronde générale, assis, près de la rivière, sous les panaches flottans d'un épais *bambou*. Il avoit la tête appuyée sur ses mains, et les yeux fixés vers la terre. Il songeoit à moi, ainsi que me le confirmèrent sa surprise et quelques larmes versées sur le sort qu'on me préparoit.

Ce bon noir, après m'avoir considéré en silence, s'élança vers moi, s'écriant : « Non, » vous ne périrez point » ! Puis il me détailla le sujet d'une conférence dans laquelle Dessalines m'avoit condamné à mort, se voyant à la veille d'évacuer ses postes, perdant tout espoir, et voulant m'ôter la consolation de rejoindre les Français. Il m'apprit les noires calomnies des chefs contre lesquels je m'étois formellement prononcé; me dévoila leurs stratagêmes machinés par leur esprit de prépondérance, allumés au feu de leur ambition jalouse ; leur noire perfidie enfantée dans l'ombre de la malice et du mensonge; leurs faux témoignages que fit déclarer la soif ardente de mon sang, d'un sang si long-tems désiré.

« Ces propos, me dit le brave Diaquoi, attentatoires à votre sûreté personnelle et tramés » dans les camps, se sont développés ce matin » sous les couleurs les plus sinistres : l'infirmier » que vous aviez rejeté pour cause d'incapacité » a vomi contre vous, devant le général Dessalines, tout ce que la calomnie peut inventer » de plus atroce et de plus impudent, jusqu'au » point qu'il osa vous traiter d'*empoisonneur de* » *nègres*. Eh ! où sont donc vos victimes?.......! » *Empoisonneur!* s'écria Dessalines en fureur.... » il périra. A ces mots suivis d'un morne » silence, tremblant de ne trouver personne » sur qui il pût assouvir sa rage dévorante, il » la fit rejaillir sur moi qu'il sait vous être » dévoué; je m'évadai secrétement du conseil de » discipline, et je me glissai jusqu'ici à l'aide » des campêches touffus et des cotonniers; mais, » poursuivit Diaquoi, vous n'avez pas un » moment à perdre; Dessalines est actif dans ses » résolutions, peut-être déjà même le général » a-t-il mis des émissaires dehors, travaillons

» donc sur-le-champ à assurer notre fuite ; la » colonne française est sur l'autre bord de l'Ar- » tibonite guéable au petit passage, il ne s'agit » que de tromper la surveillance de quatre sen- » tinelles, pour exécuter notre projet cette nuit » au lever de la lune.

» Tromper la vigilance des quatre sentinelles » n'est pas chose impossible, lui répondis-je, » ceci est mon affaire ; ne pensons plus qu'à » réunir un noyau respectable de personnes du » même sentiment, à bien nous armer, et à ne » point commettre d'indiscrétion ; enfin dissi- » mulons notre joie ».

Nous allâmes trouver Mrs Say, chirurgien en chef, Clemenceau, Bouilli père et fils, et après être convenus de nos faits, chacun s'occupa de préparer ses armes ; plusieurs hommes de couleur se réunirent à nous pour grossir notre peloton. Il fut donc arrêté que le soir du même jour, Diaquoi, en se promenant, toussant, ruminant, enfin tout en jasant avec les sentinelles qui ne le savoient point disgracié, leur feroit désirer un coup de tafia dont ils étoient frustrés depuis si long-tems, qu'il feroit valoir son artifice, et vanteroit sa générosité, que la bouteille seroit ouverte, puis rebouchée, qu'enfin il en seroit donné une rasade à la dérobée, et sous condition expresse d'une exacte surveillance. Belle promesse!... le tafia contenant de l'opium devoit les mettre hors d'état de service.

L'espoir adoucissoit nos maux, et calmés par cette flatteuse illusion, nous étions déjà au milieu de nos frères, et leur racontions en pensée nos aventures, lorsqu'une joie trop prématurée fit échouer tous nos projets. Notre escouade au nombre de quatorze, fut aperçue par les blessés de l'ambulance qui toujours nous surveilloient de fort près : cet amas d'armes qu'on n'y voyoit pas ordinairement, un mouvement trop confus, des ris involontaires naissant et disparoissant soudain, des signaux de silence, des œillades, quelques confidences encore plus mal-adroites faites à voix basse, décidèrent de suite des attroupemens, des murmures, enfin un député vers Dessalines pour l'instruire de ce qui se passoit.

Bientôt arrivent à toute course huit dragons porteurs d'un ordre de Dessalines, de me conduire au fort, ainsi que M. Say. Nos satellites ayant été sommés de ne pas répondre à nos questions, leur silence farouche nous glaça d'effroi. Les compagnons d'infortune dont nous étions séparés, pressentant notre mort prochaine, se retiroient de nous en cachant leur douleur pour dissiper nos alarmes, et par là retarder nos tourmens. Nous montâmes la croupe du *morne* dans un état taciturne et langoureux, souvent baignés d'une sueur froide, présage avant-coureur d'une mort violente; heurtant à chaque pas, dans cette obscurité profonde, les cadavres infects et à demi-démembrés, victimes de l'attaque de la surveille. Nous nous figurions ce tombeau des blancs, vallée de larmes à répandre, devoir être aussi le lieu de notre sépulture. Il nous sembloit déjà être assaillis, abattus, percés, expirans..... Enfin notre imagination frappée ne parvint à s'éclaircir qu'au premier *qui vive* des sentinelles avancées du fort redoutable.

Crête-à-Pierrot.

Le brouhaha du camp, la retraite qu'on y battoit, la transition subite du silence à cette vie bruyante, nous fit conjecturer qu'écartés et qu'éloignés des monceaux de corps morts, élevés au dessus des précipices qui nous faisoient horreur, nous ne péririons pas sans être entendus.

Le pont-levis fut baissé, et la première personne que nous y aperçûmes, fut Dessalines, roulant dans ses mains la fatale tabatière : il s'avance vers nous, gronde, mais se possède assez pour concentrer sa vengeance, et nous dit, d'un

d'un ton aussi dissimulé qu'impérieux : « Zes-
» pion' tien' à moué (1) veni là jourdi ; yo di
» moué comm' ça, qu'vzautr' vlé quitté moué ;
» moué pas cré' ça pièce. Ça pas fait à rien :
» moué connoi tout' blanc france, moutons
» danda layo après veni doumain grand bon
» matin à z'assaut. Si yo entré, vous va mourir...
» Si yo poussé là bas, vous va panser moué et
» camarad' à moué qui blessés...... Grénadiers,
» condui blancs là coucher » ?

Quelle réception ! que de réflexions à faire à la veille de la décision de notre sort ! quel souhait former en pareil cas ?.......! Après ce discours de Dessalines, on nous conduisit en silence sous un hangar où nous passâmes une nuit douloureuse, dévorés d'angoisses mille fois plus cruelles que la mort.

Dessalines avoit été bien instruit : *la diane* avoit été interrompue par un coup de canon tiré du fort sur un peloton qu'on apercevoit au bas

---

(1) Mes espions sont venus me trouver aujourd'hui ; ils m'ont dit que vous vouliez m'abandonner ; je ne le crois point. Au surplus, je sais aussi que les Français se proposent, demain de grand matin, de venir monter à l'assaut. S'ils sont victorieux.... vous êtes morts... S'ils sont repoussés, je vous laisserai vivre pour me panser, ainsi que les autres soldats, en cas de blessure.

de la montagne. Dessalines sans repos, sans sommeil, étoit déjà, la lunette à la main, occupé à donner des ordres préparatoires contre un assaut bien combiné, à diriger son artillerie, à garnir les bastinguages d'un triple rang de mousqueterie, à faire enfin des signaux à la Martinière, commandant la redoute placée près du fort.

Tout étant ainsi disposé, Dessalines vint à nous, et nous dit : « (1) Na pas quitté chambr'
» à vous jourd'i là ; songé malades layo assez....
» Tiembé vous tranquilles, Dessalines après
» batt' pour vou'z'autr' ».

Les colonnes s'étant d'abord avancées, mais l'attaque en fascines ayant été remise à quelques jours plus tard, il n'y eut de part et d'autre que quelques blessés. On nous fit panser ceux du fort; mais la garnison sortit pour aller exercer sur les blessés restés sur le champ de bataille, des cruautés inouies, accompagnées de hurlemens horribles!

Après une vive canonnade de six heures sur les troupes françaises, la horde révoltée sortit de

---

(1) Vous ne sortirez point de votre chambre, et vous ne vous occuperez que de vos blessés...... Soyez tranquilles, Dessalines va se battre pour vous.

son fort redoutable, pour se repaître à son aise de la vue des blessés qui, partie dans les fossés, partie déjà élancée vers les bastinguages, n'avoient pu être ramassés par leurs frères d'armes! C'est là que, violant les droits sacrés de la guerre, ils martyrisèrent six soldats intrépides de la cinquième demi-brigade légère, par des tourmens dont le récit seul fait horreur. Ces prisonniers étoient français, voilà tout leur crime! Et moi français, j'étois témoin de ces supplices, et sans cesse exposé, au moindre signe de pitié, à éprouver le même sort, en attirant sur moi la coupable indignation des nègres qui me retenoient captif!

Les femmes, plus féroces encore, sortirent à la tête de cette légion démoniaque, dont la marche étoit annoncée par des cris affreux et confus. Le premier Français sur lequel ils se jetèrent étoit jeune; il est dépouillé, éventré, a le cœur arraché, rôti, mangé; tous s'abreuvent au ruisselement de ses artères! ..... Il n'est plus! .....

Le second fut *dévirilisé*, eut les intestins arrachés, enfin fut rôti!

Le troisième plus âgé, se plaignant de leur dureté inhumaine, eut les membres cassés, et fut dépecé comme un animal. Ils insultoient encore aux lambeaux dispersés, aux ossemens rompus de cette victime innocente!

Le quatrième et le cinquième eurent le corps déchiré pour y couler des balles fondues, puis attachés ensemble, et jetés dans une casemate de six pieds carrés, où on les laissa expirer l'un après l'autre de faim et de douleur.

Le sixième eut les yeux crevés et arrachés, les ongles extirpés, le crâne scié, dans lequel les noirs burent, à la ronde, de son sang fumant; ses restes ensanglantés mis sur un petit feu, autour duquel ces barbares dansoient en confondant leurs hurlemens aux plaintes à demi étouffées des mourans qui expiroient dans des tourmens affreux!

Un officier de la soixante-dix-neuvième demi-brigade fut également amené au fort, Dessalines l'ayant arraché aux anthropophages qui l'avoient déjà cerné pour le supplicier. On eût bien voulu le faire parler, mais ce brave militaire, sans s'épouvanter de la barbarie de ses bourreaux, garda le silence. On ne me permettoit de le panser que le dernier de tous, et j'avois beaucoup de peine à lui faire passer une nourriture que les barbares lui refusoient. Il fut délivré le jour de l'évacuation.

Pendant l'action, Dessalines, en commandant les feux, tomba sur un piquet, et se meurtrit la poitrine. La douleur qu'il en ressentoit le lendemain l'obligea à m'appeler pour lui préparer un breuvage capable de le soulager, et de prévenir les accidens de la contusion. J'envoyai un de ses dragons à la montagne, à l'effet d'y chercher des feuilles et de l'écorce du précieux vulnéraire, le sucrier (1); mais la potion étant préparée, il refusa de la prendre, en me soupçonnant de quelque mauvaise intention à son égard. Sa haine se ralluma injustement contre moi, et quoique quelques momens auparavant il m'eut parlé sans apparence de ressentiment, il conçut d'horribles projets qu'il couva dans son sein, pour les développer plus tard avec ce sang-froid politique, cette joie feinte qui caractérisent si bien l'homme cruel et vindicatif.

Concentré dans ses noirs desseins, isolé dans ses fatales réflexions, séquestré de son état-major, il passoit dans un petit pavillon des jours d'inquiétudes et d'alarmes. Ce n'étoit plus Dessalines revêtu de ses riches broderies, de sa ceinture magnifiquement frangée; il ne montoit plus un coursier fougueux, accablé sous le poids de ses harnois d'or massif, lui-même éperonné du même métal. Sa tête naguères parée d'un

(1) *Voyez* mon *Manuel* indicateur des plantes usuelles des Antilles.

chapeau brodé, garni de son panache flottant, n'étoit plus décorée de ce fameux peigne à diamans, qui seul eût fait la fortune d'un malheureux! Dessalines n'étoit plus le même; ce n'étoit plus le conquérant de la partie du sud, il avoit des Français à combattre...... L'œil morne et troublé, la bouche grinçant de rage, vêtu grossièrement d'un gilet gris à manches, d'un de dessous écarlate, les bottes mal-propres, des éperons de fer, un chapeau rond percé, sans peigne qui ne lui servoit d'ailleurs que d'ornement, puisqu'il portoit une queue; son cheval toujours fougueux, pour fuir au besoin, étoit très-simplement recouvert d'une peau de mouton. Enfin Dessalines avoit l'oreille très-basse, et il ne la redressoit qu'à la prise de quelques prisonniers français, sur lesquels il éteignoit le feu dévorant de ses caprices et de son inimitié.

Son état-major mouroit de faim; lui-même, sans table particulière, se contentoit de deux bananes boucanées sous la cendre. Il ne m'offroit ni d'argent pour acheter, ni de permis pour aller en maraude : ne pouvant demander à personne, j'étois réduit à attendre du souvenir de mes malades, quelques mets grossiers, et du maïs grillé dont je fus obligé de me nourrir. Mais bientôt, sous le rapport de la table, tout changea de face, M. Say ayant fait venir pour nous deux des provisions de sa hatte de la *Savanne-Brûlée*, située de l'autre côté du fort.

Quelquefois dans ses momens d'espoir, voici quel étoit le calcul de Dessalines, et quel discours il tenoit à ses officiers : « (1) Vouz' autr' tiembé » cœur....... tiembé cœur, moi dis vous : blancs » france layo pas capab' tenir contr' bon homme » Saint-Domingue ; yo va aller, aller, aller, » puis va rester ; yo va malades, yo va mouri » comme mouches. Coutez bèn : si Dessalines va » rendre cent fois, li va trahi cent fois. Ainsi

---

(1) « Prenez courage.... prenez courage, vous » dis-je, les Français ne pourront pas résister long- » tems à St.-Domingue ; ils marcheront bien d'abord, » mais bientôt ils seront retenus malades, et mour- » ront comme des mouches. Ecoutez bien : si Dessa- » lines se rend cent fois à eux, il les trahira cent » fois. Ainsi, je vous le répète, prenez courage, et » vous verrez que quand les Français seront en petit » nombre, nous les inquiéterons, nous les bataille- » rons, nous brûlerons leurs récoltes, puis nous nous » sauverons dans nos mornes inabordables. Ils ne » pourront pas garder le pays, et seront forcés de » le quitter. Alors je vous rendrai indépendans. Il » ne faut plus de blancs parmi nous ; nous sommes » assez pour fabriquer des pirogues, et aller prendre » à l'abordage tous les bâtimens de commerce que » nous trouverons dans nos croisières ».

» moi di vou z'autr' tiembé cœur, et pis vous va
» voir quand yo va p'tit, p'tit, nous va chicaner
» yo, nous va batt' yo, nous va brûlé toutes
» récoltes layo; puis nous va caché dans mornes
» à nous. Eh, que yo capab' tenir; yo va aller.....
» Après, Dessalines va rend' vou z'autr' libres.
» Blancs caba parmi nous; blancs caba outi
» nous........ Nou z'autr' assez pour gaguer pi-
» rogues, et aller prend' toutt' bâtimens layo
» qui après filer dans mer».

Dessalines, après avoir ainsi harangué la garnison, sut par ses espions que les Français se proposoient de bombarder le fort. Il fit tout son possible pour les inquiéter dans leurs travaux dont les suites devoient être funestes à sa retraite mal assurée. La forteresse n'offroit le secours d'aucune provision de bouche; on n'y avoit pas même d'eau, quoiqu'à la portée d'une rivière; et par dessus tous ces inconvéniens, on avoit à redouter dans le bombardement, les éclats des roches énormes dont le fort étoit pavé et partout hérissé; ce qui assuroit le mortel effet des bombes qui devoient y tomber. Après avoir réfléchi sérieusement aux dangers qu'il avoit à courir, en restant présent à cette attaque, Dessalines résolut le soir de la veille de l'attaque de sortir sans tambour ni trompette, accompagné seulement de ses secrétaires et de ses aides de camp. Lorsque je le vis ainsi disposé, je lui demandai la permission de le suivre, ne jugeant pas ma présence nécessaire dans le fort où il ne m'avoit fait appeler que pour lui. *Tiembé cœur*, me dit-il, *ça bèntôt caba* (1). Quelle profonde scélératesse! d'une main il serroit la mienne en souriant, de l'autre, le traître donnoit derrière lui au chef d'artillerie (2), l'ordre de me faire sauter avec la poudrière en cas d'évacuation. Je fus bien prévenu de la trahison qui m'étoit réservée, par cet officier que j'avois guéri autrefois d'une ophtalmie dangereuse; mais quel parti prendre? je ne pouvois prévenir les malheurs qui m'étoient préparés. Ainsi l'idée d'une mort prochaine et inévitable nourrissoit de nouveau ma douleur d'une mélancolie noire et accablante, lorsque je me rappelai un songe que j'avois eu quelques années auparavant, et qui m'avoit toujours frappé; les événemens me prouvèrent que c'étoit un pressentiment. Je me vis en rêve au milieu du bombardement de ce même fort que je ne connoissois pas à cette époque. Les bombes et

---

(1) Prends courage, me dit-il, cela va bientôt finir.

(2) M. Macé, capitaine artilleur des Gonaïves.

obus éclatant à mes côtés, je les voyois renverser les soldats, les mutiler, jeter par-tout l'épouvante, et ne me faire aucun mal.

Le lendemain le bombardement commença, dura trois jours et trois nuits pendant lesquels on ne put prendre aucun repos. Les feux se croisant de deux parties opposées, nous lançoient sans interruption ou des bombes, ou des obus, ou des boulets ramés dont le passage rapide entraînoit la chute des charpentes fracassées. Le feu ayant été mis par l'explosion des bombes près des tentes construites en feuillage de latanier, on fut obligé de les démembrer, et de les jeter dans les fossés.

Occupés à veiller continuellement à la chute des bombes, nous les évitions quand leur explosion n'étoit pas trop soudaine; on voyoit néanmoins à chaque instant des membres épars, des troncs ensanglantés de malheureux qui n'avoient pu se soustraire à ces terribles effets!

Un canonnier ayant aperçu une bombe tomber près de son ami malade, regardant son sommeil comme précieux, ne voulut pas le réveiller. Il s'élança sur la bombe, coupa la mèche allumée, et délivra par cette intrépidité son camarade dont la mort paroissoit inévitable.

Un grenadier ne fut pas aussi heureux. Ivre de sommeil dont nous étions privés depuis trois jours, et s'y abandonnant malgré l'éminence du danger, un obus tomba près de lui; on lui cria de s'en garantir en se jetant le ventre par terre; mais encore appesanti, à peine s'étoit-il frotté les paupières qu'il disparut à nos yeux.

Un morne silence régnoit par-tout, afin de mieux prêter l'oreille à l'explosion de la batterie française qui nous indiquoit d'avance le passage de ces produits destructeurs. A la vue de leur sillon de lumière, un cri général étoit poussé; puis jugeant de la direction de la parabole, aux mots unanimes de *gare à la bombe*, de longues files de soldats tombés les uns sur les autres vouloient forcer ma chambre où ils se croyoient plus en sûreté. Enfin l'embarras que ces êtres pusillanimes nous causoient dans la préparation de nos bandages étoit si grand, que je fus contraint pour cette raison, autant que pour ménager nos vivres et notre eau, de mettre à la porte de mon réduit deux sentinelles armées d'espingoles.

Les cris des blessés s'élevoient dans les airs. On blasphémoit contre le nom français, et les malades mêmes que je pansois m'insultoient par leurs outrages. On me retira les infirmiers blancs dont je m'étois entouré (1), pour les forcer de faire des cartouches, et fondre les balles qu'on destinoit à leurs compatriotes.

Les troupes privées d'eau et de nourriture avec cette chaleur accablante, obligées de mâcher des balles de plomb dans l'espoir d'étancher leur soif insupportable, provoquoient par cette trituration une salive bourbeuse qu'ils trouvoient

---

(1) De ce nombre étoit M. Vauthier, préposé de l'administration des domaines aux Gonaïves, que j'eus le bonheur d'arracher deux fois des mains des brigands, mais qui finit par être supplicié en exerçant ses fonctions de préposé lors du rétablissement apparent de l'ordre. M. Vauthier fut remplacé le 15 prairial an x par M. Masson-Durondon, auquel je suis lié dès la plus tendre enfance par les droits de la nature et de l'amitié. Actuellement sous-inspecteur des eaux et forêts à Boiscommun, cet agent honore l'administration qui le possède, par ses talens, son activité, et le sacrifice constant de ses intérêts personnels pour ceux de la partie qu'il a embrassée. Le Gouvernement ne sauroit trop tôt reconnoître les services de ce zélé forestier par un avancement qui ne seroit point une faveur. M. Masson-Durondon qui possède une pépinière intéressante, et une collection rare de bois indigènes et exotiques, travaille depuis trois ans avec moi à deux ouvrages didactiques sur les eaux et forêts, que des expériences multipliées ne nous ont point permis de publier jusqu'à ce jour, mais que nous nous proposons de livrer incessamment à l'impression.

encore délicieuse à avaler. Ils souffroient sans se plaindre, par l'espérance de se venger. Languissans de faim, agités par la peur, ces soldats promenoient ces deux sensations opposées sur leur figure moribonde.

Pendant cette affreuse calamité, travaillant sans salaire, privé, ainsi que l'agneau que l'on va égorger, d'une nourriture qui me devenoit inutile, un Dieu veilloit néanmoins à mes besoins, et sans le secours des chefs qui m'avoient établi, j'avois de l'eau, du pain, du vin, du tafia, et autres provisions qu'eux-mêmes eussent bien désiré de posséder, quoiqu'il ne fut guères possible de manger de sang-froid, ayant par-tout autour de soi la mort présente !

Cent cinq soldats avoient déjà été victimes des effets meurtriers des bouches à feu, vomissant le trépas et la désolation, que jaloux de me voir tranquille, et point inquiet dans ma chambre voisine de la poudrière peu solide, et qui n'étant point à l'abri de la bombe, rendoit ma place plus périlleuse, ils poussèrent la barbarie jusqu'à m'envoyer visiter des soldats déjà enlevés aux souffrances de la vie ! C'est ainsi que les chefs cruels m'exposoient au même sort, en me forçant d'assister aux pansemens dans l'endroit qui paroissoit le plus endommagé par les bombes et les boulets. Il tomba près de moi des bombes avec un horrible fracas, je fus même souvent interrompu dans mes fonctions. Pansant un soldat dont les deux cuisses avoient été emportées, mon plumaçeau disparut de mes mains tremblantes, et de mes deux infirmiers porteurs de l'appareil des bandages, l'un fut exterminé à mes pieds, tandis que l'autre, ainsi que moi, nous fûmes jetés à trois pas plus loin, et couverts de poussière par la répercussion de la colonne d'air rompue avec vibration.

Une autre fois je fus également renversé par un éclat, mais seulement engourdi, et point du tout blessé, tandis que le même éclat coupa la tête de celui qu'on m'avoit envoyé panser. Enfin cette protection à qui j'ai dû cent fois la vie pendant ces désastres, m'arracha visiblement des bras de la mort impuissante, travaillant par-tout en vain à ma destruction.

Les dangers augmentant en raison de la vivacité des feux, je refusai bientôt d'aller aux pansemens, qui ne pouvoient plus se faire faute d'eau et de linge. C'est alors que les murmures s'élevèrent, et que les malades demandèrent à haute voix *la mort* ou *l'évacuation du fort*. Je penchai pour le dernier parti, dans l'espoir de saisir un instant favorable pour m'échapper, et me soustraire au trépas qu'on me réservoit. Car, quoique je susse que le moment du départ étoit celui de mon supplice, je préférois encore sortir de mes anxiétés et de mes doutes cruels, et avoir une prompte solution de vie ou de mort.

Les officiers commandans vinrent à moi, et troublés par la crainte de tomber au pouvoir des Français qu'ils avoient si maltraités, ils résolurent tous de s'empoisonner, et de fuir à l'aventure. C'est pourquoi ils s'emparèrent de mon opium dont ils prirent tous, après m'avoir demandé la dose nécessaire pour provoquer le sommeil, et qu'ils augmentèrent en raison de leurs projets de suicide. Ils venoient à tous momens me faire part de leur crainte de n'en avoir point assez pris, tant ils en trouvoient les effets tardifs (1). Les uns éprouvant déjà les progrès funestes du narcotique, faisoient en faveur de grenadiers leurs testamens accompagnés de larmes et de sanglots; d'autres plus audacieux, sentant les avant-coureurs de la mort, harceloient encore

(1) Je leur donnai l'opium en voyant préparer la mèche du magasin à poudre où l'on devoit m'enfermer. C'est le commandant du fort qui, pour me dévoiler ce secret, me dit de le suivre vers le magasin. Inquiet, absorbé d'une froide langueur, je regardois autour de moi, croyant être saisi et précipité dans le caveau.

leurs soldats, réveilloient en eux leur rage assoupie dans cet état d'anéantissement. Enfin il fallut songer plus sérieusement à l'évacuation, combiner la retraite, prévoir les surprises, calculer les fausses attaques, et convenir de la partie la plus foible de la colonne qu'on attaqueroit pour se frayer un passage vers les montagnes des Grands-Cahaux. Les chefs étant hors d'état de donner des ordres pour le transport des malades, exigèrent de moi ce nouveau service, le dernier qu'ils pensoient que je pusse leur rendre. Ces détails contrarièrent mon projet de fuite, par l'attention qu'il me falloit porter aux mille questions à faire en pareille occurrence.

Tout se disposoit à tenter, à la chute du jour, ce départ tant désiré. Déjà les tambours, suivis de la musique, étoient distingués des autres corps encore confondus; déjà les sapeurs et les grenadiers venoient à la suite, que le cœur palpitant, je désespérois de mon salut, lorsqu'une fusillade se fit entendre de la redoute la Martinière, et que les sentinelles des remparts crièrent, *aux armes!* Une terreur panique s'empare de la garnison, les soldats courent éperdus, se heurtant les uns et les autres, cherchant en désordre, sans pouvoir les trouver, leurs armes éparpillées : enfin,

voulant

voulant à l'aventure risquer une incursion, ils profitent de ce que les forces attaquoient un autre point. Le pont-levis est abattu, ils se précipitent en foule dehors, et sont bientôt rencontrés par la garnison la Martinière qu'ils prennent pour des Français; ceux-ci dans la même méprise commencent, à bout portant, un feu suivi qui oblige la garnison du fort à battre en retraite. Les deux corps oppposés rentrent dans le fort qu'ils ne se sont pas aperçus de leur erreur; pourtant on la reconnoît enfin, en criant toujours en vain : *Na pas français.... na pas tiré* (1)! Mais la rage qui anime de part et d'autre ces révoltés les pousse à faire un feu plus long. Ils n'écoutent aucun ordre qu'ils n'aient employé jusqu'à la dernière cartouche, et qu'ils ne se soient mutuellement écharpés en se tirant à quatre pas. Quant à moi, me trouvant entre les deux feux, je me jetai à plat ventre, et marchant sur les pieds et les mains, je m'éloignai de la scène pour joindre un bastinguage : j'y montois, lorsque retenu par le pan de mon habit, on me crie : Où allez-vous? J'examine, répondis-je avec empressement, que le quatrième régiment (2)

(1) Ce ne sont pas les Français, ne tirez pas.

(2) Le régiment de Dessalines.

a l'avantage. On le croit, et pendant qu'ils courent s'assurer de cette fausse nouvelle, je me précipite dans un fossé de douze pieds de profondeur. On fit feu de peloton sur moi; mais mon corps dans sa chute étant à l'abri par les bastinguages, il n'y eut que les basques de mon habit qui, plus légères et faisant drapeau, furent criblées: je fus également atteint d'un léger coup de baïonnette qui, lors de mon élancement, me fut porté par un soldat se trouvant près de moi.

Ma chute fut terrible, et M. Say qui m'avoit suivi, l'aggrava en tombant sur moi; je me crus quelque membre brisé : cependant les circonstances étant impérieuses, je me traînai, comme je le pus, jusque dans la ravine, afin d'y concerter plus à l'aise et avec plus de sécurité, sur les mesures à prendre pour diriger notre course incertaine vers le feu du canon français qui perçoit au travers de cette obscurité profonde, en l'éclairant par intervalles. Nous avions à passer devant la redoute la Martinière pour nous rendre aux batteries des Français les plus voisines du fort, et nous craignions de rencontrer des sentinelles perdues; ainsi le cœur agité de mille idées contraires, nous rampions en silence, sans respirer, lorsque nous reconnûmes avec joie que la redoute étoit évacuée, et que le feu y avoit été mis. Bientôt à la lueur des pièces nous nous assurâmes que nous étions près d'un poste où nous désirions depuis si long-tems de nous rendre, et nous en fûmes certains aux mots français : « Halte là, au large » ! C'étoit une sentinelle avancée qui avoit ordre de faire feu sur les fugitifs échappés à la poursuite des révoltés par les colonnes françaises réunies.

Après nous être nommés, la sentinelle, s'étant mise en règle, nous fit conduire au camp. Notre groupe avoit grossi; M. Moilet notaire de Saint-Marc, et M. Alain marchand de la même ville, devenus mes infirmiers par convenance, et un homme de couleur nous avoient rejoints, après s'être laissé glisser dans les falaises, et s'être déchiré le corps en remontant au travers des épines dont elles sont hérissées.

On nous présenta au capitaine-général Leclerc qui, après beaucoup de questions particulières, me félicita personnellement devant l'adjudant-général Huin, l'ordonnateur Colbert, et le commissaire des guerres Leclerc, tous amis alarmés sur mon sort, d'avoir pu effectuer ma fuite, puisque le lendemain le fort devoit être attaqué à la fascine, et indubitablement pris d'assaut; qu'alors l'ordre étoit donné d'y passer au fil de l'épée toute la garnison qui avoit eu l'impudence d'arborer aux quatre coins le pavillon sans quartier (1).

Mes amis me voyant l'esprit plus tranquille, m'emmenèrent prendre quelque nourriture dont j'avois le plus grand besoin. On envoya un de nos camarades avec un détachement, s'assurer si, comme nous l'avions annoncé, le fort de la Crête-à-Pierrot étoit évacué, s'il y avoit un officier blanc que j'y avois laissé blessé, et vingt-cinq milliers de poudre dans une soute que nous avions indiquée, et à laquelle on n'avoit sûrement pas eu le tems de mettre la mèche. On trouva toutes choses conformes à notre rapport, et de plus les musiciens blancs de Toussaint-Louverture, qui attendoient l'instant favorable de pouvoir se sauver sans danger. Quoiqu'on sût bien qu'ils y étoient retenus par force, on les fit néanmoins prisonniers, pour la forme, parce qu'ils avoient joué les fanfares de *ça ira*, lors de la retraite des Français. Les pauvres malheureux y étoient bien forcés, j'en ai été le témoin, car j'ai vu un d'eux, basson, recevoir

(1) Drapeau rouge, pour annoncer qu'ils ne se rendroient jamais, et qu'ils furent pourtant obligés d'amener. Ce signe de rébellion fit quadrupler l'activité du bombardement.

une grêle de coups de bâton, parce qu'il avoit quitté un instant son instrument pendant la fanfare.

L'heure du repos approchant, chacun se retira sous sa tente. Que ce sommeil fut doux pour moi! Il étoit depuis si long-tems écarté de ma paupière que la nuit ne me parut qu'un songe, surtout au réveil où, au lieu de voir autour de moi des assassins, je ne vis que des frères armés pour ma défense.

NOUVELLES TRAMES DES NOIRS
DEPUIS L'ARRIVÉE
DES FRANÇAIS.

TROISIÈME PARTIE.

Je reposois encore, lorsque les troupes impatientes avoient déjà été mises en marche pour rassembler les garnisons du fort de la Crête-à-Pierrot et de la redoute la Martinière, disséminées dans l'épaisseur des halliers et les creux des rochers où ils cachoient leur honte et leur confusion. Mais l'œil pénétrant des Français sut bientôt les y découvrir; et ces lâches bourreaux ne pouvant soutenir l'intrépidité des manœuvres de nos troupes légères, cherchèrent dans la fuite un salut qui leur fut refusé, puisque par-tout poursuivis, ils eurent à essuyer le double feu du cordon concentrique vers lequel ils se portèrent tous à dessein de le rompre, et de s'enfoncer dans les bois des montagnes voisines.

Nos troupes en firent un carnage complet, et leur inspirèrent une telle terreur que plusieurs se tuèrent de leurs propres armes, dans la crainte de tomber au pouvoir de leurs ennemis.

Le camp français ayant changé d'emplacement, je visitai les ruines du bourg de la Petite-Rivière, et j'y pleurai encore sur quelques ossemens épars et à demi consumés par l'action d'un incendie aussi considérable.

Je partis du bourg pour me rendre au Port-au-Prince, où je fus présenté au général Dugua, chef de l'état-major-général. Après avoir examiné mes manuscrits restés en dépôt en cette ville, et les seuls que j'avois échappés aux flammes; après m'avoir félicité de mon travail, m'avoir chargé d'une nouvelle organisation qui me mettoit dans le cas d'avoir l'honneur de correspondre avec l'Institut national, dont j'acquérois par cela même le titre de membre honoraire, ce général me témoigna l'intérêt que le Premier Consul prenoit aux beaux arts, et m'offrit, au nom du général Leclerc, la décoration particulière d'une ceinture noire, ou cordon de mérite, comme fondateur du lycée colonial, et il joignit à cette marque honorable un traitement annuel de six mille six cents francs, à dater du jour de mon arrivée dans la colonie, comme médecin-naturaliste du Gouvernement, à l'effet d'y continuer mes observations, et de recevoir par là un dédommagement à mes pertes immenses.

Cependant, pour me distraire sur une série de

réflexions tristes, sans cesse renaissantes, le général Dugua exigea que je m'abstinsse pendant quinze jours de tout travail de cabinet. C'est pourquoi il me procura des promenades en rade, et me fit entendre au gouvernement plusieurs fois le jour de la musique d'harmonie, par l'espoir d'adoucir l'âpreté de mon système nerveux sans cesse crispé. Ce général mourut; et des événemens postérieurs n'ont plus permis le développement d'un établissement utile, duquel je lui avois présenté le projet d'après son autorisation. C'étoit le lycée colonial, dont les membres ont tous été depuis dispersés, ou victimes de nouvelles insurrections. Mais je joins ici un des tableaux que je présentai alors, et qui échappa au désastre (1).

Je me promenois un jour avec ce général, au retour d'une course botanique, que, tout en foulant aux pieds et examinant deux espèces de sensitives, *mimosa pudica*, dont les bords du cimetière du Port-au-Prince sont garnis et touffus, nous fûmes conduis par un petit sentier

(1) Je crois devoir y joindre ceux des plantes usuelles de la colonie, dont je ne puis ici donner l'histoire. Elle contient seule un fort volume que je me réserve de publier plus tard, avec mes tableaux symptômatiques des maladies des Antilles.

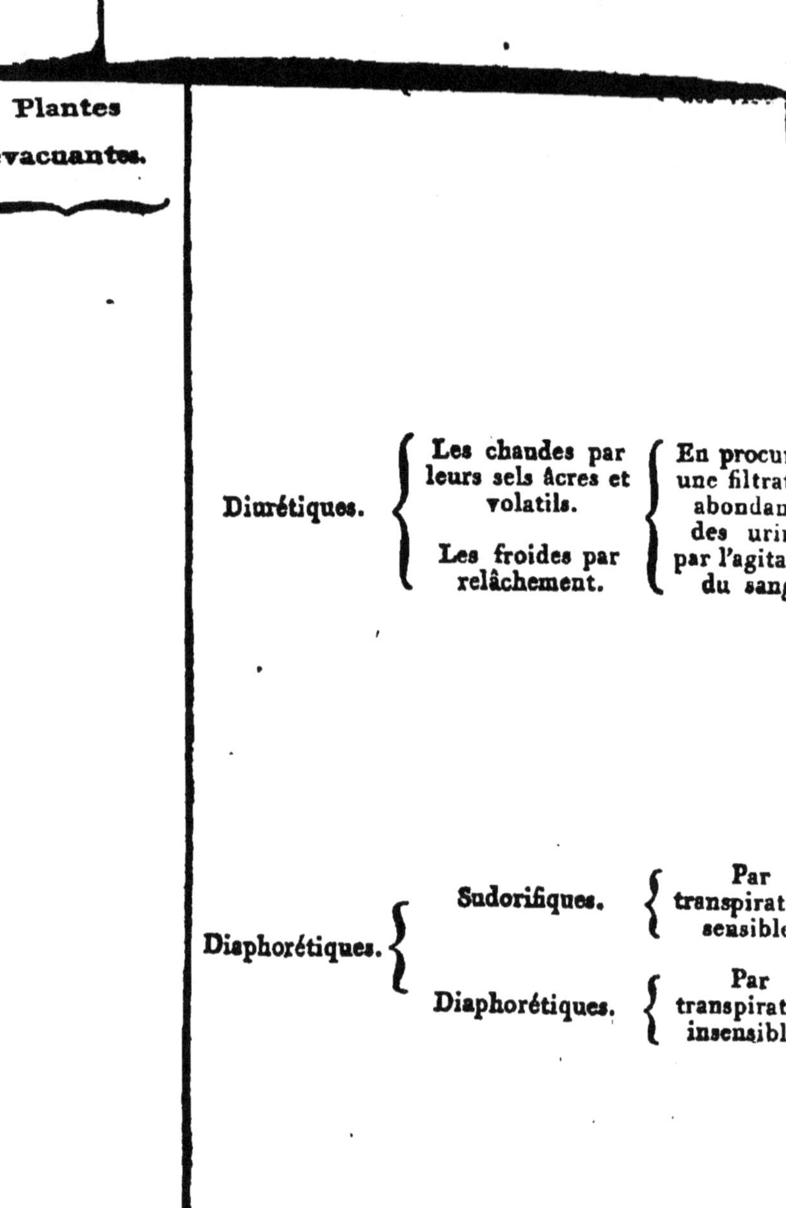

Plantes
évacuantes.

Diurétiques.
- Les chaudes par leurs sels âcres et volatils.
- Les froides par relâchement.
- En procu[…] une filtrat[…] abondan[…] des urin[…] par l'agita[…] du sang[…]

Diaphorétiques.
- Sudorifiques. — Par transpirati[…] sensible[…]
- Diaphorétiques. — Par transpirat[…] insensibl[…]

Cordiales.
- Cordiales alexitères. — Agissan[…] quelquefois transpirati[…]

No. 3.

	Leurs propriétés.	Leur acti
	Céphaliques.	Aromatiqu Antispasmod
	Antiscorbutiques	Par ses sels … soit fixes … volatils, qu'i… ben de mod… avec les acide… citron et d… l'oseille.

Leur acti

Aromatiq

tispasmo

Tr

Noms vulgaires des Plantes.

Géranium, n°. 1. Bois d'ortie, n. 2. Raisinier, n. 3. Grenadier, n. 4. Ycaque, n. 5. Jaune-d'œuf, n. 6. Liége, n. 7. Noisetier, n. 8. Orme, n. 9. Vesce de loup, n. 10. Baume de tolu, n. 11. Gomme caragne, n. 12. Genipa, n. 13. Goyavier, n. 14. Cousin (petit), n. 15. Cœur-de-bœuf, n. 16. Grande-ortie, n. 17. Jonc, herbe à couteau, n. 18. Jonc d'eau, n. 19. Petites caïmites, n. 20. Caïmitier pomiforme, n. 21. Avoine de chien, n. 22. Brunelle pain d'épice, n. 23. Corrosolier, n. 24. Brésillet bâtard, n. 25. Bois marie, ou baume vert, n. 26. Herbe aux charpentiers, n. 27. Mombain bâtard, n. 28. Bellone, n. 29. Québec, n. 30. Sanguine, n. 31. Prêle d'Amérique.

Apocin à fruit épineux, n°. 1. Apocin corne cabrit, n. 2. Cynanque hérissée, n. 3. Camérier, n. 4. Québec, n. 5. Canne de Madère, n. 6. Manihot, n. 7. Solanum à feuilles d'acanthe, n. 8. Béringène, n. 9. Morelle amourette, n. 10. Mancenilier, n. 11. Pommier-rose, n. 12. Lilas, n. 13. Solanum épineux, n. 14. Pomme épineuse, n. 15. Aconit, n. 16. Opium pour antidote assuré, le citron, l'émétique pour d'autres, ou lavemens de tabac.

Grosse calebasse rampante, n°. 1. Giraumon verrue, n. 2. Mirliton, n. 3. Courges, n. 4. Concombre arada, n. 5. Melon d'eau, n. 6. Petit concombre sauvage, n. 7. Melon sucré vert, n. 8. Pourpier, n. 9. Riz, n. 10. Pontédéria, ou volet, n. 11. Oseille savanne, n. 12. Glayeul d'eau, n. 13. Grénadille, fleur de passion, n. 14. Cerisier, n. 15. Sucrin, n. 16. Grenade, n. 17. Ananas rouge de pitt, n. 18. Liane à eau, n. 19. Torchons, n. 20. Volette, ou nénuphar, n. 21. Mouron blanc, n. 22. Barbe de jupiter, n. 23. Grossulaire, n. 24. Cachimentier, n. 25. Tête anglaise, n. 26. Campanule à fleurs planes, n. 27. Balatas, ou sapotillier marron, n. 28. Blette épineuse, n. 29. Brignolier, n. 30.

Idem. Les émolientes, les béchiques chicoracées, citrons, ananas, cotonnier, callebasse rampante, concombre arada, gommes, etc.

à un ajoupa caché sous l'épais feuillage de deux chênes du pays, *bignonia quercus*. La construction de cette chaumière, autant que son site original près d'un endroit dont on s'éloigne naturellement le plus qu'il est possible, excitèrent notre curiosité; d'ailleurs son ensemble pittoresque la rendoit une jolie fabrique à faire dessiner.

Quelle fut notre surprise d'y voir, après avoir respiré long-tems un air contagieux, un nègre âgé, occupé à nettoyer et faire sécher des intestins gâtés pour en faire des andouilles qu'il vendoit au marché de la place. Ce vieux scélérat se trouvant en flagrant délit à la vue du général, se troubla, balbutia, et en dit d'abord beaucoup plus que nous ne lui en avions demandé. Il convint que sans ressource, dans un âge aussi avancé, ayant eu le malheur de perdre son cochon et sa vache, il s'étoit déterminé à déterrer à mesure tous les corps des morts récemment inhumés; qu'avec leurs intestins il avoit entrepris un petit commerce qui le faisoit vivre. Le général Dugua à ces mots, entra dans une grande fureur, et l'ayant livré à l'un de ses guides, cet homme dangereux fut conduit dans les prisons, où il a été jugé. Ainsi, tous les jours on s'étonnoit, non seulement de voir des Européens atteints de la maladie du pays, mais même des habitans acclimatés, et de plus des naturels noirs ou de couleur, dans qui le germe de la peste et de la corruption étant inoculé par cet abus désorganisateur, en devenoient aussi les victimes ! Cette calamité fit d'autant plus de ravage qu'on est volontiers dans l'habitude de manger aux divers repas, des andouilles, surtout aux déjeûners à la fourchette, et que la consommation en est si grande chez les habitués du pays qui en employent dans leurs *calalous*, que dans leurs marchés l'air est infecté de la puanteur de ces préparations ; c'est à ce degré de fétidité que les andouilles, parmi les créoles, sont réputées exquises.

Qui sait si dans toutes les villes, le même systême de destruction n'avoit point été établi par Dessalines, ainsi qu'il l'avoit annoncé un jour à ses soldats, en leur jurant qu'il employeroit tous les moyens connus et occultes pour concourir d'autant plus sûrement et plus promptement à la destruction et à l'anéantissement de la classe des blancs, pour la réduire à ce petit nombre qu'ils pourroient alors subjuguer sans peine ? Cette conjecture paroît d'autant plus fondée, qu'un jour à Saint-Marc, faisant la visite de l'hôpital pour le médecin mon ami qui étoit alors malade, je me crus obligé, en homme d'honneur, de dénoncer à la justice du gouvernement, deux infirmiers nègres, qui non-seulement négligeoient leurs salles, mais qui se rendoient coupables de plus grands crimes, en donnant des potions échauffantes dans les maladies inflammatoires, au lieu de celles qui étoient indiquées, etc.... Conduite atroce qu'on ne réprima que trop tard, faute de s'en être aperçu, et que Dessalines, par ses espions, faisoit encourager sous l'espoir d'une prochaine récompense.

Un nouveau hasard me mit à même de ne plus douter des intentions perfides du brigand, chef des révoltés. Je me promenois tous les matins à Saint-Marc, dans la convalescence de mon second empoisonnement; mais notre garnison inquiétée alors par des embuscades ennemies placées dans les halliers des environs des fossés, je ne pouvois m'écarter, et suivois à cheval les contours des bastions sous la protection des forts et des pièces de remparts. Un jour qu'après avoir ramassé à la marée basse des coquilles, fongipores, et autres productions marines que je voulois dessiner, je rentrois, en côtoyant le nouveau cimetière, par la porte de *l'Arcahaye*, lorsque j'entendis la conversation suivante, entre un infirmier et un fossoyeur.

L'Infirmier. Pour qui ça toutes fosses layo?

Le Fossoyeur. Eh! pour blancs layo donc?

L'Infirmier. Blancs layo, mouton' france?

Le Fossoyeur. Oui, yo va bèntôt caba, et nous va matri' asteur. Mouquieu Dessalines li connoi toute quet' chose va, quitté li faire, li va bèntôt vinir.

L'Infirmier (à voix basse). Moué connoi ça pi'que Lucas li vini jourdi là même, li di moué comme ça, toujours bèn droguer malades layo; que général Dessalines li content d'moué en pile....

Ici mon cheval ayant henni, ces nègres cessèrent leur conversation, mais c'étoit plus qu'il ne m'en falloit pour me convaincre que mes soupçons étoient fondés; j'en avertis le médecin et le chirurgien en chef: les infirmiers furent chassés, et on interdit l'entrée de l'hôpital à tout étranger nègre; alors la mortalité cessa, et les deux coupables qui s'évadèrent aussitôt, rejoignirent Dessalines. Que d'hommes valeureux ont été traîtreusement sacrifiés ainsi par les ordres de ce lâche brigand!

Que ne fit-il pas pour garder fidèlement son serment de trahir cent fois, s'il se rendoit cent fois! A l'époque de sa première reddition il fut nommé inspecteur de la culture; le commandant Huin ayant été envoyé sur les décombres des Gonaïves pour restaurer le quartier de l'Artibonite et les quartiers environnans, désarmer les cultivateurs, et assurer protection aux propriétaires, ce brave et franc militaire à la tête seulement de vingt hommes de troupes convalescentes de la cinquième demi-brigade légère, et de quelques propriétaires de couleur, respectables par leur dévouement à la cause des Français, s'y étoit rendu formidable aux brigands; il avoit, par ses veilles et fatigues, surpassé l'attente de tout le monde, lorsque Dessalines vint lui faire perdre le fruit de toutes ses sollicitudes. Inquiété du désarmement des cultivateurs dont il réservoit la masse à quelque coup de parti, il les réarma par dessous main des mêmes armes dont il étoit autorisé à disposer pour le rétablissement de l'ordre, et créer, disoit-il, ses colonnes de discipline : dès qu'il fut parvenu à ses fins, qu'il eut fait enfouir ses poudres et autres munitions, il déserta de nouveau et emmena dans sa fuite tous ceux de son parti.

Nous ignorions encore cette nouvelle trahison, quand le commandant Huin étoit parti en tournée pour *l'Artibonite*. Il m'avoit emmené, ainsi que deux de mes parens, pour visiter une première fois nos habitations depuis leur funeste dévastation. Trop confiant en son courage, n'ayant emmené que deux dragons avec nous, nous pensâmes être victimes de sa sécurité. Arrivés sur l'habitation Desdunes père (grande place), on fit sonner la cloche; un brouhaha s'élève, personne ne paroît. Nous étions à cinq lieues des Gonaïves, six hommes seulement au milieu d'un essaim que le commandant venoit de faire désarmer. On sonne de nouveau avec menaces, les vieillards sont les seuls qui paroissent. Un d'eux fort heureusement vint nous avertir de ne point visiter les jardins; que près de trois cents cultivateurs armés et embusqués dans les cotons nous y attendoient. Nous n'eûmes que le tems de le remercier, de remonter promptement à cheval, et de nous enfoncer à tout hasard dans le quartier de l'Artibonite, avec l'espoir de rencontrer le renfort de quelque patrouille.

Entre deux rivières très-hautes, plus de pont sur l'Ester, plus de bac sur l'Artibonite; il nous falloit le secours de quelques nègres et un canot pour repasser la rivière, et affronter le chemin des Gonaïves déjà investi par les brigands réinsurgés d'après les ordres de Dessalines.

Une ondée de pluie nous obligea à demander un asile, à qui?... A ce *Titus* dont il est parlé dans la première partie de ces Mémoires, et qui ce jour-là nous empoisonna, ainsi que le commandant Huin. Nous retournâmes heureusement aux Gonaïves sans coup férir, mais attaqués de coliques convulsives.

Pendant la convalescence de cet empoisonnement, étant retournés par mer à Saint-Marc, le chemin de terre n'étant plus praticable pour les blancs, nous avions fréquemment des nègres fidèles de l'habitation qui venoient clandestinement nous porter leurs plaintes, et nous demander quand les Français auroient le dessus, nous annonçant que tous les cultivateurs voudroient bien nous revoir, que les soldats de Dessalines les pillent et les désolent, ravagent en un mot leurs jardins; enfin, pour mieux nous prouver leur bonne foi, ils nous dévoilèrent les secrets de la position alors inconnue, du camp Marchand, dernière retraite de Dessalines, où il devoit s'ensevelir, lui et les siens, sous les décombres de souterrains minés qui eussent entraîné également la perte de tous les assiégeans français. Ils nous avouèrent aussi que les nègres Congos et autres Guinéens étoient tellement frappés de superstition par les discours de leur général, que Dessalines étoit parvenu à leur faire croire que mourir, tués par les Français, devenoit un bonheur pour eux, puisqu'aussitôt ils étoient transportés en Guinée, où ils reverroient papa Toussaint qui les y attendoit pour compléter son armée qu'il destine à reconquérir St.-Domingue. Ce systême absurde lui a tellement réussi, disoient-ils, que tous vont au feu avec intrépidité surnaturelle, en chantant des airs guinéens, comme déjà épris de l'espoir de bientôt revoir leurs anciennes connoissances.

Ne pouvant donner à ces nègres aucune solution, ils retournoient à l'habitation, impatiens de voir leurs désirs accomplis. Que leur dire au moment où toute communication étoit interceptée, où mourant de faim dans les villes, on ne pouvoit sortir qu'à force de baïonnettes et de fusils destinés à protéger le butin que les affamés alloient enlever dans les habitations les plus voisines?

Le vigilant Dessalines avoit donné ordre de ne plus tracasser, inquiéter les maraudeurs, afin de les engager plus facilement dans le piége affreux qu'il leur tendoit. Ayant su par les espions qu'à la suite de l'édification des nouveaux forts et remparts de la ville de Saint-Marc, une nouvelle maraude étoit promise, il fit passer nuit et jour des troupes considérables pour cerner le lieu seul abondant en vivres, pour laquelle on la destinoit.

Nos gens enhardis par leurs succès sur les noirs, se rappelant que dans des courses déjà faites aux environs de Saint-Marc, une petite partie des assiégés avoit mis en déroute des phalanges

phalanges entières d'ennemis embusqués, se décidèrent à être de la maraude, mais ils y allèrent avec trop de sécurité.

Dédaignant le terrain circonscrit près de la ville, qui fournissoit encore des vivres en assez grande quantité, on voulut s'éloigner, et foncer dans le pays ennemi. Dessalines avoit déjà prévu que le 12 mars 1803, les assiégés de Saint-Marc viendroient, par leur trop grande confiance, chercher un carnage assuré dans une ravine où l'on étoit hors de tout secours par la distance du chemin, et la difficulté de communiquer avec la ville à cause de l'embuscade que quelques-uns y savoient placée depuis plusieurs jours, mais dont ils ne voulurent pas parler, dans la crainte d'être soupçonnés d'intelligence avec le parti de Dessalines.

Un intérêt sordide porta donc la plupart des maraudeurs à sortir sans munitions de guerre, tant la perspective leur étoit attrayante. Beaucoup cependant avoient un noir pressentiment qu'ils chassèrent loin d'eux pour n'être point contrariés.

M. M***, un de mes amis, fut commandé comme dragon : son ami, mon beau-frère R***, ne vouloit pas le laisser aller seul, tous deux s'étant promis mutuellement de se secourir en cas d'attaque ou de blessure. Bon, paisible, et ennemi de la turbulence, M. M*** avoit été déjà plaisanté lors de récits journaliers de différentes escarmouches qu'on eut à essuyer. Mais celui qui n'a pas mis la force de l'homme dans son propre courage, avoit donné à celui-ci une foi inflexible au milieu du danger.

R***, au caractère belliqueux, fut au contraire troublé en voyant pour la première fois, autour de lui, la mort planer de toutes parts.

Déjà nos malheureux concitoyens, engagés dans une embuscade, étoient la victime d'un feu nourri et continuel. Déjà leurs corps percés par plusieurs feux croisés et obliques tomboient avec le feuillage criblé de balles. Déjà les cris des femmes et des enfans écrasés par la cavalerie, apitoyoient sur leur sort leurs protecteurs impuissans par la pénurie de munitions. L'épouvante, au front pâle, les saisit; ils perdent l'espoir en perdant leur force, la déroute s'empare d'eux, ils veulent fuir et éviter le trépas qui les poursuit, mais ils ne peuvent se faire jour: les ennemis qui ont prévu leur chute et leur défaite, ont barré le chemin par des embuscades placées dans toutes les positions.

Lassés de la fumée fulminante, on en vient à l'arme blanche : c'est alors que pêle-mêle on voyoit les bras voler, et les crânes ouverts entraîner avec eux le néant de cette machine mortelle.

L'avantage des embusqués redoubla leur rage, et dans leur fureur ils crioient : « Nous grand » gout jourdi là, nous vlé saccagé toutt' blanc » et mulâtr' layo de Saint-Marc »! Quoiqu'assurant protection aux femmes, ils les brûlèrent dans les pièces de cannes où elles se cachoient, et d'où le feu les obligeant de s'échapper à demi consumées, elles venoient, pour ainsi dire, recevoir une nouvelle mort des satellites posés tout autour, qui les tirailloient comme des bêtes fauves sortant d'un bois touffu! Mais la colère la plus enflammée perd son effet à la voix du Dieu des batailles. Il rend nulles à son gré toutes poursuites; il se plaît à secourir ses élus dans leur détresse, et à leur manifester sa haute puissance, en les éprouvant par les plus grands dangers et les angoisses les plus poignantes.

Un nègre échappé au carnage, vient à la ville appeler au secours, et chercher un repos à son agitation convulsive. On le voit passer égaré, et pâle des couleurs de l'agonie que rendoit encore plus livides le tems sombre qui présageoit ce malheureux événement.

Tous les habitans de Saint-Marc se réunirent, et d'un même accord nous implorâmes la miséricorde du grand Maître des destinées pour tous, et chacun pour ceux qui les intéressoient plus particulièrement; et au verset de David, « L'ange » de l'Éternel campe autour de ceux qui le » craignent, et il les garantit », nous fûmes consolés, et conçûmes une juste espérance. C'est alors que l'ange de ténèbres, à tête hérissée, au flambeau discordant, soufflant de tout son pouvoir le meurtre et le trépas, fit son dernier effort, mais il fut impuissant. L'éternel Dieu vivant, fidèle à ses promesses, le culbuta avec ses vaines espérances.

Déjà M. M***, dans sa bonne foi, avoit fait *halte* à la voix d'un dragon ennemi qui, profitant de sa méprise, lui assena un coup de sabre, mais il l'esquiva par une feinte soudaine. Deux coups de pistolet lui sont tirés à bout portant, mais les balles déviées par une trop forte explosion, ne purent l'atteindre.

R*** de son côté, ayant à essuyer les horreurs du désespoir de trois chefs qui le harceloient, entend siffler six balles à ses oreilles, et est noirci par les amorces. Il se trouble....... tombe à la renverse........ Les cavaliers, au comble de leurs vœux, mettent pied à terre, mais ils sont bientôt forcés de reprendre selle par l'arrivée de deux de nos gendarmes, au moment où R*** d'une voix étouffée crioit, *je me rends!* Il fut donc, par cette rencontre heureuse et inattendue, enlevé au fer tranchant de ses persécuteurs.

Il se traînoit avec peine, abattu par l'effroi, et tremblant par l'idée de la mort qu'il venoit d'éviter ! Soudain il aperçoit M***, et ranimant ses forçes, il oublie la perte de son cheval, et monte en croupe sur celui de son ami. A peine pouvoit-il embrasser son corps de ses mains débiles et tremblantes; à peine avoit-il trouvé l'aplomb sur sa selle vacillante, que le coursier vole plutôt que de marcher, jusqu'à ce que les deux amis soient hors de l'atteinte des embuscades semées sur le chemin; et ce qu'il y a d'étonnant, c'est que le cheval de R***, qui étoit mon coursier favori, reparoît devant eux tout équipé et sortant du bois, sans avoir voulu se laisser prendre par aucun étranger. Ils avoient en croupe chacun leur petit nègre qui, entendant crier, *tiembé chapeau gance d'or*, demandèrent en grace de les laisser descendre, se regardant plus en sûreté à terre.

Mes deux amis rencontrèrent un praticien de sentiers détournés, qui les guidèrent dans des chemins raboteux et impraticables, au milieu desquels tous les chevaux rebouquèrent (1), excepté les deux miens. Mes deux amis évitèrent

(1) Terme du pays, qui veut dire *harassé*.

encore au bas du morne, l'embuscade du retour qui venoit d'être relevée, et se rendirent enfin à nos désirs.

Leurs compagnons d'infortune qui avoient échappé au carnage et à la désolation, se traînoient et paroissoient de tous les coins des bois.

Le cœur étoit navré de voir le lendemain, à la rentrée des fugitifs, de petits enfans lever au ciel leurs bras ouverts, et courir vers eux du plus loin qu'ils les apercevoient, pour y retrouver une mère en lambeaux, que beaucoup, hélas! ne purent rencontrer.

Un capitaine de la cinquième légère, troupe si redoutable, arriva transpercé de balles et de baïonnettes : il avoit pour épouse la fille du gouverneur de Cadix, jeune espagnole qui l'avoit suivi. Je ne vis jamais de spectacle aussi attendrissant que la réunion de ces deux époux. Le mari s'étant sauvé à travers des monceaux de cadavres, les mains liées, les vêtemens arrachés, n'ayant enfin sur lui qu'une partie de sa chemise, s'évanouit de joie et de fatigue en abordant la porte de la ville où l'attendoit sa vertueuse épouse, déjà éplorée par la crainte de ne plus le revoir. Je fus édifié des soins assidus qu'elle lui prodigua, des veilles qu'elle supporta, quoique délicate, pour protéger le sommeil du blessé en l'éventant ou lui chassant les bigailles (1) attirées par ses innombrables blessures.

Un homme de couleur revint également percé de douze balles.

Trois blancs et deux hommes de couleur s'étant jetés dans les bois, gagnèrent le bord de la mer, et furent aperçus par un pêcheur qui alla les chercher.

Enfin nos ennemis, quoiqu'ayant eu l'avantage par la supériorité du nombre, furent tellement maltraités, que le lendemain ils comblèrent deux cabrouets de blessés, ayant laissé sur le champ de bataille les morts confondus à quelques victimes de notre parti; ce qui fit dire à Dessalines : « Si toutes les victoires me » coûtent autant que celle-ci, il ne faut pas en » remporter souvent ».

Pendant toute l'affaire, on vit dans une réserve Dessalines et son état-major, à pied, tous richement vêtus, les bottes luisantes, magnifiquement éperonnées; poudrés à blanc, et portant tous des uniformes à l'anglaise; puis un brick de cette nation, mouillé à peu de distance du rivage de la mer, et qui fut sûrement leur pourvoyeur; car il étoit en rade ennemie, à portée de pistolet des tentes de l'armée noire.

(1) Essaims de moustiques et maringoins fort incommodes pour les malades.

Ma santé étant rétablie, je fus appelé au Port-au-Prince, pour y être présenté au général Thouvenot, successeur du général Dugua. Ce premier, également ami et protecteur des arts, confirma non-seulement l'emploi qui m'avoit été décerné; mais ayant eu des détails sur ma position critique, après m'avoir annoncé que dans ce moment la pénurie des caisses ne permettoit pas de me faire compter mes cinq années de traitement, il ajouta que le gouvernement néanmoins ayant égard à mon zèle et à mon dévouement, m'accordoit provisoirement une gratification de mille livres que je reçus d'après les soins également recommandables de M. Daure, préfet colonial de l'île de Saint-Domingue.

Le général Thouvenot, juste appréciateur des sciences que lui-même cultive, m'offrit aussi un local à l'état-major pour y travailler à la mise au net de mes manuscrits; mais ces offres me devinrent infructueuses, puisque le jour même, on apprit de nouveaux troubles qui décidèrent mon départ pour la France, ma présence devenant inutile dans un pays où les arts suivoient les phases de la révolution.

Ah! Dessalines, tu n'as que trop prouvé la ténacité de ton caractère, et la stabilité de tes promesses. *Français layo*, dit-il bien des fois en ma présence, *yo va bouquer, yo va aller dans pays à z'autres, et nous va maîtr'astor, et francs* (1). Pourtant les bases encore peu solides de cette indépendance pourroient être ébranlées :

1°. En intéressant à l'expédition d'une nouvelle conquête de l'île, les puissances maritimes, qui le doivent pour la sûreté de leurs colonies;

2°. En divisant les chefs noirs;

3°. En s'emparant d'abord des villes et des magasins, ainsi que des arsenaux;

4°. En faisant garder scrupuleusement les côtes;

5°. En établissant des colonnes mobiles, à l'effet de ravager dans les montagnes voisines et éloignées les denrées, les vivres, et par là forcer les cultivateurs, qui sont les seuls bien disposés, à se rapprocher des villes d'où on les protégeroit jusqu'à la défaite des militaires noirs;

6°. En s'assurant de tous chefs militaires supérieurs ou inférieurs qui jamais, non jamais ne plieront leur tête altière sous la rigide discipline de la culture. Que dire de Dessalines, qui ne fut sous Toussaint-Louverture que le levier de sa souveraine autorité, forcé, comme subor-

(1) Les Français vont se lasser de leurs foibles avantages, ils retourneront dans leur pays, et alors nous serons libres et indépendans.

donné (1), de mettre à exécution des projets homicides combinés dans une intime réserve, et que son activité seule pouvoit faire éclater, puisque, depuis qu'il a régi de son propre mouvement, il a cessé ses exécutions, apaisé ses vengeances, fait des prisonniers pour grossir les peuplades, et a reçu des blancs qu'il a rangés sous ses drapeaux? Mais, hélas! quels blancs?...! Le rebut de la Nature! Sa mort est donc un pas assuré vers la conquête du pays, et le chef qui l'a remplacé ayant moins de moyens, s'il étoit assuré de sa grace, deviendroit un précieux instrument de la restauration de la colonie par son extrême influence, et renonceroit au vaste projet d'indépendance déjà ébranlé par la division intestine des trois départemens, à ce projet dont Toussaint-Louverture lui laissa le plan, conçu et favorisé par des correspondances anglomanes qui n'ont cessé d'exister, et qui aujourd'hui surtout se manifestent ouvertement dans les ports évacués par les Français, où le commerce se fait avec les puissances américaines usurpatrices de nos propres dépouilles.

Dessalines fatigué de ses sanglantes exécutions, et désirant enfin un repos qu'il ne pouvoit trouver en pratiquant le crime; accusé par ses

---

(1) *Valet pas maître*, disoit-il pour s'excuser.

remords, cherchant à détourner de quatre-vingts individus le glaive menaçant dont Toussaint-Louverture l'avoit armé, s'étoit rendu clément envers Mrs Carrerre, etc... du Port-au-Prince, sur le sort desquels l'oracle de destruction avoit déjà prononcé. Détenus en rade à bord d'un brick américain, et y attendant dans des transes mortelles l'issue de leur prison, ils reçurent enfin de Dessalines l'ordre de leur élargissement.

Carrerre et ses compagnons ayant cru devoir leur liberté à l'arrivée soudaine de Toussaint-Louverture, allèrent le remercier; mais ce tyran, par un effet rétroactif de sa volonté suspendue, frémit, se troubla..... et gronda sourdement de n'avoir point été obéi. Il renvoya tremblantes ces quatre-vingts victimes, sur la vie desquelles il se hâta de prononcer une seconde fois, et appelant Dessalines : *Prenn' gard'*, lui dit-il avec l'accent de la fureur, *dimain moué tendé parlé, monde layo* (1). Pour cette fois Dessalines, contre son habitude, revint sur ses pas, fit arrêter pendant la nuit et massacrer les quatre-vingts blancs qui rêvèrent seulement leur bonheur.

Que dire aussi d'un Maurepas, général commandant au Port-de-Paix, qui, par respect pour

---

(1) Prenez garde que demain j'entende encore parler de ces prisonniers.

son ancien maître mort de maladie, lui fit rendre avec pompe les honneurs de la sépulture, et se rappelant son premier âge, quitta ses habits somptueux pour creuser lui-même la fosse qu'on avoit négligemment préparée?

Quant à Toussaint-Louverture, outre ses crimes politiques, tantôt protecteur, tantôt violateur des temples consacrés à l'Éternel, il mit au jour sa monstrueuse hypocrisie en blasphémant à la nouvelle que les Français avoient sur lui l'avantage. Il dit au curé des Gonaïves, en tenant un crucifix à la main : « Je ne veux plus servir » ce Dieu »! Puis l'écrasant sous ses pieds, lui-même, de son bras sacrilége il commença à incendier l'église!

Après beaucoup d'autres événemens, je repartis par ordre du chef d'état-major-général Thouvenot, qui, par intérêt pour les arts, me fit sauver mes manuscrits, voyant que tout espoir de restauration étoit vain jusqu'à nouvel ordre.

DÉPART DE SAINT-DOMINGUE POUR LA FRANCE.

L'HORIZON politique s'obscurcissant de plus en plus, et son tonnerre grondant déjà sourdement, plusieurs officiers généraux m'engagèrent à sauver mes manuscrits qui devenoient ma seule espérance. Le général Thouvenot, chef de l'état-major, approuva mon départ avec l'intérêt d'un protecteur des arts; c'est pourquoi il m'obtint du capitaine-général Rochambeau, une gratification, et un passage à bord de la corvette *Latorche,* qui partoit le soir même pour la France. Ce départ précipité du Port-au-Prince me fit laisser une partie de mes effets à Saint-Marc; m'estimant heureux de me soustraire à un carnage inévitable, et trouvant l'occasion d'être utile pendant la traversée aux dames de l'adjudant-général Huin, mon ami.

Le canon du départ s'étant fait entendre, nous nous embarquâmes à six heures du soir, le 4 prairial an XI, et relâchâmes au Cap, pour y prendre le général de division Quantin, accompagné de quelques officiers de sa suite. Notre traversée fut heureuse sous les rapports de la navigation, mais désagréable par la désunion qui régna parmi les passagers. J'en essuyai peu les contrariétés, ayant lié particulièrement connoissance avec un colonel doué de talens et d'amabilité, M. Dalvimart, en qui les jeunes années s'annoncent par quelques perfections ou découvertes en peinture et littérature ; et M. Bazin, enseigne de vaisseau, qui, à des mœurs douces et sociales, joint des talens supérieurs en mathématiques, dessin et navigation, qui lui ont fait des envieux.

Nous mouillâmes le 8 fructidor an XI, à sept heures du matin, dans la baie de Cadix, au lieu de celle de Toulon notre destination, après avoir été vainement chassé par une frégate anglaise qui vint jeter l'ancre auprès de notre corvette; cependant nous n'eûmes rien à redouter de son voisinage, étant sous la protection des forts d'une puissance neutre. Nos deux vaisseaux saluèrent ensemble la ville, et on répondit alternativement à nos deux salves d'artillerie.

La ville de Cadix, bâtie sur un terrain peu élevé, ne se voit que de cinq à six lieues en mer; mais les montagnes de *Medina-Sidonia*, situées à l'est de Cadix, se découvrent de douze lieues au large. La partie la plus apparente de Cadix est de la plus grande élégance et d'une blancheur éblouissante. La régularité de ses bâtimens qui sont d'une architecture moderne, plaît généralement. Les maisons sont élevées, et terminées en haut par des tourelles qui tracent sur l'azur du firmament des dessins d'autant plus variés et délicats, que leur forme n'est point constante. Sur le bord de la mer se trouve une promenade publique, appelée *la Meda*, fréquentée tous les soirs par les habitans de Cadix et les étrangers; elle est éclairée d'arbre en arbre par des fanaux, qui de la rade font le plus joli effet.

On ne nous laissa pas jouir long-tems d'un point de vue aussi enchanteur, et notre arrivée des colonies fut bientôt suivie de la visite des membres du comité de santé, qui, sans s'approcher de notre bord, déclarèrent, après quelques questions d'usage, que nous subirions la quarantaine. Cette mesure est d'autant plus sage, que la peste de Malaga venoit d'être communiquée par des balles de coton venant des îles Antilles, et qui y avoient été déballées sans précaution; et pour mieux nous faire sentir l'horreur d'un tel fléau, on nous apprit qu'à Malaga les habitans d'une maison entière dans laquelle s'étoient développés les germes de la peste, avoient cessé de communiquer avec qui que ce soit, et que, par mesure de sûreté publique, on avoit maçonné toutes les ouvertures de cette maison dont ceux qui l'habitent étoient condamnés à périr, faute de secours, au milieu des horreurs de la famine!

Cependant un vil intérêt engagea des marchands de toute espèce à s'approcher de nous pour recevoir nos commissions, et le prix de leurs achats, abus d'autant plus blâmable, que la sévérité du réglement de police est nulle à la vue de l'or. En effet, on trempe d'une main tous les écrits dans le vinaigre, comme pour neutraliser les miasmes méphytiques, et on reçoit de l'autre l'argent et divers objets qui n'ont point été assujettis à cette formalité de précaution. On nous apporta des provisions et des fruits qui nous furent vendus à un prix exorbitant. Le vin de *Pakaret,* justement estimé, eut la préférence sur tous ceux de dessert que l'on nous fit goûter.

D'après le rapport fait par les membres du comité de santé, on vint nous signifier l'ordre d'aller en quarantaine à l'extrémité de l'île de Léon, près de la terre ferme, et à deux lieues de Cadix, dans un couvent abandonné, situé sur le bord de la mer. Nous débarquâmes en cet endroit silencieux, et quoique solitaire, nous le préférâmes sous tous les rapports au séjour de notre vaisseau.

Les

Les yeux s'y repaissoient avec avidité de la verdure des palmiers, dattiers, oliviers et jujubiers, dont les jardins en friche étoient ornés. Les mouettes et les goélands venoient dans leur vol raser les plates-formes de notre retraite, et nous témoigner par leurs cris importuns leur étonnement de voir habiter des lieux si long-tems déserts. N'ayant autour de nous personne capable de nous donner des renseignemens sur l'état de l'endroit que nous devions habiter, et ayant, à notre arrivée, trouvé toutes les portes ouvertes, nous parcourions les longs corridors du couvent, pénétrés de réflexions singulières; chacun y choisit son appartement qu'on meubla avec un matelas du bord.

Nous étions gardés au dehors par des soldats espagnols ayant ordre de ne point communiquer avec nous, et ne nous parlant que de très-loin. La barrière qui nous séparoit du corps-de-garde n'étoit qu'une simple corde qu'on ne pouvoit franchir sans les risques de recevoir un coup de fusil. Cet ordre sévère fut pourtant enfreint, grace à de légères gratifications qui nous permirent d'aller, pendant la nuit, porter nos pas incertains au milieu des campagnes qui nous environnoient. Il résulta de ces excursions que nous découvrîmes la véritable situation de notre lieu d'exil. Le couvent que nous occupions est séparé du bourg; c'est là que fut transférée depuis 1769, la résidence de la marine du roi d'Espagne. L'île communique avec la Caraque par un canal large et profond qui peut porter des vaisseaux de guerre.

Nous eûmes un soir d'assez vives inquiétudes sur le sort de notre vaisseau, qu'un brûlot anglais, abandonné à la dérive, fut sur le point d'incendier. On savoit que notre bâtiment avoit à son bord beaucoup de poudre; d'après le calcul des vents et des courans, le brûlot en étant déjà près, le capitaine en fit couper les cables, pour s'éloigner d'un danger si imminent. Un instant avoit vu embraser le vaisseau incendiaire, un autre fut témoin de ses flammes perfides, mais bientôt sa carcasse désunie emporta avec elle, au fond des eaux, l'espoir trompé et la honte des agens de la cour britannique.

Notre quarantaine étant finie sous les plus heureux auspices (1), nous fîmes voile vers Cadix, et nous y descendîmes à la posade des

(1) Si au milieu de la quarantaine quelqu'un des passagers tombe malade, la quarantaine recommence, à moins d'avoir quelque crédit auprès du comité de santé, qui seul peut décider si la maladie survenue n'est point d'une nature épidémique.

deux Palombes, chez un Français marié à une Espagnole de laquelle il avoit deux filles modestes et d'une figure angélique. *Dona Maria* et *Dona Técla*, qui me parurent avoir la plus haute estime pour les Français, redoublèrent, à notre arrivée, de soin et d'activité, et affectèrent, pendant notre séjour à Cadix, une parure recherchée, propre à flatter nos sens. Le voile noir qui contrastoit d'une manière séduisante avec leur buste d'albâtre, leur robe de taffetas noir ornée de trois rangs de basquines (1), et coupée par un bas de soie, une chaussure élégante, une étude enfin dans le maintien, annoncèrent que nos jeunes Espagnoles cherchoient à nous intéresser, mais elles ne prétendirent qu'à notre estime.

La ville de Cadix est bâtie sur une langue de terre, à l'extrémité septentrionale et occidentale d'une île appelée *île de Léon*. Ses rues les plus commerçantes sont étroites et malpropres. Ce séjour est gai en ce que c'est le point de réunion du commerce de toutes les nations. On y voit le silencieux Anglais, le trop confiant Français, l'adroit Algérien, le généreux Musulman, l'ingénieux Italien, et le fier

---

(1) Ce sont des franges torses de même couleur.

Espagnol concevoir des projets d'une fortune qui leur est constante ; un trafic somptueux est ouvert, un commerce universel et une utile consommation y sont entretenus par les marins revenus de croisière, pour semer l'or, et le prodiguer aux spéculateurs avides de l'amasser.

La température brûlante de ce climat provoquant les mêmes besoins qu'à Saint-Domingue, on y vend, dans les marchés, une partie des fruits et des légumes de cette colonie; on y trouve entr'autres des charretées *de pastèques* et *de cantaloups*, *des tomates*, *des pimens* d'une espèce particulière, des poissons que la rade fournit en abondance, et parmi lesquels on distingue une prodigieuse quantité *de raies* d'une espèce peu connue, *des soles*, etc.

Je fus indigné d'un abus fanatique dont je fus témoin tous les jours. Les marchés sont remplis de mendians; *des padres* parasites les suivent, et aux noms de *pro Sanctâ Trinitate*, *pro Sanctâ Mariâ*, exigent des pauvres mêmes qui n'osent refuser, la restitution de l'aumône que ces malheureux reçoivent d'une main, pour la verser de l'autre dans la bourse d'hypocrites qui, après une quête fructueuse et forcée, vont s'installer chez des marchandes de modes, pour y faire des cadeaux à leurs maîtresses, qu'ils y conduisent effrontément. C'est pourquoi les pauvres, dans la crainte de faire des demandes en présence des quêteurs, prennent les plus grandes précautions, afin de retirer quelque fruit des aumônes qui leur sont faites.

On construit à Cadix une cathédrale de l'ordre Corinthien, dont tout l'intérieur est en marbre blanc. Il se trouve à l'extrémité de la ville un hôpital où l'on remarque une assez belle bibliothèque, et une suite de pièces d'anatomie exécutées en cire.

Je ne sais quel auteur prétend que les Espagnols, peu faits pour l'harmonie, n'ont ni oreille ni mesure. Je ne connois point au contraire de pays où les musiques militaires et les chants guerriers des régimens soient mieux exécutés qu'à Cadix, où les musiciens d'instrumens à vent y soient d'une force supérieure pour la qualité du son, et y exécutent des morceaux de la dernière difficulté. Je crois deviner la raison pour laquelle l'auteur inconnu ne reconnoît dans les Espagnols, ni mesure ni oreille : c'est que le soir, au moment de la retraite, les exécuteurs de cette harmonie imitative sont placés par groupes, et, séparés les uns des autres, jouent des airs sous des mesures différentes; ce qui en effet produit à l'oreille peu exercée, des faux tems que l'action des tambourins fait prendre pour des contre-mesures; mais si l'on entend séparément chaque groupe, on doit porter un tout autre jugement. Cette cohorte est précédée de fanaux d'une forme originale, et de sectaires du rosaire qui aiment à s'immiscer dans toutes les cérémonies.

C'est après cette retraite que l'on se rend aux promenades, dans les cafés pour y prendre des glaces, et où, pour le dire en passant, un de mes amis reçut un coup de stylet qui m'étoit destiné, en raison, je crois, de mon haut plumet, et du costume étranger dont j'étois revêtu. Cet ami n'eut fort heureusement que le bras traversé.

On remarque à Cadix deux portes de ville, celle de terre, et celle de mer. Il y en a bien deux autres, ou espèces de poternes, dont l'une sert pour aller sur le môle de la pointe de Sainte-Croix, et la seconde, voisine de la nouvelle douane, qui donne passage sur un petit môle où l'on embarque et débarque les marchandises que les vaisseaux de transport doivent charger pour les Indes occidentales, ou qu'ils en rapportent à leur retour.

La porte du port est double; on entre dans la ville d'un côté, et on en sort par l'autre, afin de rendre plus difficile l'introduction des marchandises de contrebande, et de faciliter les visites qui se font exactement tant à l'entrée qu'à la sortie. La porte de terre est resserrée par une langue de terre étroite, et elle offre des fortifications redoutables.

Cadix est une des villes les plus commerçantes de l'Univers; c'est l'entrepôt du commerce des colonies espagnoles. Il y entre, dit-on, année commune pour soixante-douze ou soixante-quinze millions de livres tournois en or et en argent, tant monnoyés que travaillés en barres ou lingots, et pour vingt-cinq à trente millions de denrées coloniales.

Les visites à la porte du port ont deux buts: 1°. d'empêcher le trafic du tabac rapé, et de s'opposer à la sortie frauduleuse de l'or et de l'argent. Il est défendu d'introduire dans le royaume d'autre tabac que celui d'Espagne, et les lois les plus sévères atteignent les délinquans qui sont condamnés au travail des mines.

2°. L'or et l'argent importés doivent un droit, ainsi que ceux qu'on exporte. Le droit pour le dernier est de quatre pour cent. Les vaisseaux de guerre n'étant point assujettis à la visite, protégeoient ce transport illégitime. On appelle les fraudeurs en ce genre, *picaros*.

Il y a à Cadix deux salles de spectacles, mais dont les acteurs sans jeu et sans costumes n'ont pas le droit d'intéresser un habitant de la Capitale de France. Je vis néanmoins avec intérêt deux enfans des deux sexes y danser avec grace un pas de caractère en agitant leurs castagnettes, au son d'un *solo* de flûte mélancolique que je sus distinguer au milieu d'un nombreux orchestre. C'est dans ces lieux publics que l'on voit les marquis aux vêtemens bigarrés sans élégance, ayant la tête couverte d'une résille et ornée d'un énorme catogan. On y voit encore les grands d'Espagne sans costume distinctif, les chevaliers de Saint-Jacques, ceux de Calatrava, ceux de Saint-Charles, ceux d'Alcantara, et ceux de Montesa (1) se confondre aux groupes de la populace dont ils savent peu communément se faire respecter. Ils gardent même souvent un maintien peu décent : j'ai vu un chambellan négligemment vêtu, quoique porteur du bijou qui le fait reconnoître, se vautrer sur les bancs devant les spectateurs accoutumés probablement à cette honteuse familiarité, et y manger avec voracité des gâteaux, ou provoquer publiquement par des gestes non équivoques *les Vénus* de moyenne vertu dont ces assemblées sont en grande partie composées.

Dona Thecla, notre charmante posadera, me donna beaucoup de renseignemens particuliers sur les mœurs des habitans de Cadix, mais qui

---

(1) Les cinq ordres reconnus en Espagne.

ont tant de rapports avec les coutumes de la ville de Saint-Yago, île de Cubes, que j'ai décrites à la fin de mon premier volume, que je me crois dispensé de les répéter ici.

On paie un droit à la douane pour sortir de Cadix la poudre à tirer qui y est d'une qualité supérieure, et la cire d'Espagne.

On mange en Espagne beaucoup de friture, comme le mets le plus simple à préparer; mais on se sert à cet effet d'une huile épaisse et infecte, qui a d'autant plus de réputation que son odeur est plus forte. Je crois que sa mauvaise qualité provient d'un défaut de préparation dans son extraction des olives si communes en Espagne.

Les porte-faix de Cadix se font charger sur le dos les ballots les plus pesans; ils y sont seulement retenus sur une natte de paille qui prend naissance sur leur front en guise de bandeau, et se prolonge au long de l'épine dorsale. Ce grossier paillasson n'étant point glissant, maintient les paquets par ses aspérités. Ces hommes ont d'ailleurs l'habitude de se servir d'une corde destinée seulement à conserver l'équilibre. Les porteurs d'eau ont des vases immenses. On voit à Cadix beaucoup de négocians de la Catalogne, revêtus d'un manteau brun dont le dessous est de couleur rose. Ils ont la tête couverte d'une résille, qui ne diffère de celles qui furent si long-tems de mode à Paris qu'en ce que le cul-de-sac se prolonge davantage, et est terminé par une rosette descendant jusqu'au bas des reins.

Par une singulière bizarrerie les décorations militaires s'accordent en Espagne, et se modifient en sens inverse relativement à notre pays. C'est pourquoi les officiers supérieurs n'ont leur uniforme relevé que d'un simple liseré galonné, tandis que les capitaines ont les épaulettes de sous-lieutenant, ceux-ci et les lieutenans, des épaulettes de capitaine et de chef de bataillon, enfin les bas-officiers portent celles de colonel. Par un semblable contraste, lorsqu'un factionnaire porte les armes à un officier, il lui tourne le dos pour exécuter sa manœuvre.

Les dames espagnoles ont beaucoup de graces sous leurs costumes; souvent c'est un gros bouquet placé sur un large chapeau qui fait leur seule parure; une autre fois le même bouquet se retrouve, et se joue sous un voile élégamment drapé qui, docile à l'haleine officieuse d'un zéphir badin, laisse admirer une gorge d'albâtre où brillent les diamans, ou dont de simples perles font souvent le plus bel ornement. Leurs bras nus sont également chargés, à diverses distances, de bracelets des mêmes bijoux.

Parmi les fruits qui acquièrent sous ce climat

favorable une qualité supérieure, on distingue les raisins des environs de Malaga, et dont les espèces les plus vantées sont *le lagrima* et *le guindas*. Il n'est pas rare d'en voir des grappes du poids de douze livres, dont chaque grain est de la grosseur d'une prune moyenne. C'est de ce fruit par excellence qu'on obtient les vins cuits délicieux de Malaga, Ximenès, de Rota, de Rancio, de Xérès, et tant d'autres qui ont acquis une juste célébrité. On voit en ces contrées privilégiées le pommier auprès du dattier, l'olivier et le cocotier près d'autres arbres européens qui ne prospéreroient point en des climats plus chauds. Les figues y sont excellentes, et on en récolte en telle abondance qu'elles fournissent au commerce, par leur exportation, une branche importante lorsqu'elles ont été préparées. On m'assura que la Catalogne et l'Andalousie fournissent en Espagne les plus belles figues, tandis que Séville est réputée pour ses belles olives.

Enfin le climat tempéré de la partie méridionale d'Espagne, abrité du vent du nord par la réunion de montagnes qui forment un demicercle rapproché des côtes de l'Est, est si propice à la végétation, que les cannes à sucre y réussissent très-bien à Valence, ainsi que le remarque un auteur. Cette précieuse production, dit-il, fut apportée de l'Inde en Egypte ; sa culture s'introduisit en Sicile, et les Maures la portèrent sur les côtes de Grenade. Lorsqu'ils en furent chassés en 1483, on y trouva quatorze plantations, grandes et petites, et deux moulins à sucre. Les Espagnols ayant découvert l'Amérique, y portèrent cette plante, dont la culture s'étendit bientôt jusqu'au golfe du Mexique. Depuis ce tems elle a été négligée par la mère-patrie, mais on en trouve encore assez pour fournir à une fabrication considérable.

On remarque aux débouquemens de Cadix deux prismes appelés *colonnes d'Hercule*, et par les Espagnols, *Saint-Pierre et Saint-Paul*. Elles servent à diriger les marins dans leur navigation.

Nous repartîmes de Cadix, dans l'intention de traverser l'Espagne dans sa plus grande étendue, pour nous rendre à Bayonne; c'est pourquoi, après avoir fait mes adieux à M. Leroi, commissaire-général français des relations commerciales à Cadix, je m'embarquai avec le général de division Quantin et son état-major, pour le port de Sainte-Marie, qui est situé près le port Réal, et à trois lieues par mer de Cadix. Notre réunion devenoit d'autant plus utile que les routes d'Espagne sont peu sûres ; aussi donna-t-on une garde d'honneur à notre général.

Non loin de Sainte-Marie on rencontre au milieu des champs peu cultivés quelques troupeaux épars, et le long des grands chemins, des croix qui indiquent le lieu de la sépulture de voyageurs assassinés. On y remarque beaucoup d'oliviers, dont les plantations régulières sont disposées en échiquiers. Ces arbres ont le feuillage argentin qui contraste avec la verdure foncée d'alentour, et ils fournissent les grosses olives d'Andalousie, renommées pour leur volume et leur saveur. On y côtoie *la Guadalète*, petite rivière ombragée par la longue chevelure du saule pleureur, sur les bords de laquelle Rodrigue, en perdant un sceptre et une couronne, fut tué et son armée défaite par deux cent mille Maures.

La plupart des possessions rurales y sont entourées *d'aloës pitt*, appelé *pingoin*, que ses feuilles radicales, armées d'épines aiguës, rendent inabordables. On remarque dans l'intérieur, des semis considérables de pins, de mélèzes et de cyprès.

Nous fûmes importunés vers midi par une poussière impalpable qu'une nuée de moustiques rendit encore plus incommode. Je ne vis jamais ces insectes sous une multiplication aussi innombrable. Bientôt une nature riante vint nous consoler de cette contrariété passagère, et la vue de nouveaux plants d'oliviers végétant sur une terre rougeâtre, de chaumières agrestes cachées sous un lierre touffu qui en fait le plus bel ornement, d'Espagnols cultivateurs campant au milieu de landes embaumées par le romarin, le myrte, le thym et le serpolet, au milieu desquels ils prenoient un repas frugal, fut pour nous une surprise autant agréable que délassante. Nous foulâmes aux pieds *le talcite* et *le granit*, si communs en ces lieux qu'on en construit des bornes et des ponts.

Nous arrivâmes à Xérès de la Frontéra, village situé près la rivière de Guadalète, fameuse par la bataille de 1713, dont je viens de parler, et non par la tenue de ses *posades*, puisqu'après une route fatigante on ne nous servit que des tomates, de l'ooille, des feuilles de chou frites dans de l'huile puante, un pain plat et sans levain, enfin pour boisson, du vin de Xérès qui nous fut offert dans un *alkarasas* (1), espèce de carafe flanquée d'un tube recourbé, et que l'on passe à la ronde. Xérès de la Frontéra est à neuf lieues de Cadix, c'est à dire à six lieues du port Sainte-Marie.

Nous avançâmes dans l'Andalousie, et traversâmes successivement la Venta-de-Saint-Antonio,

---

(1) Appelé en Egypte *bardac*, selon M. Sonnini.

Vtrera, Mayréna, Carmona et Rio-Frio, pour arriver à Ecija, ville d'Espagne, située non loin du Guadalquivir, et à trente-deux lieues de Cadix. N'ayant point fait pendant cette route aride des remarques dignes d'être citées, puisque je n'y observai de particulier que des citernes où l'on conserve précieusement l'eau de pluie pour boisson, ce qui annonce un pays peu fertilisé, je vais entretenir mon lecteur d'Ecija.

L'extérieur des maisons d'Ecija flatte la vue, et fait honneur au premier peintre-décorateur qui a imaginé de représenter sur les murs des décorations théâtrales, ou d'autres paysages pittoresques, tandis que l'intérieur des appartemens, sans luxe et sans ornement, ne présente à l'œil que quatre murailles blanchies à pans réguliers, d'autres cintrées, formant des voûtes qui rendent ces appartemens très-sonores. Les écuries y ont particulièrement fixé l'ambition ou plutôt la curiosité recherchée de l'architecte; elles sont dans la ville et aux environs, d'une somptuosité et d'une propreté remarquables; et le voyageur est étonné d'y voir les chevaux mieux logés que les hommes, puisque les piliers multipliés de ces utiles et spacieux emplacemens sont formés par des colonnes de granit, ou tout au moins de pierres très-régulièrement arrondies.

Les chevaux de choix y sont tenus les pieds attachés à des anneaux fixés en terre, ce qui rend leur position pénible et fatigante : on leur prodigue le fourrage, on veille sans cesse à leur entretien, et ces soins sont en quelque sorte une somptuosité de la part de celui à qui ces chevaux appartiennent.

Les Espagnols d'Ecija font un usage immodéré de gros piment doux et de tomates qu'on mêle à tous les ragoûts et au mets favori du pays, qui est une réunion de lard rance, de pois ronds avec leurs gousses, de courges, et de feuilles tendres de melon.

D'Ecija, nous fîmes route pour Cordoue, qui est à quarante lieues de Cadix, et où nous arrivâmes en passant par la Carlote, pays peu digne de remarque, si ce n'est par l'usage de ses puits à chaînes garnies de godets destinés à puiser l'eau.

Nous entrâmes dans Cordoue, grande ville qui est placée au bord du Guadalquivir. La grande place est spacieuse et entourée de maisons garnies de portiques réguliers et imposans : c'étoit l'arène destiné aux tournois des Maures, et c'est dans cet espace que se donnent maintenant les combats des taureaux. La ville, peu habitée, offre des quartiers déserts, beaucoup d'églises et beaucoup de cloîtres. Cordoue est

dominée

dominée par la chaîne des montagnes de la Sierra-Morena, couverte de la plus riche verdure, et où les citronniers, les orangers, les oliviers et des arbres fruitiers de toute espèce annonçent la faveur d'un printems perpétuel. Aussi les neiges et les frimats ne viennent-ils pas attrister ces endroits enchanteurs, soigneusement cultivés, et d'où jaillissent des milliers de fontaines qui en entretiennent la verdure.

On arrive à la cathédrale de Cordoue sous un quinconce d'orangers, dont les parfums s'unissant à ceux de l'Arabie que l'on offre à la Divinité, entretiennent autour du lieu saint une atmosphère embaumée. L'église, très-vaste, a dix-sept entrées dont les portes sont couvertes d'arabesques : ce fut une mosquée bâtie par Abderame au huitième siècle, et que Ferdinand, en 1236, consacra au culte catholique. On y remarque trois cent soixante-cinq piliers de granit et de jaspe, composant les vingt-neuf nefs de l'intérieur. Le tabernacle du maître autel est d'une richesse inconcevable : on y voit briller les pierres précieuses, et les jaspes les plus rares, diversement colorés, y flattent la vue et excitent l'étonnement.

On montre aux étrangers qui visitent ce lieu saint, une colonne de marbre sur laquelle un crucifix fut gravé par l'ongle d'un esclave chrétien qui y étoit enchaîné, et qu'on voulut en vain convertir à la religion mahométane.

On fait voir également la petite chapelle où le Coran étoit renfermé; elle est d'une architecture originale. De là, on nous introduisit dans une chapelle dorée où se trouve la statue équestre de Saint Louis, roi de France. Le trésor de la cathédrale offre des richesses immenses qu'on eut peine à nous découvrir : des vases sacrés, des croix, des encensoirs et des expositions y sont en or massif, et incrustés de pierres précieuses colorées dont la Nature est si avare, et qu'on ne découvre que dans ses réservoirs secrets.

Cordoue, sous le règne du sultan Alkehem II, fut le berceau des sciences et des arts : il y existoit alors une bibliothèque immense, des écoles de médecine, de géométrie, d'astronomie, de chimie et de musique, où se formèrent de grands talens. Ce fut la patrie des Sénèque, des Lucain, des Gonzalve Fernandez.

Les environs de Cordoue fournissent une quantité prodigieuse de mûriers qui alimentent des vers à soie, du produit desquels on fait un grand commerce. Ce terrain fécond y protége également la culture du *quercus ilex*, espèce de chêne, sur lequel se plaît *le kermès*, insecte précieux, duquel l'on tire la couleur incarnate, et des plantes aromatiques de tous genres, dont le suc bonifie la chair des animaux sauvages ou domestiques qui en font leur pâture. Ces riches climats recèlent aussi, de même que la Nouvelle-Castille, le cèdre altier, l'utile cotonnier et l'odorant poivrier.

L'amateur de chevaux attend que je lui parle de ceux de l'Andalousie. Leur réputation n'a rien d'exagéré; beauté de formes, regard fier et étincelant, naseaux couverts d'écume, vigueur et souplesse dans les mouvemens, voilà les précieux caractères auxquels on reconnoît les étalons andalous qui font la folie de leurs cavaliers. On a pour ces animaux des soins outrés, et leur exportation, ou l'introduction de chevaux étrangers sur le territoire espagnol y est également interdite sous des peines très-graves. Il existe à Cordoue un haras royal digne de ceux de l'Arabie, et il est comparable à celui d'Aranjuez près de Madrid. Les chevaux andalous sont plus beaux, mais moins vigoureux que ceux du royaume des Asturies.

On voit dans les rues de Cordoue, auprès de la porte d'entrée des maisons, de grandes tonnes enfoncées en terre et où chaque propriétaire conserve le produit de ses oliviers. Cette huile qui exposée au soleil, n'y acquiert aucune odeur agréable, y reste jusqu'à la récolte suivante, époque à laquelle elle peut facilement être consommée, tant les Espagnols en font un usage immodéré: cette huile remplace le beurre et la graisse.

Les posaderas n'y sont point actives comme dans le reste de l'Europe, et un aubergiste voit de sang-froid arriver un voyageur sans s'informer de ce dont il peut avoir besoin; les domestiques même fainéans à l'excès, regardent les arrivans les bras croisés, et se contentent de leur montrer du doigt dans la basse-cour la volaille qu'on est souvent obligé de plumer et de faire cuire soi-même, ainsi que nous l'avons éprouvé tant de fois. Il est vrai que voyageant avec des militaires français dont la vue intimide les Espagnols, nous ne pûmes étudier facilement leur caractère; car, dès qu'ils nous apercevoient, ils se mettoient à crier : *Carnèro, carnèro, signor francèse!* et disparoissoient subitement en nous laissant dans le plus grand embarras, et dans la nécessité de rassembler, après beaucoup de recherches, tous les ustensiles nécessaires pour la préparation de nos mets. Ils se rapprochoient cependant, et devenoient plus familiers lorsqu'ils voyoient que nous étions à la fin de notre repas; alors, ne craignant point de nous regarder face à face, ils exigeoient de nous une récompense pour des soins qu'ils n'avoient point pris.

Les soldats de notre escorte étoient fort doux

et très-sobres. Leur costume consistoit en une veste légère, un chapeau à haute forme où ils déposent leurs cigares, et un léger havre-sac. Ils avoient tous des guêtres lâches, retenues par des cordons au lieu d'être boutonnées, et pour chaussure des sandales.

On cultive beaucoup d'*aneth* dans les environs de Cordoue, et l'instrument qui sert à scier cette plante aromatique est semblable aux faucilles de nos herbières d'Europe. Tous les mulets y sont tondus, usage qui ne leur est pas favorable, et qui déplaît singulièrement à la vue.

Les Espagnols ne connoissant d'autres jouissances, d'autre bonheur que dans l'amour, ils ne respirent que pour aimer. Leur véritable passion est moins celle des sens que celle de l'ame. Une Espagnole apprend-elle l'infidelité de son amant, elle en est inconsolable, dans la ferme persuasion de ne pouvoir le remplacer. O suprême délicatesse, que n'êtes-vous de même honorée par les Françaises! Mais abusant de leur empire sur nos cœurs et de leur amabilité, elles causent souvent plus de tourmens qu'elles ne font d'heureux. *Changer pour mieux jouir*, telle est, hélas! leur fatale devise; devise d'abord engageante, mais qui tôt ou tard donne d'elles une opinion pénible. Les amans espagnols, trouvant rarement l'occasion de pouvoir se rapprocher, vivent de désirs, de privations qui alimentent leur flamme pure. Un amant se trouve heureux lorsqu'il a seulement entendu la voix de sa maîtresse approuvant les sons timides de sa langoureuse guitare, ou lorsqu'il saisit dans l'air avec transport un bouquet qui lui est jeté, et qui, déjà placé sur le sein de son amante, y a acquis un prix inappréciable; soumis aux volontés de sa maîtresse, il s'éloigne en couvrant de baisers le gage précieux qui doit faire sa consolation et son unique espérance. Si ce n'est un bouquet, c'est un ruban, un billet que son haleine brûlante ou décolore ou efface. Que de fois je vis de ces couples heureux se parler au moyen de l'alphabet digital, et rapprocher les distances en rendant leurs doigts dociles l'interprète de leur cœur, et le messager de leurs amours!

On aime à Cordoue à côtoyer *le Guadalquivir,* dont les eaux nourrissent *le calamus arundo* que les habitans emploient pour leurs voitures couvertes, en guise de cerceaux.

Les rejets de lataniers qui s'élèvent dans la plaine des environs de Cordoue, sont quelquefois entre-mêlés de futaies *d'yeuse* ou chêne vert, et de buissons d'une autre espèce de chêne à feuilles de houx. Le gland du premier est incomparablement plus alongé que celui du second qui est raccourci, et presque sphéroïde.

Nous repartîmes de Cordoue pour la Venta-del-Carpioz, et comme nos voitures alloient fort lentement, je me déterminai à marcher, ou plutôt à chasser le long de la route pour essayer un superbe et excellent chien braque nommé *coronello*, provenant des chenils du roi. Les cantons que nous eûmes à parcourir sont très-giboyeux; aussi les Espagnols qui habitent ces contrées ont-ils chacun plusieurs lévriers et chiens couchans. Les fusils de chasse en Espagne étant beaucoup plus matériels et plus durs à la détente que les nôtres, sont par cela même moins commodes, et plutôt propres à la chasse d'affût qu'à celle du vol. Nous traversâmes la Venta-del-Carpioz et Aldea-del-Rio pour nous rendre à Anduxar, ville de l'Andalousie, éloignée de Cadix de cinquante lieues.

La ville d'Anduxar n'offre rien de particulier. On rencontre à quelque distance des rochers de grès servant de repaire aux malfaiteurs qui infestent ces parages, et à la gauche du chemin, de longues plantations d'oliviers, au milieu desquels on voit se poursuivre et se jouer l'espèce de geai bleu, appelé *le jaseur de Bohême*. Nous trouvâmes à la droite de la route, une potence à laquelle pendoit le bras desséché d'un chef de voleurs, qui venoit d'être supplicié par ordre du roi d'Espagne. Cet exemple est bien fait pour intimider le crime, et le détourner de ses projets. Comme ces pays sont peu habités, et qu'on y voyage d'autant moins sûrement que les voleurs y sont de connivence avec les habitans qui servent leurs desseins criminels, on a soin de se munir d'armes, et de ne marcher qu'en nombreuse compagnie. Les voyageurs portent des outres renfermant le vin nécessaire pour les repas, ou pour les haltes. On y vend à bon compte des melons de diverses espèces venus en pleine terre. On trouve dans les montagnes des ostracites unies à des pholades.

On remarque aussi dans les villages que l'on traverse, les tristes effets du désœuvrement. Le jour, ce sont des familles entières étendues nonchalamment au soleil, et occupées à se chercher les poux, ou à des soins mal-propres; le soir, ces mêmes gens passent leur tems avec leur guitare, tandis que d'autres, animés par des passions plus déréglées, profitent de l'obscurité pour attendre, un poignard à la main, le voyageur fatigué et trop confiant.

Nous pénétrâmes, en quittant Anduxar, dans un pays agréable, qu'une culture naissante commence à embellir, et qu'elle enrichit déjà par ses bienfaits. La première posade où l'on nous donna asile fut à Baileu, d'où nous nous rendîmes à Guarda-Dorman, à six lieues plus loin qu'Anduxar. Nous reconnûmes ensuite la Carolina, chef-lieu de ces cantons, qui est situé sur les bords du Xenil, pays également fertile, et récompensant le laboureur au delà de ses espérances. On remarque auprès de cette petite ville une longue avenue d'ormes, au pied desquels végète l'aloës. On fait usage d'alkarazas dans toutes ces provinces, et d'outres pour les voyages.

Le lendemain, en nous rendant à Sainte-Hélène, pays montueux, nouvellement habité et défriché, nous traversâmes un passage dangereux au milieu de mornes escarpés, dont les aiguilles ou pics ont les parois couvertes de soufre sublimé, de terre martiale et d'efflorescences vitrioliques. On y remarque également de beau schist, du mica, du schorl en masse et en prismes, et de l'horn-blende. Les eaux contenues ou filtrant dans les cavités de ces rochers, sont très-amères et empreintes de sels métalliques. Elles sont pour la plupart oxidées et ferrugineuses; quelques-uns de ces rochers sont couverts de *lycopodium*.

Nous rencontrâmes deux moines qui chassoient le chevreuil au milieu de ces bois giboyeux, et qui nous firent apercevoir une troupe d'environ trente voleurs, dont ils nous conseillèrent d'éviter la rencontre. Nous fîmes halte au pied de ces montagnes, pour nous désaltérer chez un Espagnol assis sur le devant de sa porte, et occupé à empailler des siéges avec des tresses formées des feuilles du latanier.

Bientôt nous foulâmes les montagnes fertiles et enchanteresses de la Sierra-Morena, qui fournissent uniquement l'espèce d'orange appelée *damasquinas*. Ce fruit, d'une forme oblongue et d'un goût délicieux, a choisi pour sa patrie ces imposantes futaies parmi lesquelles il n'est pas rare de le rencontrer. Ce canton jadis cultivé par les Maures, et dont les bois furent long-tems après le repaire des bêtes féroces, est à soixante-trois lieues de Cadix.

Après avoir traversé la Venta-de-Cardenas et la Venta-del-Judeo, nous arrivâmes à *Santa-Cruz*, première posade de la Manche, canton du bon vin, et où ma qualité de médecin me valut, grace à mes consultations latines, des présens, des attentions extraordinaires en ces pays peu policés; ce qui nous fit voyager plus agréablement.

Nous passâmes successivement à *Val-de-Pènas*, à *Menzanarez* et à *Villa-Harta*. Nous reconnûmes ensuite un beau pays fameux par les exploits de Don Quichotte, et où il fit ses merveilles. Nous remarquâmes dans les vêtemens des habitans de Port-de-Piz, et surtout de ceux de Tremblaque, une bisarre coutume, qui consiste à tacher çà et là leurs vêtemens rembrunis avec du plâtre dissous dans de l'eau; ce qui fait prendre les hommes et les femmes pour autant de goujats. On n'y voit point de cheminées s'élever au dessus des maisons.

La Guardia, ville distante de 87 lieues de Cadix, est un pays situé au milieu de croupes rocailleuses, dans l'intérieur desquelles se trouve un antique et modeste tombeau du roi des Maures, indiqué par un bloc de pierre, carré et surmonté de trois croix. Si notre vue se récréa en ce pays, bientôt notre estomac languissant nous annonça qu'il étoit tems de suspendre notre enthousiasme; mais nous ne pûmes satisfaire promptement notre faim excessive. La posade étoit dénuée de tout; et comme il n'y avoit point d'Espagnols malades en ce lieu, les lâches domestiques nous ayant montré de loin les volailles qu'on nous destinoit, se retirèrent selon leur coutume, et nous laissèrent la peine de poursuivre ces gallinacées si souvent effarouchés, enfin de les plumer pour les préparer nous-mêmes. On nous servit seulement, après de grandes supplications, du chocolat, espèce d'eau grasse aussi dégoûtante à l'œil qu'insipide au goût; un pain sans levain happant au palais, et pour bidon, une outre garnie de son robinet.

On remarque à la Guardia d'anciennes fortifications, des casemates à moitié démolies, et qui ne laissent plus que le souvenir des fléaux meurtriers dont les anciennes guerres ont désolé ces campagnes.

Nous nous rendîmes avant notre départ à l'église, pour y être témoins d'une cérémonie funéraire. Au cortége nombreux que nous observâmes, et à la musique funèbre que nous entendîmes, nous reconnûmes que l'on célébroit les obsèques de quelqu'un de qualité. Curieux comme des voyageurs qui cherchent à s'instruire, nous écartâmes la foule, et nous aperçûmes au milieu de la principale nef, une famille éplorée, vêtue de velours noir, posant unanimement leurs chapelets, en priant sur le corps nu et à moitié découvert d'un enfant couronné et couvert de fleurs, symbole de la félicité incontestable que cet être pur éprouvoit déjà dans le ciel devenu sa patrie.

Nous marchions vers *Ocana*, lorsqu'une patrouille d'alguazils que nous rencontrâmes, nous prévint de nous tenir sur nos gardes contre une troupe d'assassins dont la tête étoit à prix, et que, pour le malheur des voyageurs, certains Espagnols tarés dans l'opinion publique recéloient chez eux. Nous avancions au milieu de bois sombres et silencieux, lorsque le général qui commandoit notre esconade nous engagea à faire un feu de file, comptant sur l'écho de ces forêts pour avertir les malveillans que nous étions en état de défense.

Nous arrivâmes à une posade suspecte, où l'on nous reçut même de mauvaise grace. Croyant démêler des intentions perfides de la part des Espagnols qui l'occupoient, nous cherchions à éloigner ces soupçons peut-être injustes; mais quelle fut notre surprise, lorsque nous apperçûmes cachés dans les greniers, les assassins qui nous attendoient dans l'espoir d'une bonne capture! Il fut décidé que nous camperions auprès de Nos-Tiros-Largos, et que toute la nuit seroit destinée à la plus exacte surveillance. En vain Morphée commençoit-il à appesantir les paupières de certains de nous accablés de fatigue, il fallut éloigner ce dieu trompeur, et lui reprocher jusqu'à la douceur de ses bienfaits. Le mot d'ordre fut donné, et les *qui vive* qu'on entendoit au moindre mouvement annoncèrent à la troupe intimidée que nous étions déterminés à vendre chèrement notre vie. Confondus dans leurs projets, nous apperçûmes ces trente brigands s'évader par des fenêtres au milieu de la nuit, pour aller cacher, sous la double obscunité des forêts, leur honte et leur lâcheté. J'oubliois de dire que nos dames avoient été forcées de camper auprès de nous, ayant reconnu dans la chambre qui leur étoit destinée, des ouvertures communiquant avec les caveaux de la posada, dans lesquels on précipitoit probablement les victimes dès qu'elles étoient immolées. Ce qui me fit horreur, c'est qu'en allant m'assurer des lieux et de la propreté des draps, et que m'étant avisé de soulever celui de dessus, je trouvai l'autre encore imbu du sang d'un malheureux tué le jour même, et qui avoit laissé en se débattant l'empreinte de ses dents sur le linge, et par-tout des traces de son désespoir. Nous repartîmes de cette posada sans témoigner notre surprise, mais avec l'intention de faire notre rapport en arrivant à Madrid.

Arrivés à Aranjuez, l'une des maisons de plaisance du roi d'Espagne, nous remarquâmes beaucoup de logis peints à fresque. Celui du maître de poste offre les vues les plus pittoresques. Les murs du château sont baignés par le Tage, qui y roule ses eaux limoneuses et tourbillonnantes. On sait que le Tage est le fleuve le plus grand qui existe en Espagne, et celui dont le cours est le plus prolongé; il arrose cent vingt lieues de terrain, depuis sa source jusqu'à

Lisbonne, où il confond ses eaux douces à la mer : le sable du Tage contient quelquefois, principalement du côté de Tolède, des particules aurifères, mais en si petite quantité que sa récolte ne dédommageroit point du tems qu'on pourroit y employer.

L'Espagne est encore fertilisée par le Tinto, dont les eaux d'un jaune topaze sont lapidifiques, et propres à l'incrustation ; par le Mino, le Duero, la Guadiana, le Guadalquivir, l'Ebre, le Xucar, la Sagura, et beaucoup d'autres petits ruisseaux qui ne suffisent point encore pour entretenir sur ce sol brûlant une fraîcheur bienfaisante souvent remplacée par des crevasses arides, ou une poussière incommode. Les deux Castilles éprouvent particulièrement de grandes sécheresses, les Espagnols indolens ne profitant plus des avantages que pourroit leur offrir l'irrigation; ce qui rend leurs récoltes beaucoup moins abondantes qu'elles ne l'étoient sous les Romains et les Maures, où l'agriculture étoit en Espagne dans l'état le plus florissant.

D'Aranjuez, distant de quatre-vingt-seize lieues de Cadix, nous nous rendîmes à Valdemoro, puis à Madrid, capitale de l'Espagne.

La ville de Madrid est située à cent trois lieues de Cadix. Ses environs, qui étoient autrefois couverts de forêts, sont maintenant sans verdure et d'une aridité désolante (1).

Les rues de Madrid sont larges et alignées. Les promenades publiques, décorées de fontaines d'une parfaite architecture, sont très-fréquentées. On se réunit aussi sur les bords du Manzanarès, au Prado, à la porte d'Atoches.

---

(1) « Une chose digne de remarque, parce qu'elle influe sur la température de l'Espagne, dit un auteur moderne, c'est la singulière hauteur de ce pays au dessus du niveau de la mer. Le plateau occupé par l'intérieur de ce royaume est le plus élevé de tous ceux de l'Europe qui occupent une certaine étendue. La hauteur du mercure dans le baromètre, observée à Madrid, est de vingt-six pouces deux lignes; elle est moindre par conséquent de deux pouces que la hauteur moyenne observée sur les bords de l'Océan. Cette différence donne à la capitale de l'Espagne une élévation de deux cent neuf toises au dessus de la mer. Ainsi Madrid est quinze fois plus élevée que Paris, trois fois plus que le mont Valérien, un tiers plus que Genève. Cette hauteur influe nécessairement sur la température. On est étonné de ne pas trouver d'orangers en plein air sous le quarantième degré de latitude; mais la température moyenne de Madrid n'est que de deux degrés $\frac{1}{4}$ plus élevée que celle de Paris, et moindre d'un degré que celle de Toulon. Les montagnes de l'Espagne renferment une immense quantité de grottes, de cavernes et de souterrains ».

Les

Les maisons de plaisance du roi sont, Buen-Retiro, la Grange, le Palais-Neuf, Aranjuez, le Pardo, bâti par le roi Charles Ier ; l'Escurial, situé sur un plateau à demi-pente de la Cordilière de Guadarama ; ce dernier lieu est consacré à la sépulture des rois d'Espagne. Je ne m'étendrai point davantage sur des objets connus, ce seroit augmenter inutilement le contenu de ce volume, et m'écarter de la tâche que je me suis prescrite.

Le climat de Madrid est humide, mais il n'est point mal-sain. La ville offre au curieux voyageur plusieurs établissemens remarquables. Le palais du roi renferme une collection précieuse de tableaux des premiers peintres de plusieurs écoles ; auprès de ce palais se trouve un colisée d'armes et d'armures antiques. On admire aussi à Madrid un riche cabinet d'histoire naturelle, mais dont la collection immense est rangée sans méthode. La classe des minéraux offre surtout la réunion la plus complète en ce genre ; mais on pourroit appliquer, à l'égard des animaux empaillés de cette collection, préparés sans art et sans goût, cette phrase remarquable de M. Bernardin-de-Saint-Pierre, dans ses Études de la Nature : « Ou la Nature est morte, ou » l'art est animé ».

Les rues de Madrid sont longues, et les maisons y sont à quatre, cinq et sept étages ; les fenêtres sont garnies de balcons plus ou moins somptueux. Je fus parfaitement accueilli par l'ambassadeur Beurnonville, chez lequel je fus invité plusieurs fois, et où je vis avec bien du plaisir de superbes tableaux de chasse.

Nous étions logés à l'hôtel de la Providence, où l'hôte français, M. Picard, nous servit souvent des cannes-pétraces, fort communes dans les environs de Madrid; ce qui n'est point faire l'éloge du terrain, puisqu'on sait que ces oiseaux se plaisent de préférence dans les friches ou sur les grouettes.

N'ayant rien de mieux à faire, j'allois fort souvent au spectacle, où je vis avec intérêt exécuter une danse de caractère par deux enfans de six ans, agitant avec grace leurs castagnettes au son flatteur d'un *solo* de flute, qui toutes les fois me porta à la mélancolie.

Il me reste à parler d'un autre spectacle que les Espagnols aiment avec passion, et qu'ils préfèrent à tout autre; c'est le combat du taureau. Le cirque choisi à cet effet à Madrid, a trois cents pieds de diamètre, et l'arène seule a plus de deux cents pieds. L'amphithéâtre destiné au public peut contenir environ de douze à quinze mille spectateurs.

Un magistrat chargé de la police se trouve présent à chaque combat, et accompagné de deux alguazils ou exempts, destinés à maintenir le bon ordre.

Bientôt le magistrat, par un signal, annonce que le combat peut commencer. Aussitôt une porte est ouverte, et l'on voit du fond d'une étable un taureau inquiet, d'abord s'avancer lentement, puis enfin fondre avec impétuosité dans l'arène. Il semble interdit par l'affluence et les clameurs d'un peuple nombreux; il s'arrête, promène en silence ses regards autour de lui, semblant défier le téméraire qui a osé le provoquer au combat; un beuglement prolongé et étouffé semble menacer d'une vengeance prochaine le piquier (*picador*) qui paroît à cheval à l'autre extrémité opposée, armé d'une lance, et s'avançant vers lui. Ces deux antagonistes, ménageant leur marche et leurs feintes, font un pas, puis s'arrêtent, s'observent, combinent leurs mouvemens avec lenteur et retenue. Cet état d'incertitude et d'irrésolution intéresse le spectateur qui déjà forme des conjectures. Alors le taureau, qui croit ne pas devoir plus long-tems contenir sa fureur, baisse la tête, et réunissant toutes ses forces, fond avec impétuosité sur *le picador*. Cet adversaire, au premier mouvement du taureau, qu'il a su juger, s'est mis en défense, et tenant sa lance en arrêt, il en dirige le fer vers l'animal ſurieux, qui par une feinte souvent en rend l'effet impuissant, en la faisant voler par éclats. C'est dans ce moment que *le picador* est en danger, et que, pour le délivrer, paroissent deux *chulos*, jeunes Espagnols agiles qui viennent agacer le taureau avec des petits manteaux ou draperies rouges; ce qui lui fait oublier son premier ennemi, qui profite de ce moment favorable pour se remettre en selle s'il a été culbuté, et pour se réarmer. *Les chulos* étant à pied, ne peuvent tenir long-tems en présence du taureau animé; c'est pourquoi à la première menace ils battent en retraite, et s'élancent dans une double enceinte où ils sont hors de danger, et d'où ils narguent le taureau ſurieux d'avoir laissé échapper ses victimes.

Il apercoit bientôt derrière lui *le picador*, et soudain il fond sur lui, dans l'espoir de l'immoler à son ressentiment. Souvent il ne fait que le renverser, et dans sa méprise il perce les flancs du cheval qu'il fait sauter en l'air d'un coup de ses cornes. Je vis un de ces chevaux tellement éventré, que tous ses intestins traçoient, dans sa course forcée, l'arène ensanglantée; mais loin d'éloigner le cheval pour lui donner quelques soins, *le picador* ne peut en descendre qu'au moment où épuisé de fatigue et ayant perdu tout son sang, l'animal, malgré sa valeur, tombe et expire. Le taureau, satisfait de sa victoire, s'avance vers le cheval, et le foule aux pieds en signe de triomphe.

Lorsque le taureau a reconnu son impuissance contre *le picador* qui sut l'éviter, il reste immobile et se refuse au combat; alors on met à ses trousses *les banderillos* ou *chulos*. Ce sont huit jeunes Espagnols tenant chacun à la main une poignée de petites flèches ou *banderillas* qu'ils doivent lancer au taureau pour l'agacer et l'irriter. Ils l'excitent, et lorsque l'animal baisse la tête en fermant l'œil, pour fondre sur ces nouveaux importuns, *les banderillos* profitent de ce moment favorable pour lancer leurs flèches. L'animal est atteint, et le cliquetis *des banderillas* aux moindres mouvemens l'inquiétant, il devient furieux, frappe la terre de son pied, la creuse, et fait voler la poussière en écumant de rage; il cherche ses ennemis, mais ils ont disparu. Souvent le taureau, déjà fatigué, ne cherche point à s'approcher *des banderillos* lorsqu'ils paroissent; alors ces derniers ont recours à *la moleta* ou écharpe de couleur écarlate qu'ils portent à la main gauche, et qu'ils agitent devant le taureau en passant près de lui, pour le narguer et l'exciter davantage à la vengeance. Quelquefois, malgré la rapidité de la course, il en est qui sont fortement pressés par le taureau ; alors ils lui abandonnent, en s'échappant, *la moleta*, sur laquelle le taureau assouvit sa rage, en la déchirant en pièces après l'avoir flairée. Si malgré cette ruse, que l'animal souvent dédaigne, ils n'ont pu sauter au dessus de la barrière qui doit les mettre à l'abri de tout danger, alors les autres *banderillos* s'avancent et attaquent le taureau pour laisser échapper leurs camarades.

Quand le taureau a suffisamment combattu, on le condamne à mort. Alors un Espagnol qui n'a point encore paru, et qu'on appelle *matador* (1), se présente, tenant d'une main la fatale épée, et agitant de l'autre *la moleta*. Ce *matador* a dû, pendant le combat, examiner le taureau, et étudier son caractère. C'est pourquoi il a dû distinguer s'il est *claro*, c'est à dire, fougueux et sans ruse; alors il peut s'en appro-

---

(1) *Les matadors* ordinaires sont *des torrères* du combat, ou bouchers de profession, qui doivent être doués de courage et de sang-froid. Le matador est souvent un preux chevalier ou amant espagnol, qui aime à remporter cette victoire aux yeux de sa belle. Je vis un de ces malheureux devenir la victime de son courage imprudent, et, par je ne sais quel sentiment, les spectateurs crier *brava!* et applaudir à outrance, tandis que le jeune homme en perdant son sang rendoit le dernier soupir.

cher sans défiance, et être assuré de sa victoire. Mais si l'animal est *obscuro*, c'est à dire rusé, froid, réfléchi et lent dans ses résolutions, alors *le matador* prend plus de précautions. Il s'en approche, le regarde en silenee, alors ruse contre ruse, l'attaque ou se défend, mais il trouve toujours le moyen de profiter du moment où l'animal baisse la tête pour frapper, et lui enfonce sans peine le glaive entre les vertèbres cervicales. Le taureau en beuglant tombe aussitôt transpercé sur l'arène, sans la rougir de son sang, car il meurt par la section de la moëlle épinière.

Lorsque le taureau tombe aux pieds *du matador*, la trompette sonne, et on voit entrer trois mulles richement harnachées, et qui, accoutumées à ce manége, entraînent le corps au grand galop. On tue plusieurs taureaux par combat, et ce spectacle est tant suivi en Espagne, que le pauvre même y sacrifie tout son avoir pour ne laisser passer que rarement une représentation sans y aller. Il y a toujours un prêtre prêt à administrer les sacremens aux combattans blessés à mort.

On critique cet usage sanguinaire chez les Espagnols, sans réfléchir que nous avons le jeu de l'oie, dont les détails sont d'autant plus révoltans et l'attaque peu généreuse, que cet oiseau est sans défense, et que souvent le cou aux trois quarts tranché, on le laisse languir en cet état des heures entières !!!

En quittant Madrid, on rencontre des hameaux, des maisons éparses et rares; par-tout des mains oisives, des visages basanés, maigres et blêmes; des haillons, de la vermine, apanages dégoûtans de la misère et de la pauvreté; par-tout des chaumières en ruine, où les hommes, les femmes, les enfans et les animaux sont groupés sans distinction.

Ce qui contribua le plus à rendre ma route agréable, fut la société du célèbre Crescentini, qui fait en ce moment les délices de Paris, et la connoissance que je fis aussi de M. Libon, artiste distingué, qui, à des mœurs douces, joint un talent supérieur sur le violon. Ces deux virtuoses retournoient à Paris, et à chaque posade, pour oublier les fatigues du voyage et les désagrémens de la route, ils s'exerçoient avec des morceaux de musique qu'ils avoient composés pour les concerts de Paris. J'entendis avec ravissement la scène des Horaces, de la composition mélodieuse de Crescentini, et de beaux *concerto* de violon par M. Libon, qui font le plus bel éloge de sa composition.

Non loin de Madrid à Saint-Sébastien, le sol, semblant consterné d'être aussi près du tourbillon des villes, laisse suinter les pleurs de cette nature désolée. Le pays est marécageux, mais triste, et on n'aperçoit autour de soi qu'un terrain nu, dénué d'arbres et de verdure, enfin le tableau monotone d'une aridité qui engourdit les sens. Les femmes, sérieuses et taciturnes, y cousent en silence sur un traversin, pourvues par-devant d'une poche destinée à recevoir le peloton de fil. On remarque aux bornes des maisons où le roi descend, des chaînes qui, au lieu de servir de mauvais augure, annonçent qu'elles sont dégagées de toute espèce d'impôts.

Nous quittâmes Saint-Sébastien à la pointe du jour, et nous marchâmes vers la Venta-Molaris, au milieu d'une nature riche, et de sites pittoresques et romantiques. Au centre de gorges mamelonnées, formées par des blocs de quartz micacé et de marcassites, d'où s'échappe avec un doux murmure une eau claire et limpide coulant sur un lit tortueux, on aperçoit des habitans vêtus de cuir, poursuivre le chevreuil et les lièvres communs en ces cantons. Ces animaux fréquententces ravines hérissées de rochers, et vont se désaltérer en paix au milieu de ces blocs de granit, où ils trouvent, après leur poursuite, à reposer leur corps fatigué sous l'ombrage du hêtre touffu ou du chêne antique.

Le lendemain, nous fîmes route vers Boutrago, la Suelta et la Venta-de-Coronilla : nous passâmes la nuit dans ce dernier endroit. Nous avions admiré pendant la journée ces pays richement boisés, et ces montagnes fécondes où les hêtres et les pins s'élèvent au milieu même d'immenses rochers qui vomissent à gros bouillons des torrens d'eau et d'écume. Une belle rivière coule dans ces campagnes, sur des rochers escarpés, de granit noir.

Nous couchâmes le jour suivant à la Frezmillo-de-la-Favente, et nous dûmes notre bonne réception, en la pausade, à une consultation en latin que je donnai au *posadero*, qui avoit trois enfans en bas âge attaqués depuis quinze mois de fièvres quartes. La joie vive que ressentit ce bon père, par l'espérance de revoir bientôt ses enfans rendus à la santé, le fit nous prodiguer ses provisions; il poussa la délicatesse et la générosité jusqu'à ne vouloir accepter aucune rétribution, que je distribuai aux valets d'écurie.

Nous cheminâmes vers Aranda, pays très-giboyeux et richement boisé. Les troupeaux (1)

(1) L'Espagne, dit l'auteur de l'ouvrage intitulé : *Campagnes des Armées françaises en Espagne et en Portugal*, a été de tous tems le pays des troupeaux. Les laines de la Baltique et du pays des Cantabres étoient très-estimées à Rome. Les belles races dégénérèrent sous les Maures; mais les Arabes d'Afrique qui leur succédèrent, renouvelèrent les espèces, et

y paissent au milieu de hautes fougères, de genevriers, de mélezes, de thuia et de pins, de serpolet et d'autres herbes aromatiques qui communiquent à leur chair un goût exquis : on y tire l'eau des puits à l'aide de grands leviers mis en équilibre vers leur milieu sur une poutre perpendiculaire, et dont le sommet est aigu; alors il suffit de peser à l'extrémité opposée à celle où est attaché le seau, ou de soulever la grosse pierre qui y est enchaînée, pour plonger ou retirer le seau du puits. Cette mécanique est

---

améliorèrent les laines. Don Pedro IV fit venir une grande quantité de béliers d'Afrique, et même des troupeaux entiers de brebis. En 1394, sur la demande de Henri III, Catherine, fille du duc de Laucastre, lui apporta en dot plusieurs milliers de bêtes à laines choisies. Ces animaux s'acclimatèrent parfaitement dans les deux Castilles. Le croisement des espèces d'Afrique et d'Angleterre avec la race espagnole, donna à celle-ci la qualité supérieure qui la distingue. On compte en Espagne deux espèces de bêtes à laine; les unes voyagent tous les ans, on les appelle *mérinos*; les autres restent dans leur pays, et rentrent toutes les nuits dans leurs bergeries. On estime environ à huit millions les moutons promeneurs, et à cinq millions les moutons voyageurs.

On évalue à cinq cent mille quintaux la quantité de laines fournies annuellement par les troupeaux d'Espagne. Ces laines sont généralement longues, soyeuses

bien différente de la chaîne hydraulique dont on fait usage dans certains endroits près de là. Cette chaîne, composée de godets ou potiches de terre, fabriqués à Jandouka, est plongée dans l'eau, et les godets s'emplissent pour ensuite verser le liquide, par un mouvement circulaire, dans une rigole qui la transporte dans un vase quelconque.

Nous nous rendîmes à la Venta-della-Praële,

---

et douces; celles des troupeaux voyageurs paroissent l'emporter sur les autres. Les mérinos, acclimatés en France depuis douze ans, n'ont point dégénéré; les agneaux qui en proviennent ont non seulement conservé la pureté de leur origine, mais ceux qu'on a obtenus par le croisement des races françaises fournissent dès la quatrième génération des laines aussi belles que celles d'Espagne, pourvu qu'on n'allie les femelles métisses qu'avec des béliers de race pure. Il y a aujourd'hui peu de départemens en France, où ces races espagnoles ne soient introduites.

Les plus belles laines d'Espagne sont celles des environs de *Ségovie*, de *Baytrago*, de *Léon*, de *l'Aragon*. Il est probable que les moutons espagnols, actuellement acclimatés dans divers pays de l'Europe, le seront bientôt dans la presque totalité de sa surface, et alors le commerce de laines que fait l'Espagne sera entièrement perdu. Le ministre d'*Aranda* disoit : « Si l'on » m'eût consulté, jamais un seul mouton espagnol ne » fût entré en France ».

où les cheminées des cahuttes matériellement construites, ressemblent à une forme à sucre. Ces espèces de maisons sont bâties avec des tuiles demi-cylindriques, posées en recouvrement. On voit s'échapper du faîte formé par un double cerceau surmonté d'un coq en terre cuite, une fumée plus ou moins condensée. Les maisons de ville sont peintes à l'extérieur. On récolte en ce pays beaucoup de lin.

Nous voici dans la Vieille-Castille, et la ville de *Lerma* fut la première que nous y rencontrâmes. Les maisons y sont bâties en briques de terre, et les cabrouets sont traînés sur des roues pleines par des mulets tondus et mutilés. Les habitans ont pour coiffe une espèce de capuchon, sont vêtus de cuir, et sanglés de la même matière. On nous conduisit à l'église qui est magnifiquement décorée. Elle est ornée de tribunes et de deux beaux jeux d'orgues. Au milieu s'élève le superbe mausolée du duc de Lerma; il est en airain. L'église située sur la place, correspond au palais du duc par de vastes galeries tournantes. Elle est bâtie sur une éminence au bas de laquelle coule une très-belle rivière.

La campagne enchanteresse qui s'offroit à mes regards de tous les côtés, m'engagea à descendre sur le pont élégamment construit qui traverse l'Artanzon, d'où j'ai dessiné le charmant point de vue que je vais décrire.

Au premier plan, sur la droite, s'élève avec majesté l'église qui est construite avec une élégance rare, décorée d'horloges, de mansardes symétriques, d'un clocher quadrangulaire surmonté d'une croix à trident qui sert de girouette. La couverture des bâtimens environnans est formée par un assemblage de tuiles demi-cylindriques.

Sur la gauche se trouve un pont qui, dans sa courbe, comprend six arches sous lesquelles coule mollement la rivière limpide d'Artanzon. Elle arrose dans son cours le tertre de l'église, et va au loin fertiliser les campagnes. L'Artanzon réfléchit sur son onde les longues chevelures des saules pleureurs qui la bordent, mais elle ralentit plus loin son cours, et se divise en ramifications sinueuses qui arrosent la belle prairie dont elle est environnée. On trouve çà et là de jolis ponts jetés sur les bras les plus larges, et qui favorisent la tonte des prés et l'exploitation des foins qu'ils produisent. Au milieu de cette riante prairie offrant à l'œil le plus beau tapis de verdure, on aperçoit une chapelle desservie par un hermite, laquelle est à moitié dérobée aux regards du voyageur par un cirque de châtaigniers, dont le saint homme fait, dit-on, sa principale nourriture. Auprès se remarque une croix de pierre élevée sur un gradin.

On voit sur ce sol fertile toujours animé par la présence de quelques voyageurs ou de journaliers, *les tiros* qui remplacent en Espagne les voitures de poste. Ce sont des berlines assez mal suspendues traînées par six mules, et qui font l'office de nos diligences. Les voituriers conducteurs sont appelés *mayoraux*. Ils marchent sans fouet, et n'ont recours qu'à leur voix pour exciter nonchalamment leurs bêtes lentes et paresseuses. La vue aime aussi à se fixer sur des laitières vêtues légérement, et portant sur leur tête l'urne de terre de Jandouka, qui contient le lait qu'elles ont à vendre.

On distingue à l'ombre des saules les pêcheurs occupés à tenter fortune; plus loin, des chasseurs dans la plaine, ici un groupe de padres, là des cabrouets tels que je les ai décrits. Enfin le lointain offre des plantations de châtaigniers, tandis que l'horizon se termine par un rideau de forêts surmontées par les pics embrumés des Pyrénées occidentales.

Nous couchâmes le lendemain à Burgos, une des plus grandes villes de la Vieille-Castille. On y arrive par une route ferrée et superbe, quoiqu'étroite. Elle est garnie d'ormes dans toute sa longueur, à l'instar de celles de France. La ville de Burgos est remarquable par sa bonne tenue, par ses ponts, et la beauté de ses promenades ornées de statues. On y voit une très-belle place décorée de plusieurs fontaines. Le pays est très-boisé; on y récolte du lin.

Nous reconnûmes ensuite *Pradano*, et à deux lieues plus loin, *Birbiesca*. On voit à *Pradano* des moulins à eau sans roues. On y trouve beaucoup *d'hyèbles*, *d'érysimum*, *de marrube*, *de mille-pertuis*, et dans les prairies, communes en ce pays, beaucoup *de presle*; elles sont ombragées par des peupliers qui paroissent y prospérer d'une manière avantageuse. Les femmes y ont la tête nue, et divisent par derrière leurs cheveux en plusieurs tresses.

De Birbiesca nous parvînmes à *Pancorvo*, où Crescentini, ce virtuose doux, complaisant et modeste, voulut bien me chanter en particulier et dans la dernière perfection, sa magnifique scène des Horaces, dont la rare harmonie sera toujours présente à mon souvenir. Ce pays est adossé à des mornes; il est bien arrosé, conséquemment fertile et bien cultivé. Les femmes y portent des cheveux traînans, sans être tressés; ce qui offre à l'œil, en raison de leur mal-propreté, le désordre le moins flatteur.

Nous

Nous arrivâmes à Miranda, petite ville où passe l'Evro, belle rivière qui fournit des merluches en abondance, que nous eussions trouvé excellentes si elles eussent été accommodées avec du beurre, au lieu de l'huile puante du pays.

Entre *Miranda* et *Vitoria* on rencontre un couvent bien heureusement situé dans un pays aussi désert. Éloignés de toute habitation, les moines y jouissent d'une paix délicieuse, et de tous les agrémens de la vie champêtre. La chasse, la pêche, plaisirs doux et innocens, ne leur sont point interdites. Protégé dans ses récréations par de hautes futaies dont une rivière poissonneuse entretient la fraîcheur, le silencieux pêcheur n'y est distrait que par l'écho qui répète la voix des chiens courans, ou par le coup fatal qui suspend leur poursuite, devenant désormais inutile. Ce couvent de *la Poevela* est, en un mot, très-favorablement situé pour un ami de la Nature. On y donne pendant trois jours l'hospitalité à tout voyageur, et s'il est malheureux, il y trouve des secours et des consolations.

Tout à coup le pays change de face, et reprend sa stérilité qui fait regretter les bocages du couvent. Le terrain est inculte, les chemins sont raboteux, les villages presqu'en ruine, et les habitans, selon leur honteuse coutume, indolens et paresseux, passent la majeure partie du jour au soleil.

Nous arrivâmes à *Vitoria*, ville principale de la Biscaye, et entourée de très-belles promenades, au milieu desquelles on a pratiqué un jeu de longue paume. C'est là que les Espagnols oiseux passent une grande partie du jour à jouer ou à regarder les acteurs du défi. Leur indolence est telle que souvent un voiturier y fait arrêter ses chevaux, et qu'il oublie pendant une demi-journée ses occupations, si la partie s'engage avec chaleur.

En passant à *Salinas*, on remarque au milieu de hautes montagnes une descente très-rapide. On voit depuis le sommet jusque dans les falaises, bouillonner et jaillir de belles cascades qui enrichissent la verdure des châtaigneraies et des fougères. On cultive dans les environs, des champs de navets dont les animaux se nourrissent.

En faisant route pour *Mondragon*, nous rencontrâmes sur les chemins de ces montagnes escarpées, des groupes de muletiers transportant des marchandises. Les sons des longues cloches (*voy*. planche XI.) attachées derrière les ballots recouverts d'une toile rouge, interrompent le silence imposant de cette nature agreste, tandis que le costume particulier des habitans y récrée la vue du voyageur. Les hommes ont un chapeau très-haut de forme, étroit et placé sur le sommet de la tête; un gilet et un pantalon d'un drap grossier et brun : les manches de ces vestes sont réunies par des lacets relâchés. Ils ont les jambes enveloppées d'une étoffe de laine à barres brunes et blanches, et retenue par un ruban qu'ils dirigent autour de la jambe en serpentant (planche XI). Les femmes ont un corset large et rouge, et le jupon brun; elles marchent la tête nue, et leurs cheveux lisses sont tressés par derrière dans toute leur longueur, et pendans jusqu'au bas de la taille. (*Voyez* planche XI.)

Les enfans à *Mondragon* parlent basque, et portent les cheveux relevés comme les Chinois. On y voit pendant la messe les veuves à genoux sur la tombe de leur mari défunt, puis étendues sur un drap qu'on brûle au bout de l'année, qui est le terme de leur deuil.

Nous nous mîmes en route le lendemain pour *Beurgara*, où se trouve un séminaire; et après avoir côtoyé les hautes montées des Pyrénées occidentales, nous cheminâmes vers *Villa-Real*.

En nous rendant à *Villa-Franca*, nous nous arrêtâmes à *Villa-Real* où l'on nous servit, pour la première fois pendant la route, du vin de dessert. On y célébroit un mariage. Je pris plaisir à voir les danses basques ou *fandango*, qui sont fort lubriques. Le nouvel époux, précédé d'un tambourin et d'une espèce de flageolet, marche à la tête de la colonne des jeunes gens pour chercher, par une évolution tortueuse, son épouse que la colonne des jeunes filles tente de dérober à sa vue et à ses embrassemens, en la plaçant au centre. On la cache ainsi dès que l'époux paroît, afin, il me semble, de provoquer les désirs du marié; alors le but étant rempli, le son du flageolet devient plus vif, le tambourin redouble ses mouvemens, et les évolutions circulaires s'engagent. De là une mêlée complète à la faveur de laquelle l'époux est réuni à celle qu'il poursuit si ardemment. Une exclamation unanime annonce sa victoire.

Nous arrivâmes ensuite à Tolosa, ville de la Biscaye, assez importante, où nous couchâmes. On rencontre sur les routes des environs, des habitans montés dos à dos sur les flancs d'un mulet bien harnaché, et assis sur des chaises (*voyez* planche XI.), ce qu'on appelle *aller en cacolais;* d'autres transportant de la sanguine et du fer, objet principal de spéculation que fournissent les entrailles de ces hautes montagnes. Le costume des habitans de Tolosa est à peu près celui des Vendéens.

Voyageurs de Tolosa allant en Cacolais. Voyageurs de Mondragon.

Après avoir reconnu Joarson, Andonin et Hervania, nous passâmes à Jron, dernier bourg que nous rencontrâmes en Biscaye (1). Ce pays montagneux offre des sites imposans et dignes du plus célèbre pinceau ; j'y suis resté deux heures en extase devant des précipices affreux, des falaises caverneuses, horribles à la vue, mais d'un riche effet en peinture. Ces montagnes sont cultivées dans leur

(1) La Biscaye, dit un auteur moderne, est bornée au nord par la mer *Cantabrique*, à l'est par *la Guipuscoa*, à l'ouest et au sud par la Castille. On y compte une ville, vingt bourgs, dix vallées, soixante-dix communes, et 112,371 habitans, dont la plupart sont dispersés dans les hameaux. Le pays est très-montueux; il abonde en carrières de marbre et en mines de fer. La terre est argileuse, et en général de mauvaise qualité; mais les légumes sont excellens, et le raisin muscat aussi bon que celui de Frontignan. Les Biscayens cultivent avec soin plusieurs arbres fruitiers. Leurs pommes sont renommées; ils en font de très-bon cidre. Les marronniers produisent de beaux marrons que les Hambourgeois exportent pour les vendre en Allemagne. Les poires doyennés, beurrés, bergamotes et bon-chrétien sont aussi savoureuses que communes. Les figues y sont très-bonnes. Le bois y est abondant; et les Biscayens s'entendent fort bien à l'aménagement des forêts. Il y a dans la Biscaye cent quatre-vingts mines qui fournissent annuellement quatre-vingt mille quintaux de fer. Les mines de ce métal les plus renommées

partie la moins abordable, et une riche fertilité s'y annonce par les irrigations de ruisseaux limpides.

Les habitans y ont un beau sang, et sont laborieux; ils parlent un patois, ou espagnol corrompu, et font éclater dans leurs moindres actions une gaieté vive que leur inspire leur parfait état de liberté dans le commerce, en raison de la modicité des impôts. C'est aussi le séjour favori des nobles peu fortunés, qui méprisent les Castillans comme pauvres et toujours mélancoliques.

Nous traversâmes le lendemain le pont de limites, jeté sur la Bidassea, rivière qui sépare la France d'avec l'Espagne, et sur les bords de laquelle se plaît le laurier-rose qui y forme des berceaux délicieux. Deux sentinelles de nation différente occupent les extrémités du pont. Désormais nouvelle vie, autre langage,

---

sont celles de Sorromestro. Les habitans de la côte s'adonnent beaucoup à la pêche, et le poisson de la mer adjacente à cette province, est le meilleur de l'Espagne. Les Biscayens sont gais et polis, mais d'un entêtement qui est passé en proverbe. Les femmes aident les hommes dans leurs plus rudes travaux, et les dames de ce pays grimpent aussi légérement que des chèvres sur les rochers les plus escarpés. Le climat quoiqu'humide est très-sain.

Royaume de Castille vieille.	Prauano . .	
	Birbiesca. .	des merluches.
	Pancorvo. .	
	Miranda . .	é, cascades.
Biscaye.	Vitoria. . .	
	Salinas. . .	
	Mondragon .	
	Beurgara. .	
	Villa Réal. .	
	Villa Franca	
	Tolosa. . .	
	Andonin. .	
	Joarson . .	
	Orogna . .	
Départem. des Basses-Pyrén.	Saint-Jean d	
	Bayonne. .	

Tome III, page 45

nouveaux costumes. Nous aperçumes l'île fameuse de la Conférence. Enfin, après avoir traversé Orogna et Saint-Jean-de-Luz, nous arrivâmes à Bayonne, où nous séjournâmes quelques jours. (*Voyez* le tableau itinéraire.)

Nous en repartîmes pour arriver à Saint-Vincent, pays aquatique et mal-sain. Les habitans en étoient presque tous fiévreux; leur costume est à peu près celui des Béarnais. On rencontre de Bayonne à Saint-Vincent des femmes allant à la récolte de la résine. Elles sont vêtues d'un petit chapeau de paille, d'une camisole de drap non ajustée à leur taille, d'un jupon court rouge ou rayé, de bas drapés bleus, et de gros sabots; elles portent à chacun de leurs bras un panier d'osier de forme sphérique, ayant à son sommet une étroite ouverture, et à leurs mains la racloire et le volin. Les hommes les suivent, portant une badine en forme de crosse.

De Saint-Vincent, nous nous rendîmes à Majès, qui fournit de très-belles moules de rivière servant d'aliment aux pauvres de cet endroit. Ce pays de sable d'un jaune pâle, est très-boisé en liéges, pins et sapins. On passe près d'un étang qui fait un singulier contraste par la blancheur de son onde tranquille, avec le vert sombre des forêts de l'horizon. On y récolte du maïs et du petit-mil qui remplacent le blé; on rencontre très-souvent dans les bruyères des environs de ces forêts, beaucoup de lézards verts et de couleuvres, mais ces reptiles ne sont nullement dangereux.

De Majès nous fîmes route sur Castez, où l'on remarque une pente escarpée, effrayante pour le trajet des voitures, et fertilisée par deux rivières. On rencontre dans les forêts de pins de ces parages, les habitans, hommes et femmes, munis de paniers propres à recevoir la résine, d'un *goui* ou *volin* pour entailler l'arbre et en enlever les lanières de son écorce, puis d'une racloire pareille à celle du ramoneur, mais assujettie à un long bâton qu'on promène de haut en bas pour ramasser et détacher la résine, et la faire couler dans des sacs ou paniers placés au bas de l'arbre. Un pin taillé sur les quatre faces, donne un revenu annuel d'environ dix sous. Après quarante ou cinquante années de produit, on coupe sa quille, on fend les bûches qu'on met dans un fourneau, ou bassine carrelée et trouée à son centre pour l'écoulement du brai liquide : pour opérer cette distillation *per descensum*, on recouvre le fourneau de mottes de bruyère, de manière que ce dôme soit imperméable aux vapeurs ascendantes. Le feu étant mis sous le fourneau, le bois du pin s'échauffe, et la résine suinte dans un réservoir pratiqué au dessous de la bassine. Cette opération, désagréable au maniement, entête ceux qui ne sont pas habitués à cette odeur forte, mais elle procure de belle résine épurée, si précieuse pour les brais et pour les goudrons nécessaires à la marine.

Après avoir passé à Harie, à la Bouerrgh et à Muret, à la distance de Bordeaux de onze lieues, nous arrivâmes à Belain que l'Aisne arrose, disposés à en repartir le lendemain pour les Landes.

Nous traversâmes ces Landes, qui sont de vastes plaines de sable et de bruyère, parsemées çà et là de forêts de pins, dont les produits font le commerce principal du pays. On tire aussi de ces contrées désertes les mâts de chaloupes et autres petits bâtimens, ainsi que ceux de hune et de perroquet.

On y rencontre également des chênes verts ou yeuses, et l'arbre dont la précieuse écorce donne le liége.

Ces Landes, qui sont presqu'inhabitées, sinon par une peuplade différant en tout des mœurs de nos pays, ont trente lieues d'étendue du midi au nord, et quinze dans la largeur de l'est à l'ouest. La rivière d'Adour les traverse dans leur partie méridionale, l'Océan les borne au couchant.

Les habitans de ces rustiques contrées sont pauvres, et vêtus comme on représente la Folie; ils n'ont pour retraite, dans leur isolement, que des cabanes mal construites, mais très-élevées, dans l'intérieur desquelles ils sont obligés de pénétrer, grimpés sur leurs échasses.

Beaucoup d'entr'eux, les bergers surtout, n'ont pour se mettre à l'abri des injures de l'air, que des tentes placées et déplacées, selon le pacage de leurs bestiaux; ils couchent à terre sur des peaux de moutons, et toujours habillés; ils se recouvrent, en guise de draps, d'autres peaux des mêmes animaux : jamais le lin blanc ne vient rafraîchir leur corps toujours investi de graisse, et exhalant une odeur rance.

Les habitans des Landes sont presque tous chasseurs : ils tendent des piéges aux lièvres timides, communs en ces parages; à la perdrix confiante qui vient trouver la mort dans leurs appâts, et aux cannes-pétraces qu'ils prennent sur leurs nids. Ces ressources de la Nature leur procurent toujours une nourriture délicate, mais dont ils tirent un très-mauvais parti, par des assaisonnemens baroques qui rendent ces mets dégoûtans. Ils marchent toujours armés de leur fusil, et vendent le superflu de leur gibier dans les villes voisines de leur habitation.

Les habitans des Landes de Bordeaux ne font point de pain, et remplacent cet aliment par excellence, avec des *cruchades*, espèce de pâte faite avec de la farine de maïs ou de millet; ils trempent ces cruchades dans de la graisse de lard, et font ainsi leurs repas des jours de la semaine. Les travailleurs trouvent à leur rentrée des champs leur part préparée par la maîtresse, qui ne double jamais cette portion. Ils se nourrissent l'été de fruits, et ne boivent du vin que les jours de fête. Alors les familles se rassemblent, et célèbrent leur repos par une danse grotesque.

Dès l'âge de dix ans, les enfans cessent d'habiter avec leur père; ils se construisent eux-mêmes des cabanes, ce qui les rend laborieux et vigilans; ou bien ils couchent dans les granges, sans jamais se déshabiller.

Ces habitans nourrissent leurs bœufs d'une manière bien frugale : chaque ration consiste en douze poignées de paille, au milieu de laquelle ils mettent quelques pincées de sel et de son.

Les habitans des Landes s'éloignent de leurs demeures, les uns pour laisser paître à l'aventure leurs troupeaux dans ces plaines arides et immenses; d'autres pour chercher des forêts et y faire du charbon. Dans ces sortes d'émigrations, ils mènent une existence sobre et frugale.

Ils s'occupent pendant l'été de la fenaison, et pendant l'hiver ils se rassemblent pour se consoler entr'eux, à la lueur d'un feu pétillant, des horreurs de cette saison ennuyeuse. En vain la neige et les frimats les environnent de toutes parts, on ne cesse d'entendre leurs chants et leurs cris d'alégresse.

Rien de plus comique que d'apercevoir de loin à l'horizon de grands fantômes s'avancer à grands pas au moyen de leurs échasses, dévorer les espaces, pour ainsi dire, et surveiller à la fois les flancs et la tête de leurs énormes troupeaux qu'ils enjambent, sans même les effrayer. C'est par ce moyen ingénieux qu'ils rassemblent en un moment les moutons qui se sont trop éloignés, et qui ont à redouter dans ces écarts lointains la dent meurtrière des loups, si communs en ces déserts où ils sont attirés par ces proies journalières. Un de ces bergers s'étant approché de nous, nous remarquâmes avec plus d'attention son costume original.

Au lieu d'un chapeau, ce berger (pl. XII.)

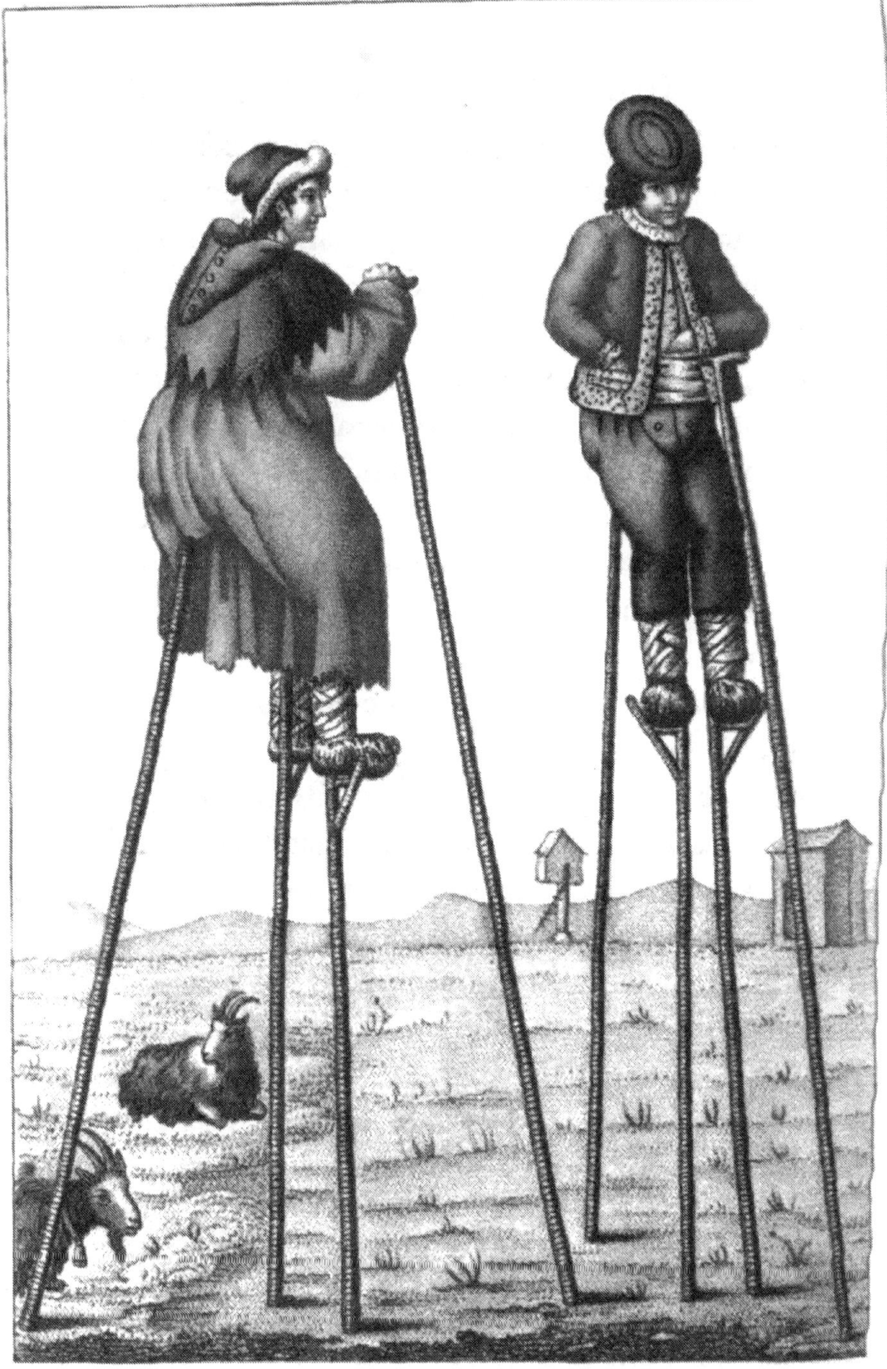

Costumes d'Hyver et d'Eté des Bergers des Landes de Bordeaux

portoit une *barrette*, à l'exemple des Béarnais : il avoit un gilet brun à manches, surmonté d'un doliman de peau de mouton, la laine en dessous, parce qu'il faisoit froid ; deux autres peaux de mouton réunies par un bandage lui servoient de bas, et se marioient aux fourrures de ses gros sabots ; il avoit par dessus cet accoutrement un grand manteau gris, et sa tête étoit recouverte d'un capuchon dépendant de ce manteau, dentelé vers tous ses bords recouverts de morceaux de drap de couleurs vives, et ornés de crins de cheval.

La hauteur des échasses de ces bergers accélère si prodigieusement leur marche, qu'un cheval au trot a peine à les suivre. Ils en font également usage lorsqu'il s'agit de franchir des marais et des fossés de vingt à vingt-cinq pieds de largeur. Le bâton qui leur sert à cet effet et destiné à protéger leur équilibre, est surmonté d'une pommette de six pouces environ de diamètre, et qui sert en arc-boutant à appuyer leur siége et à les reposer. Ils restent dans cette position des heures entières, et considèrent leurs troupeaux avec autant de sang-froid que d'autres bergers plus mollement assis sur le gazon. Quand dans l'intérieur de leurs cabanes, dont les portes fort élevées n'ont pas de barres ni de traverses, ils veulent quitter leurs échasses, ils s'asseyent sur des armoires, et y débouclent les montans de ces jambes gigantesques. Si c'est en plein champ, ils se placent sur un arbre, quand ils ont le bonheur d'en rencontrer, ou bien ils le remplacent par leur bâton de support dont ils savent alors se contenter.

Les brancards de notre voiture ayant essuyé un échec dans la route, je fus charmé de profiter de cet incident pour pénétrer dans l'intérieur des habitations de ces bergers.

Les habitans des Landes sont très-hospitaliers, et ne refusent jamais aucun voyageur. Il semble que la Providence dispose en leur faveur les cœurs de ces braves gens en raison de la nullité d'autres ressources à espérer dans ces déserts spacieux.

Les femmes ont pour coiffure, les jours de travail, une espèce de turban formé par la réunion de plusieurs serviettes. Les jours de fête, c'est un bonnet blanc garni de dentelle rouge, qui relève l'embonpoint des habitantes des Landes.

La piété est la première de leurs vertus, et fidèles à la foi catholique, cette religion devient leur plus puissante consolation dans les événemens pénibles de la vie : quand il tonne, la femme la plus âgée arrose la chambre d'eau bénite, et invoque hautement l'assistance du Seigneur Dieu du tonnerre.

Ces heureux pâtres ont pour le mariage des coutumes assez bizarres. Lorsqu'un jeune homme veut se marier, il se présente avec deux cruches de vin chez le père de la fille qu'il veut épouser, et on lui ouvre la porte sans difficulté; alors tous les membres de la famille se lèvent, et on fait une omelette. Au dessert qui est le moment décisif, si la proposition n'est pas acceptée, alors la fille apporte une assiette pleine de noix en signe de refus : l'amant est obligé de sortir, et de ne jamais revenir en cette maison.

Les cérémonies funèbres se font avec beaucoup de respect pour les morts, et elles sont toujours terminées par un grand repas de famille, où l'on rassemble également les amis du défunt.

Voilà ce que j'ai pu apprendre des mœurs et coutumes des habitans des Landes, qui nous virent partir à regret.

Arrivés à Bordeaux, nous y passâmes peu de jours, car il me tardoit, après une aussi longue absence, de revoir un fils doublement chéri, un bon père, des parens et des amis, qui me reçurent avec transport dans les bras de la Nature et de l'Amitié.

Fin du troisième et dernier Volume.

DE L'IMPRIMERIE DE J.-L. CHANSON,
rue et Maison des Mathurins, n° 10.

TABLE

Des matières du Tome troisième.

Gg 2

Fin de la Table du troisième et dernier Volume.

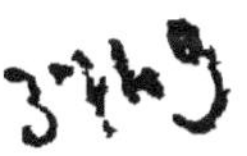

www.ingramcontent.com/pod-product-compliance
Lightning Source LLC
LaVergne TN
LVHW061939220826
846091LV00011B/4058

9781288131501